Berühmte Liebespaare

Von Johann Wolfgang Goethe und Christiane Vulpius
bis Simone Signoret und Yves Montand

Herausgegeben von Thomas Schröder
Farbig illustriert von Hans Hillmann

Insel Verlag

Erste Auflage 1997

Erstveröffentlichung im *Frankfurter Allgemeine Magazin*
Satz: Hümmer GmbH, Waldbüttelbrunn
Druck: Aprinta GmbH & Co. Druck KG, Wemding
Printed in Germany

Inhalt

Berühmte Liebespaare

Uns ergötzen die Freuden des echten nacketen Amors

Johann Wolfgang von Goethe
und Christiane Vulpius
Von Eckart Kleßmann

Die Geringschätzung der Weimarer Gesellschaft traf die Demoiselle Vulpius, seit sie ihren ersten Schritt in Goethes Haus tat. Doch er hatte ihr nur glückliche Stunden zu danken. Und nach achtzehn Jahren Ehe ohne Zeremonie war sie zähneknirschend als Geheimeräthin anerkannt.

In Weimar ist alles nah. Oder, wie es Kellner Mager in Thomas Manns »Lotte von Weimar« formuliert: »Bei uns in Weimar gibt es dergleichen wie weite Wege nicht; unsere Größe beruht im Geistigen.« Und so habe ich weder auf die Uhr geschaut noch meine Schritte gezählt, als ich vom Goethehaus am Frauenplan zum Marktplatz ging, von dort zur Stadtkirche und dann rechts einbog in die krumme Luthergasse. Und da steht dann, von wildem Wein umrankt, die Nr. 5: »In diesem Hause verlebte Goethes Frau Christiane, geborene Vulpius, ihre Kindheit.« An der rotbraunen Tür verweisen mehrere Klingelknöpfe auf verschiedene Mieter in der kleinen Behausung, die aussieht, als würde sie im wesentlichen vom wuchernden Grün vor dem endgültigen Auseinanderfallen zusammengehalten.

Im Grünen war's, im Park an der Ilm, Sommer 1788. Der siebenunddreißigjährige »Geheimerath« seines Herzogs – und notabene Dichter – lebte, nach anderthalbjährigem Aufenthalt in Italien, nun seit einem Monat wieder in Weimar und fühlte sich elend. Die Monate unter mediterraner Sonne hatten ihn zum Künstler gereift; er habe sich »selbst wiedergefunden«, gestand er, nur dort habe er empfunden, »was eigentlich ein Mensch sei«, ja, in Rom sei er in seinem Leben »das erste Mal unbedingt glücklich« gewesen. Davon mochten freilich die Leute in Weimar nichts hören, ja, sie fanden sich ob solcher Reden schlichtweg gekränkt, denn schien nicht schließlich auch in Thüringen die Sonne?

Auch die langjährige Freundin, Charlotte von Stein, gab sich betont reserviert. Ohne ihr ein Wort zu sagen, war er bei Nacht und Nebel nach Italien aufgebrochen und hatte sie wochenlang im ungewissen über sein Verbleiben gelassen. Und als er ihr nun ganz unbefangen von den »schönen Geheimnissen« erzählen wollte, womit er seine erotische Zweisamkeit mit einer römischen Witwe meinte, fand ihr prüdes Gemüt daran wenig Erbauliches; er sei »sinnlich« geworden, bemerkte sie in einem Brief, und man sieht deutlich den angewiderten Mund der Schreibenden vor sich.

Man kann also verstehen, daß Goethe sich schon nach den ersten Tagen in Weimar »zurückgewiesen« vorkam, genötigt, den »heiteren Himmel mit einem düsteren zu vertauschen«, ohne Italiens Kunstschätze und erquicklichen Lebensstil, zurückgewiesen auch auf das karge Feldbett im Gartenhaus im Ilm-Park, wo keine römische Witwe (oder wer immer die war, die er »Faustine« nannte) ihm die nun so morosen Nächte versüßte.

Die junge Frau, die sich im Juli 1788 auf den Weg zu Goethe macht, zählt dreiundzwanzig Jahre und – so steht es noch in der jüngsten Goethe-Biographie – ist »Arbeiterin in Bertuchs Fabrik für künstliche Blumen«. Gar ein Proletarierkind? Aus »primitiven Verhältnissen«, wie behauptet wurde? Ein »Kind aus dem Volke«? Das denn doch nicht. So viele Akademiker, wie ihr Stammbaum zählt, kann Goethe jedenfalls nicht unter seinen Ahnen vorweisen. Ihr Vater, der Amtsarchivar Johann Friedrich Vulpius, hat in Jena studiert, das Studium aber aus Geldmangel nicht beenden können. Das dürftige Gehalt reicht kaum hin, die aus zwei Ehen stammende große Kinderschar zu ernähren, und als der Amtsarchivar 1786 stirbt, liegt die Last des Haushalts in der Luthergasse auf seinen Kindern Christian August (geboren 1762) und Christiane, die am 1. Juni 1765 zur Welt gekommen war. Auch August muß nun sein Jurastudium ab-

brechen, er verdient sein Geld durch eine fast massenhafte literarische Produktion und schließlich als Privatsekretär eines Freiherrn in Nürnberg.

Seine jüngere Schwester arbeitet also in einer Fabrik für künstliche Blumen. Diese »Fabrik« besteht aus einer Mansarde, in der seit 1782 Friedrich Justin Bertuch, Schatzmeister des Herzogs, vier Tage in der Woche »zwanzig mannbare Staatsjungfern, worunter mehrere würklich von Stand«, werkeln läßt, wie ein Besucher berichtet. Von Christianes Bruder kommt unterdessen aus Nürnberg ein bedrückender Brief. Ihm drohe die Arbeitslosigkeit. Und da ihn schon früher einmal Goethe unterstützt hat, so bittet er nun Christiane, Goethe einen Brief zu überbringen, worin er dem einstigen Gönner seine verzweifelte Lage schildert und ihn um Hilfe bittet.

Mit diesem Brief macht sich Christiane am 12. Juli 1788 auf den Weg von der Luthergasse zum Park an der Ilm, vorbei am Hause der Frau von Stein an der Ackerwand. Trifft sie Goethe im Park oder in seinem Gartenhaus? Wir wissen es nicht. Aber sie muß sofort auf ihn, der sich in Weimar als Fremdling und recht vereinsamt fühlt, einen tiefen Eindruck gemacht haben. »Sie war ein sehr hübsches, freundliches, fleißiges Mädchen«, erinnert sich die Schauspielerin Karoline Jagemann, ein Nachbarskind, aber Christiane alles andere als wohlgesonnen; »aus ihrem apfelrunden, frischen Gesicht blickten ein paar brennend schwarze Augen, ihr etwas aufgeworfener kirschroter Mund zeigte, da sie gern lachte, eine Reihe schöner weißer Zähne, und dunkelbraune volle Locken fielen ihr um Stirn und Nacken.«

Es spricht alles dafür, daß Christiane noch am selben Tag Goethes Geliebte wurde, denn der 12. Juli ist von beiden jährlich als der Tag ihres Bundes gefeiert worden, und einige Verse in Goethes »Römischen Elegien« gelten zweifellos Christiane: »Laß dich, Geliebte, nicht reun, daß du so schnell dich ergeben,/Glaub' es, ich denke nicht frech, denke nicht niedrig von dir«, so beginnt die dritte Elegie. Weimar aber denkt nicht so freisinnig. Es dauert in dem nur sechstausend Seelen zählenden Städtchen tatsächlich einige Monate, bis das Trio der Klatschbasen – Charlotte von Stein, Charlotte von Schiller, Caroline Herder – des Unerhörten, ja schier Unglaublichen gewahr wird, weswegen denn auch der Sturm um so heftiger losbricht. »Er hat die junge Vulpius zu seinem Klärchen und läßt sie oft zu sich kommen usw.«, entrüstet sich die Egmont-Leserin Caroline Herder, deren Phantasie sich wohl besonders an dem »usw.« entzündet. Anders als diese Damen, die nie von schlichter Existenznot zur Arbeit gezwungen waren, hat Christiane mühsam Geld verdienen müssen, und Frau von Stein weiß auch sogleich, auf welche Weise: »...die eine allgemeine Hure vorher gewesen«. Der Versuch Goethes, Charlotte von Stein, die langjährige Vertraute und Seelenfreundin, die sich jetzt wie eine betrogene Ehefrau benimmt, behutsam zu beruhigen, fruchtet gar nichts. »Und welch ein Verhältnis ist es? Wer wird dadurch verkürzt? Wer macht Anspruch an die Empfindungen, die ich dem armen Geschöpf gönne? Wer an die Stunden, die ich mit ihr zubringe?«

Wäre seine Liebe zu Christiane nicht mehr gewesen als eben nur ein erotisches Verhältnis, so hätte sich der Aufruhr rasch beruhigt, denn so etwas galt schließlich nicht für ungewöhnlich. Goethe hingegen, in eroticis vom Leben nicht gerade verwöhnt, nimmt die Beziehung zu Christiane

schon bald ernst. Gewiß, die Formulierung »das arme Geschöpf« deutet darauf hin, daß er anfangs in ihr nur ein Bettverhältnis gesehen hat, aber das ändert sich sehr schnell. Schon im Juli 1790 schreibt er: »Ich bin verheiratet, nur nicht mit Zeremonie.« Ebendies empfindet die Gesellschaft Weimars als anstößig, und dazu noch eine Liaison mit einer solchen Person, der mit jeder nur erdenklichen Infamie heimgezahlt wird, daß sie Goethes Leben teilt. Und da man es ihn nicht entgelten lassen kann, so rächt man sich dafür nach Herzenslust an Christiane. Insofern stimmt die Bezeichnung »das arme Geschöpf«. Auch Freund Schiller betrachtet sie bei Besuchen am Frauenplan als nicht vorhanden, in seinen Briefen an Goethe wird sie totgeschwiegen. Schiller ist 1800 davon überzeugt, Goethes etwas nachlassende Produktionskraft sei eine Folge des Zusammenlebens mit Christiane: »Sein Gemüt ist nicht ruhig genug, weil ihm seine elenden häuslichen Verhältnisse, die er zu schwach ist zu ändern, viel Verdruß erregen.«

Am 25. Dezember 1789 wird das erste Kind ihrer Liebe geboren: August. Der Herzog läßt sich zwar überreden, die Patenschaft zu übernehmen, bleibt aber der Taufe selbst fern, denn er teilt Schillers Vorurteil. Daß auch der Hof Christiane ignoriert, versteht sich von selbst. Ihr vitales, fröhliches Naturell schützt sie, aber sie spürt natürlich sehr wohl die Zurücksetzung und bedarf darum ganz besonders der Liebe Goethes, um sich geborgen zu fühlen.

Aber Goethe wird gleich im März 1790 nach Italien geschickt: Er soll in Venedig die Herzoginmutter abholen und heimwärts geleiten. Die Frucht dieses widerwilligen Aufenthalts sind die zum Teil recht garstigen Venezianischen Epigramme, denn er verwünscht jetzt Italien und sehnt sich nach Christiane: »Weit und schön ist die Welt! doch o wie dank ich dem Himmel, / Daß ein Gärtchen, beschränkt, zierlich, mir eigen gehört! / Bringt mich wieder nach Hause! Was hat ein Gärtner zu reisen? / Ehre bringt's ihm und Glück, wenn er sein Gärtchen besorgt.« Oder: »Welch ein Mädchen ich wünsche zu haben? Ihr fragt mich. Ich hab sie, / Wie ich sie wünsche, das heißt, dünkt mich, mit wenigen viel. / An dem Meere ging ich, und suchte mir Muscheln. In einer / Fand ich ein Perlchen; es bleibt nun mir am Herzen verwahrt.« Der Begriff »Gärtchen« ist bei Goethe zuweilen erotisch besetzt, und auch hier ist er ganz eindeutig gebraucht, ebenso wie »Muschel« und »Perlchen«. Kaum ist Goethe aus Venedig zurück, da verlangt der Herzog seine Anwesenheit bei einem Manöver in Schlesien. Auch 1792, als es zum Krieg gegen das revolutionäre Frankreich geht, muß Goethe unbedingt als Schlachtenbummler mit, der Herzog will es eben so. Von August bis Dezember bleibt Christiane allein, aber es werden fleißig Briefe gewechselt.

Diese Briefe! Auch wenn es damals keine verbindliche Orthographie gibt: Was Christiane zu Papier bringt, sind wahre Exzesse in der Rechtschreibung, denn sie schreibt nach ihrer thüringischen Mundart, die nur mit viel Phantasie zu enträtseln ist. Da wird aus Iphigenie »Efijenige«, Kritik zu »Grüdick«, Exemplar zu »Ecks Sembelar« und die Bibliothek zu »Biebeldäck«. Goethe hat die Dechiffrierung solcher orthographischen Purzelbäume keine Probleme bereitet, schreibt ihm doch auch seine Mutter, die Frau Aja, ähnlich eigenwillig. Aber Goethe wird auch Gefallen an dem munteren Geplauder seines »kleinen Naturwesens« gefunden haben, seines »Eroticons«, wie er

Christiane nennt. Sie inspiriert ihn zu einem Werk, das einen Skandal auslöst: Ende Juni 1795 erscheinen in der von Schiller herausgegebenen Zeitschrift »Die Horen« zwanzig Elegien Goethes, deren Lektüre einigen Leuten offenbar den Atem verschlägt. In einem Brief an Schiller moniert der Herzog, es sei besser gewesen, »einige zu rüstige Gedanken, die er wirklich ausgedrückt hat, bloß erraten zu lassen«. Karl August Böttiger, Weimars Nachrichtenbüro, zetert: »Alle ehrbaren Frauen sind empört über die bordellmäßige Nacktheit.« Herder, stets für ein galliges Bonmot gut, meint, »die *Horen* müßten nun mit dem u gedruckt werden«. Böttiger weiß es natürlich genau: »Die meisten Elegien sind bei seiner Rückkunft im ersten Rausche mit der Dame Vulpius geschrieben.«

Das war nicht einmal falsch. Geschrieben wurden die »Römischen Elegien« zwischen Oktober 1788 und März 1790, und Römisches und Weimarisches mischen sich unauflöslich in ihnen. Wohl haben römische Eindrücke den Anstoß gegeben, aber sie sind undenkbar ohne die Erfahrung der Liebe, die Christiane und Goethe verbindet.

Was die Leser der »Elegien« damals so aufbrachte, ist ihr ganz und gar subjektiver Stil. Sie sind keine Nachbildungen römischer Elegiendichter wie Ovid, Properz und Tibull (die genannt werden); der da »Ich« sagt, heißt Goethe, und »mein Mädchen« – nun, man kannte ebenjene Demoiselle Vulpius. Die Fiktion von der römischen Witwe nahmen ihm die Zeitgenossen nicht ab. »Oftmals hab' ich auch schon in ihren Armen gedichtet/Und des Hexameters Maß, leise, mit fingernder Hand,/Ihr auf den Rücken gezählt, sie atmet in lieblichem Schlummer/Und es durchglühet ihr Hauch mir bis ins tiefste die Brust.« Mußte das nun so deutlich (»zu rüstig«) gesagt werden? Vier Elegien empfand auch Goethe, der seine Zeitgenossen kannte, selbst als zu gewagt und verschloß sie im Schreibtisch. In der einen zielt er auf die feinen Damen, auch die in Weimar: »Ekel bleibt mir Gezier und Putz und hebet am Ende/Sich ein brokatener Rock nicht wie ein wollener auf?/(...) Müssen nicht jene Juwelen und Spitzen, Polster und Fischbein/Alle zusammen herab, eh er die Liebliche fühlt?/Näher haben wir das! Schon fällt dein wollenes Kleidchen,/So wie der Freund es gelöst faltig zum Boden hinab.« Und er bekräftigt: »Uns ergötzen die Freuden des echten nacketen Amors/Und des geschaukelten Betts lieblicher knarrender Ton.« Nicht auszudenken, wenn das Schiller auch gedruckt hätte. In einer anderen Elegie ist vom nimmermüden Symbol des Gottes Priapos die drastische Rede, der seinem Dichter eine »halbfußlange prächtige Rute« verheißt; die fröhliche Christiane nennt das »Herrn von Schönfuß« und wünscht, er möge dem Geliebten »die allerbeste und förderseligste Laune zum Gedicht mitbringen«.

Zuspruch für die Geliebte kommt aus Frankfurt von »Frau Aja«, Goethes Mutter. »Der Gruß von der lieben Mutter ging mir über alles, ich habe vor Freuden darüber geweint«, gesteht Christiane 1793. Sie bedarf des Zuspruchs, denn sie erlebt Schmerzliches: 1791 gebiert sie ein totes Kind; 1793 ein Mädchen, das nur zwei Wochen lebt; 1795 wieder einen Knaben, der nach drei Wochen stirbt; 1802 ein Mädchen, das nur wenige Tage überlebt. Frau Aja verdrießt es zwar, »daß ich mein Enkelein nicht darf ins Anzeigblättgen setzen lassen«, schreibt sie dem Sohn, doch sie tröstet sich »damit, daß mein Hätschelhans vergnügt und glücklicher als in einer fatalen Ehe ist«.

Goethe war vom Leben in eroticis nicht verwöhnt, bevor ihm Christiane die morosen Nächte versüßte. Seine Mutter zeigte Verständnis, sah sie doch ihren Hätschelhans vergnügt und glücklicher als in einer fatalen Ehe.

H. HILLMANN

Der Geliebte ist immer wieder unterwegs; oft zieht er sich für Wochen in die Klausur nach Jena zurück, und Christiane leidet dann still für sich, unterdrückt aber die Klage, weil sie weiß, daß Goethe diese Abgeschiedenheit für seine Arbeit braucht. Kein Wort des Vorwurfs, nur einmal bricht es aus ihr heraus: »Daß Du, mein Lieber, aber meine Briefe noch nicht hast, betrübt mich sehr, ich habe jede Woche geschrieben, ich wollte aber lieber, Du wärst wieder hier. Ich will nicht gramseln; aber ich weiß nicht, es ist mir diesmal, als wär mir es unmöglich, länger ohne Dich zu leben. Ich bitte herzlich, komm bald und laß mich bald von Dir hören, daß Du zurückkommst. Es ist diese Zeit sehr betrübt gegangen, mein einziger Wunsch ist, Dich bald wieder bei mir zu sehen und dich an mein Herz zu drücken.« Da ist Goethe – 1797 – auf seiner dritten Reise durch die Schweiz, und sie ängstigt sich, er könne von dort nach Italien weiterreisen.

»Gramseln« und »gramselich« lesen wir bei ihr häufiger; das gehört zum eigenwilligen Wortschatz ihrer Briefe. Eine Schwangerschaft heißt »Krabskrälligkeit«, das Ungeborene ist das »Pfuiteufelchen«; ist ihr zärtlich zumute, dann fühlt sie sich »hasig« und sehnt sich nach einem »Schlampampsstündchen« mit dem Geliebten, »da soll der Herr von Schönfuß viel da sein«. Bekommt sie ihre Tage, dann hat sie »Besuch von einem Meerweibchen«. Solche und andere Formulierungen bezeugen Humor und Bildhaftigkeit. Als sie 1797 eine Reise nach Frankfurt zu Goethes Mutter unternimmt, nimmt sie Pistolen mit. Unterwegs begegnet sie österreichischem Militär, mit dem sie recht souverän umgeht, wobei sie sich auf ihren Witz mehr verlassen kann denn auf ihre Pistolen: »Das ganze Haus«, in dem auch sie logiert, »ist voll kaiserliche Soldaten; ich bin mit meinen 2 Pistolen durch ein 50 Mann ins Haus gegangen, und es hat keiner gepiepst.« Daß Christiane selbständig und entschlossen handeln kann, beweist sie Anfang 1801, als Goethe lebensgefährlich erkrankt: »Wie gut, sorgfältig und liebevoll sich meine liebe Kleine bei dieser Gelegenheit erwiesen, werden Sie sich denken, ich kann ihre unermüdliche Tätigkeit nicht genug rühmen«, schreibt er seiner Mutter. Auch 1805 bewährt sich Christianes tatkräftige und umsichtige Fürsorge, als Goethe wieder mit einer schweren Krankheit daniederliegt. Bei der dritten Bewährungsprobe ist es nicht Krankheit, sondern plünderndes französisches Militär, das am 14. Oktober 1806 Goethe in seinem Haus unmittelbar am Leben bedroht. Ohne zu zögern, wirft sich Christiane vor ihren Mann und drängt die betrunkene Soldateska resolut aus dem Haus.

Am 19. Oktober 1806 heiraten Goethe und Christiane. Achtzehn Jahre waren sie »verheiratet ohne Zeremonie«. Die erfolgt auch jetzt nur in aller Stille; getraut werden sie in der Sakristei der Jakobskirche. Tags darauf erscheinen Goethe und Christiane demonstrativ im Salon der Johanna Schopenhauer, die ihrem Sohn, dem Philosophen, mitteilt: »Ich denke, wenn ihr Goethe seinen Namen gibt, können wir ihr wohl eine Tasse Tee geben.« Die Gesellschaft Weimars ist nun plötzlich gezwungen, die verachtete und verspöttelte Demoiselle Vulpius als die »Geheimeräthin Goethe« zähneknirschend anzuerkennen. Freilich nur an der Oberfläche, denn an der Geringschätzung Christianes ändert sich gar nichts. Auch Cottas »Allgemeine Zeitung« kommentiert die Heirat taktlos genug, und Cotta ist immerhin Goethes Verleger. Chri-

stiane, die sich so gibt, als wisse sie von allen Intrigen und Sottisen gar nichts, reist 1807 noch einmal nach Frankfurt zu Frau Aja, und beide finden nun auch mehr Zeit, einander kennenzulernen. Als Christiane wieder in Weimar ist, schreibt Frau Aja an ihren Sohn: »Dein Brief, welcher die Ankunft meiner lieben, lieben Tochter mir verkündigte, hat mir Herz und Angesicht fröhlich gemacht. Ja, wir waren sehr vergnügt und glücklich beieinander! Du kannst Gott danken! So ein liebes – herrliches unverdorbenes Gottesgeschöpf findet man sehr selten – wie beruhigt bin ich jetzt (da ich sie genau kenne) über alles, was Dich angeht...«

Der neue Status als »Geheimeräthin« hindert Christiane natürlich nicht, weiterhin ihrem Lieblingsvergnügen nachzugehen, dem Tanzen. Schon 1803, als sie sich für anderthalb Monate einen Badeaufenthalt in Lauchstädt gönnt, bekommt Goethe detaillierten Bericht über ihr Tanzvergnügen: »Nach Tische gingen wir in die Allee, wo uns Herr von Nostitz und mehrere erwarteten und uns zum Thé dansant führten, wo es sehr schön war, und wo ich alles getanzet habe, was getanzt worden war, und wo ich auf der Stelle die neuen Schuhe durchgetanzt habe. Itzo habe ich 3 Tage hintereinander getanzet, und nun bin ich erst recht dabei. Gestern, habe ich nachher erfahren, hatte sich ein Graf vorgenommen, mich mit einer Quadrille recht müde zu machen, denn es wurde sehr rasch getanzet. Aber ich ward nicht einmal müde; und man spricht hier sehr viel von mir wegen des Tanzen, und ich glaube, die Comtessen haben mitunter doch eine kleine Bosheit auf mich, lassen sich aber nichts merken. Nach dem Ball mußte ich mich aber ganz umziehen, denn ich war wie aus dem Bade gezogen.« Aber sie weiß bei allen Freuden: »Leb wohl und behalte mich lieb. Denn hier unter allen denen ist kein Mann wie Du; wenn man sie näher kennt, kann man sie alle nicht achten.« Und Goethe antwortet: »Schicke mir mit nächster Gelegenheit Deine letzten, neuen, schon durchgetanzten Schuhe, von denen Du mir schreibst, daß ich nur wieder etwas von Dir habe und an mein Herz drükken kann.«

Natürlich geht es auch hier nicht ohne »Äugelchen« ab, so heißen zwischen Goethe und Christiane die kleinen Flirts, die man sich wechselseitig von Herzen gönnt. Christiane: »Mein Breslauer Äuglichen hat sich so stattlich herausgeputzt, daß es sehr gut aussieht, und tanzen tut es auch sehr gut.« Goethe: »Mit den Äugelchen geht es, merke ich, ein wenig stark, nimm dich nur in Acht, daß keine Augen daraus werden.« Aber da durfte er stets beruhigt sein, denn Christiane wußte genau, wo die Grenze zu ziehen war, und sie liebte Goethe über alles. Als der sich 1810 in Karlsbad zur Kur aufhält, erinnert ihn Christiane: »Ist denn die Bettine in Karlsbad angekommen und die Frau von Eybenberg? Und hier sagt man, die Silvie und Gottern gingen auch hin. Was willst Du denn mit allen Äuglichen anfangen? Das wird zu viel. Vergiß nur nicht ganz Dein ältstes, mich, ich bitte Dich, denke doch auch zuweilen an mich. Ich will indes fest auf Dich vertrauen, man mag sagen, was man will. Denn Du bist es doch allein, der meiner gedenkt.«

Ja, sie darf sich auf Goethes Treue fest verlassen. Weder Minchen Herzlieb, von der Goethe seiner Frau gesteht, er habe dieses Mädchen »einmal mehr als billig geliebt«, noch Marianne von Willemer haben ihn in seiner Liebe zu Christiane wankend werden lassen. Goethe schreibt 1810 ein Gedicht – »Das Tagebuch« –, worin erzählt

wird, wie ein Reisender in einem Gasthof fast ein Zimmermädchen verführt, wozu es aber nicht kommt, weil ihn der Gedanke an seine geliebte Frau impotent werden läßt: »Wir stolpern wohl auf unsrer Lebensreise,/ Und doch vermögen in der Welt, der tollen,/ Zwei Hebel viel aufs irdische Getriebe:/ Sehr viel die *Pflicht*, unendlich mehr die *Liebe*!«

Im Herbst 1811 muß sich diese Liebe erneut vor der Gesellschaft in Weimar bewähren. Achim von Arnim und seine Frau Bettine sind zu Besuch gekommen. Bettine, die sich trotz ihrer sechsundzwanzig Jahre gern wie ein überdrehter Backfisch benimmt, glaubt offenbar, als »Äugelchen« einige Rechte zu besitzen und dabei gegenüber Christiane die intellektuelle Überlegenheit ausspielen zu müssen. So häuft sich schnell Zündstoff an. Beim gemeinsamen Besuch einer Kunstausstellung kommt es zum Eklat. Zu sehen gibt es Bilder von Goethes Berater in Kunstfragen, Johann Heinrich Meyer, der von 1791 bis 1802 im Haus am Frauenplan gewohnt hatte und sich mit Christiane gut versteht als ein wahrer Hausfreund. Bettine rümpft über seine Bilder die Nase und macht sich lustig, Christiane findet ihren Freund beleidigt und wird recht laut. Ob es wirklich zu Tätlichkeiten gekommen ist und dabei Bettines Brille zu Bruch ging, ist ungewiß; Achim von Arnim fand seine Ehefrau »bleich und zitternd zwischen einer Menge Unbekannten«, nachdem Christiane lärmend gegangen war.

In der Weimarer Gerüchteküche kocht und sprudelt es. »Die ganze Stadt ist in Aufruhr«, berichtet Charlotte von Schiller, im Nachrichtengeschäft der Stadt zu den wohlinformierten Kreisen zählend. Man hat es doch immer gewußt: Goethes »dicke Hälfte« (Charlotte von Schiller), die »Frau Gemeinerätin« (Pauline Gotter) hat sich mal wieder so benommen, wie man es ihr stets nachgesagt, und Marie von Kügelgen im fernen Dresden setzt ein Jahr später auf den Schelmen noch anderthalbe: Bettine habe »in ganz Weimar erzählt, es wäre eine Blutwurst toll geworden und hätte sie gebissen«. Die unerläßliche Pointe: »Und wirklich soll die Goethe keinem Ding so ähnlich sehen als einer Blutwurst.«

Goethe stellt sich vor seine Frau und verbietet den Arnims das Haus. Er, Goethe, sei, so klagt Achim von Arnim bei Wilhelm Grimm, »durch die Frau von allen rechtlichen Menschen in Weimar abgeschnitten«, und damit spricht er das aus, was Weimars feine Gesellschaft schon seit dreiundzwanzig Jahren zu behaupten nie müde geworden war. Und es versteht sich von selbst, daß »rechtlich« nur jene genannt werden, die sich gegen Christiane aussprechen. Und nicht nur über ihre Leidenschaft fürs Tanzen trägt man die spitzen Nasen hoch: Christiane liebt auch den Wein und spricht ihm in aller Öffentlichkeit fröhlich zu. Das genügt, sie für die Nachwelt zur hemmungslosen Alkoholikerin abzustempeln. Verglichen mit dem täglichen Weinkonsum Goethes, dürften Christianes Schöppchen eher bescheiden gewesen sein, aber der Dichter zecht nicht in der Öffentlichkeit. Die Sorge um den gehörigen Weinvorrat im Keller am Frauenplan zieht sich leitmotivisch durch die Korrespondenz von Goethe und Christiane. »Vergiß nicht an Zapff zu schreiben«, mahnt sie 1797, »denn itzo sehe ich erst, wie notwendig der Wein ist, weil ich keinen habe. Mein Mägelchen tut mir gewaltig wehe, wenn ich keinen trinke; denn keinen Wertheimer nehm ich nicht, und was ich habe, muß ich auch auf Deinen Geburts-

tag aufheben.« Heinrich Voß hat dazu 1804 eine hübsche Anekdote notiert: »Gestern vor 8 Tagen wurde Goethe so gut aufgeräumt, daß er die Vulpius bat, die Persikoflasche zu holen. Bei der Gelegenheit fiel ihm eine Begebenheit ein, wo er vor zwanzig Jahren auch die Persikoflasche nicht geschont habe und fing an zu erzählen, und während dessen wurde das Gläschen oft gefüllt und ging in die Runde. Die Vulpius leerte es dreimal und ward in den dritten Himmel gesetzt, und als Goethe einmal hinausging, strömte ihr Herz über zu des lieben Geheimerats Lobe.«

Am 18. Mai 1816 schreibt Christiane ihren vorletzten Brief an Goethe, der sich wieder in Jena aufhält. Er ist ein Lobpreis der Natur, der sie sich so sehr verbunden weiß. Im Garten besitzt sie eine überaus glückliche Hand; Goethe weiß es und redet ihr nicht drein. »Dein kleines Naturwesen«, hat sie früher ihre Briefe an ihn unterschrieben, und die meisten Goethe-Gedichte, die ihr gelten, handeln von Blumen und Gärten. Und als sie beide 1813 des Tages gedenken, der sie vor fünfundzwanzig Jahren zusammengeführt hat, widmet ihr Goethe ein Gedicht, das vielleicht sein populärstes geworden ist und worin er die Geliebte mit einer Blume vergleicht, die er draußen in der Natur findet: »Ich ging im Walde/So für mich hin...« In fünf Strophen werden fünfundzwanzig Jahre einer ungebrochenen Liebe kristallisiert.

Elf Tage nach dem erwähnten Brief erkrankt Christiane ernstlich. Goethe kehrt sofort aus Jena zurück, aber auch er muß sich mit heftigem Fieber zu Bett legen. Christianes Zustand ist hoffnungslos: Urämie. In wenigen Tagen wird daraus ein grauenvoller Todeskampf. Der Körper wird von Krämpfen geschüttelt und von unbeschreiblichen Schmerzen gefoltert, durch das Haus gellen unablässig die Schmerzensschreie der Kranken, der niemand zu helfen vermag. Entnervt verlassen ihre Pflegerinnen das Krankenzimmer und überlassen die Schreiende ihrer Schmerzenshölle. Alleingelassen und unter unsagbaren Qualen stirbt Christiane am Mittag des 6. Juni. Goethes Tagebuch: »Nahes Ende meiner Frau. Letzter fürchterlicher Kampf ihrer Natur. Sie verschied gegen Mittag. Leere und Totenstille in und außer mir.«

Wo ist Goethe in Christianes Todesstunde gewesen? Er habe sie wenige Minuten vor dem Ende auf Anraten des Arztes besucht, ihre Hand genommen und die Stirn gestreichelt. Und die Sterbende habe ihn erkannt, aber nicht mehr sprechen können. Nach einem anderen Bericht sei er weinend vor ihrem Bett auf die Knie gefallen und habe gerufen: »Du sollst, du kannst mich nicht verlassen!« Beides sind Zeugnisse vom Hörensagen, Jahrzehnte später aufgezeichnet. Wahrscheinlicher ist, daß Goethe das Krankenzimmer überhaupt nicht betreten hat, das heutige Majolika-Zimmer im Goethehaus, das ursprünglich einen Alkoven besaß, in dem das Ehebett stand. Goethe hegte einen tiefen Abscheu vor Auflösung, Sterben, Tod. Betraf es seine nähere Umgebung, so flüchtete er in Krankheiten, die ihn ans Bett fesselten. Nie nahm er an Begräbnissen teil, wollte auch von Totenmasken nichts wissen (»Der Tod ist ein schlechter Portraitmaler«). Ihn ängstigten Eindrücke, von denen er fürchtete, sie könnten ihn ein Leben lang verfolgen. Er brauchte diesen Selbstschutz. Nein, er wird sich den letzten Blick auf das von Auflösung entstellte Gesicht erspart haben, nicht auf Worte gelauscht haben, die sie nicht mehr sprechen konnte, denn sie hatte sich, als die

Schmerzen den gepeinigten Körper schüttelten, die Zunge durchgebissen. Christiane ist in bitterer Verlassenheit gestorben, und die Verlassenheit Goethes nach ihrem Tod ist nur zu ahnen. Noch am selben Tag schrieb er den Vierzeiler: »Du versuchst, o Sonne, vergebens/Durch die düstern Wolken zu scheinen!/Der ganze Gewinn meines Lebens/Ist, ihren Verlust zu beweinen!«

Christianes Leichnam wurde am 8. Juni um vier Uhr morgens auf dem Jakobsfriedhof beerdigt, »und zwar mit Gesang des Chores mit der Ganzen Schule erster Classe«. Goethe ist nicht dabeigewesen. Mit dem Tod seiner Frau begann die sechzehn Jahre währende Vereinsamung seines Alters.

Jakobsfriedhof in Weimar, Ende August 1991. Christianes Grab ist auf dem völlig verwahrlosten Friedhof zunächst nicht zu finden, es fehlt der geringste Hinweis. Schon Ende des vorigen Jahrhunderts schien es verschollen, dann ließ es sich identifizieren, bekam 1888 eine Grabplatte mit falschem Geburtsjahr und ein schmiedeeisernes Grabgitter. Heute sind die Grabsteine (Lucas Cranach, Graf von Schmettau, Georg Melchior Kraus) so verwittert, daß man sie kaum entziffern kann. Ich suche nach einem Grab mit Gitter, aber das gibt es nicht. Neben einer Bank, auf der betrunkene Jugendliche sitzen, entdecke ich schließlich die von Efeu gerahmte Platte neueren Datums. Sie trägt jenen Vierzeiler Goethes – »Du versuchst, o Sonne...« Um diese Inschrift lesen zu können, muß ich mich unmittelbar vor diese Gruppe der Betrunkenen stellen, und mir ist nicht gerade wohl dabei. Aber die jungen Leute verhalten sich ruhig. Eine etwa Achtzehnjährige sagt zu den anderen, offenbar um ihnen mein Interesse zu erklären: »Das da war eine ganz schwere Alkoholikerin«, und sie wiederholt es gleich noch zweimal mit schwerer Zunge.

Ein paar Schritte weiter steht das Kassengewölbe, aus dessen zerfallenen Särgen 1827 Schillers Knochen gesammelt und in die Fürstengruft auf dem Historischen Friedhof übergeführt wurden. Fünf Jahre später wurde dort auch Goethe an der Seite des Freundes beigesetzt, umgeben von den Gebeinen der Herzöge. Rings um die Fürstengruft liegen die anderen, der ganze Kreis: Frau von Stein, Kanzler von Müller, Luise Seidler, Riemer, Eckermann, Falk, J.H. Meyer, die Schwiegertochter Ottilie und die drei Goethe-Enkel. Nur Christiane, die einzige Frau, die Goethe wirklich geliebt hat und die Einsamkeit und Feindschaft auf sich nahm um des geliebten Mannes willen, einzig Christiane liegt fernab allein auf dem Jakobsfriedhof, am anderen Ende der Stadt. Es ist, als verfolge sie die gesellschaftliche Ächtung Weimars noch im Tode. Und als hätte Goethe nie jenen Satz gesprochen, der würdig gewesen wäre, Christianes bescheidene Grabplatte zu schmücken: »Ich empfehle Ihnen meine Frau mit dem Zeugnisse, daß, seit sie ihren ersten Schritt in mein Haus tat, ich ihr nur Freuden zu danken habe.«

Mir gehörst Du in Leben und Tod

Hugo Wolf und Frieda Zimmer
Von Sibylle Mulot

Sicher ist, daß Melanie nach Hugo Wolfs Krankheit und Tod eine Menge verbrannt hat. Zunächst einmal sein Tagebuch – ein unersetzlicher Verlust. Dann ihre eigenen Briefe an ihn. Hatte sie Gründe? Schließlich warf sie noch ein kleineres, mit Fotos und Gedichten gespicktes Paket ins Feuer und sah zu, wie die Blätter mit »Geliebter! Einziger! Mein Hugo!« erst gelb, dann rot, dann schwarz wurden. Die Schreiberin dieser Briefe lebte noch irgendwo in Deutschland, und womöglich glücklich auch. Ihr die Briefe zurückschikken? Niemals. Schlimm genug, daß diese Person noch alle Briefe in Händen hielt, die Wolf seinerzeit an sie geschrieben hatte. Da! Jetzt verkohlten auch die albernen Kinderbilder, die die Person von sich beigelegt hatte. Es war damals so eine Sucht gewesen. Verliebte forderten Kinder- und Babybilder von ihren Damen, um sich nach Herzenslust über die Näschen, Öhrchen, Mündchen, Bäckchen der Angebeteten ergehen zu können. Das alles verbrannte jetzt. Düster stocherte die Gönnerin in der Glut.

Es gibt eine Ur-Eifersucht, die weniger mit der anderen Frau und mehr mit dem verpaßten Selbstbild zu tun hat. Die Dame am Kamin war Melanie Köchert, Gattin des Wiener Hofjuweliers Heinrich Köchert. Sie hatte drei entzückende Töchter und wohnte mit ihrer Familie am vornehmen Neuen Markt. Warum nur war sie immer so melancholisch? Mit neunzehn Jahren hatte sie geheiratet – ihr Mann war nur vier Jahre älter als sie – und bald alles gehabt, was man sich wünschen kann: Kinder, ein goldenes Musikzimmer, einen geradezu abnorm verständnisvollen Mann und eine Aufgabe, nämlich den jungen Hugo Wolf. Die andere allerdings, die war Sängerin. Mezzosopran. Frei und ledig. »Frl. Zimmer singt recht

brav« – damit hatte alles angefangen. Fräulein Zimmer sang in der Oper und war vermutlich eine Karrieristin.

Melanie hatte immer schon abergläubische Angst gehabt, Wolf könne sich einmal in eine seiner Sängerinnen verlieben. In eine erfolgreiche, selbstbewußte Künstlerin womöglich – ihr Gegenbild. Und weil Hugo Wolf das wußte, hatte er seine Berichte von Konzertreisen immer mit beruhigenden kleinen Bemerkungen gespickt: »Ida Becker, eine alte sentimentale Schachtel…« – ah, wie wohl das tat. »Gott sei Dank, daß ich die Gans los bin!« – das falsch singende Fräulein Mayer aus Berlin. Fräulein Corver wiederum »sang unsicher und spricht auch recht schlecht aus«, und jenes »spindeldürre, flachshaarige Fräulein mit zwirndünner Stimme« kam wohl auch nicht in Frage. Von all seinen Deutschlandreisen schrieb Wolf besonders anhängliche Briefe nach Wien. Er wünschte sich Melanie herbei, wenn er Schönes erlebte, und zählte langweilige Tage bis zur Rückkehr.

Die Sängerin – sie sollte nur noch seine Lieder singen. Nach den Tagen im Münchner Hotel »Deutscher Kaiser« war der Komponist wie ausgewechselt. Er sprach nur noch von Einsamkeit.

Erst auf seiner vierten Reise, im Januar 1894, kam ein fremder Ton in seine Briefe. Eigentlich schon in Berlin, als von einem Fräulein Zimmer noch keine Rede war. Plötzlich schrieb er ausführlich über Pracht und Luxus im Haus seiner neuen deutschen Mäzene, den Lipperheides; über Gobelins, Bilder, Renaissancemöbel, altindische Teekannen, Beefsteaks und Koteletts, den Märchenglanz des elektrischen Lichts, der über der ganzen Bescherung lag, und den »auserlesenen Geschmack«, der all diesen Herrlichkeiten »seinen richtigen Platz« anwies. »Gott, wenn ich an mein kahles Zimmer in Döbling mich erinnere! Es wird mir schwer genug fallen, mich wieder daran zu gewöhnen...« Diesen Satz hatte sie wie einen versteckten und sehr ungerechten Vorwurf empfunden. Es konnte ja sein, daß bei Baron Lipperheide in Berlin alles größer, besser, moderner und schicker war, aber mußte er *ihr* das vorhalten? Die seit vielen Jahren nach Kräften für ihn sorgte? Ihm das Leben in der Döblinger Sommerwohnung so angenehm wie möglich machte? Sie war bissig geworden, daraufhin, und hatte ihm vorgeschlagen, doch gleich für immer in Berlin zu bleiben. Natürlich hatte er das abgelehnt, liebevoll neckend, »aus sehr triftigen Gründen, die wir seinerzeit lieber mündlich erörtern wollen«.

Von Berlin fuhr Wolf nach Süddeutschland. Sie wußte, dort würde man ihm den Kopf noch viel mehr verdrehen. Seine schwäbischen Freunde, singende Rechtsanwälte von wenig vorteilhaftem Äußeren, fraßen ihn vor Liebe fast auf. Ja – und die süddeutschen Sängerinnen? Da ging es auch schon los. »Frl. Zimmer, eine hübsche, zarte Erscheinung, singt recht brav.« So? Keine Einschränkung? Sie hinkte nicht und schielte nicht? »Leider traf sie das hohe G nicht« oder so etwas hätte Melanie schon beruhigt. Aber nein! Das Konzert war ein voller Erfolg, und anderntags fuhr man zu Schott nach Mainz – mit diesem Fräulein Zimmer, das offensichtlich über viel freie Zeit verfügte.

Dann kam doch eine Einschränkung. »Leider ist sie kein Sopran«, schrieb Wolf. »Schon Dinge wie ›Auf ein altes Bild‹ mußte sie transponiert singen. Schade, denn sie wäre sonst sehr verwendbar.« Von dieser »Beruhigung« war Melanie höchst beunruhigt. Hatte sich Wolf doch bisher strikt geweigert, seine Lieder überhaupt transponiert singen zu lassen. Weil jede Tonart ihre eigene Charakterfarbe hat und für einen bestimmten Text gezielt ausgesucht worden war. Man konnte demnach nicht transponieren, ohne das Wesen des Liedes zu zerstören – wie oft hatte er ihr das nicht erklärt? Fräulein Zimmer mußte eine besonders hübsche, besonders zarte Erscheinung sein, wenn er ihr dieses Opfer brachte.

Nun, Fräulein Zimmer sang halt »bezaubernd schön«, und das in Konzerten, von denen vorher gar nicht die Rede gewesen war – in Mannheim, in Stuttgart... Sie gönnte ihm diese Glückssträhne von Herzen, aber wann kam er heim? Fräulein Zimmer sollte jetzt auch noch in Tübingen singen. Am 12. Februar. (Ursprünglich wollte er schon drei Tage wieder zu Hause gewesen sein.) »Meine Eisenbahnkarte gilt, glaube ich, grade bis zum 15. Februar«, schrieb er beruhigend. Also Geduld.

Am 12. nachmittags kam ein Brief, worin er mitteilte, daß das Tübinger Konzert »wegen Heiserkeit des Frl. Zerny« – dies ihr Künstlername – »auf den 18. d.M.« verschoben sei. Oh, diese Schlange! Nur um länger mit ihm zusammensein zu können,

ruinierte sie ihm auch noch das Billett! In ihrem Antwortbrief ging Melanie überhaupt nicht darauf ein. »Bleibt Ankunft 15. abends Westbahn? Billett!« telegraphierte sie ihm statt dessen. Wenn Wolf zweideutig sein konnte – angeblich wollte er nichts lieber als schnellstens nach Hause fahren –, dann konnte sie das auch.

Die Reaktion war fürchterlich. Sie habe wohl seinen letzten Brief nicht erhalten? »In demselben theilte ich Ihnen mit, daß am 18. Febr. in Tübingen eine Matinee veranstaltet werde... Mein Eisenbahnbillett gilt bis zum 2. März, wie auf demselben schwarz auf weiß verzeichnet steht...« Ach, was konnte dieser Mann falsch sein, wenn er wollte. Dahinter steckte »sie«!

Melanie fing an, wirklich zu leiden. Er spielte ja Katz und Maus mit ihr! Schrieb, er käme jetzt bestimmt am 20. Und kam nicht. Dann am 25. Wieder kein Wolf. Und immer die peinigende Vorstellung, wie Fräulein Zimmer, der singende Vampir, sein Opfer umklammerte, nicht mehr losließ... Endlich, am 28. frühmorgens – ah, diese Erinnerung war zu schmerzhaft. Vor allem, weil er in seiner schonungslosen Art alles in sein Tagebuch geschrieben hatte. Von dem eben die Reste im Kamin zerfielen.

Hugo Wolf an Frieda Zimmer:

27. Februar 5 Uhr nachmittags
im Speisewagen des Schnellzuges.

»... Eben haben wir Ulm mit seinem prächtigen Dom passiert. Gegenwärtig feßelt die Donau meine ganze Aufmerksamkeit. Ich denke gerade an Dich und Deine Leidenschaft für das kühle Element, wenn mir auch dabei ganz heiss wird. Ach, daß Du mich einmal zu Asche brenntest!... Ich freue mich ganz irrsinnig, bei meiner Ankunft in Wien ein Brieflein von Dir vorzufinden. Diese rasende Fahrt mit dem Schnellzug empört mich. Ich habe die Empfindung, als freute sich die verwünschte Dampfmaschine mich so rasch als möglich aus Deiner Nähe zu bringen...«

Wien 1. März 1894

»Mein Lieb! Eben damit beschäftigt meine jüngsten Erlebniße in mein Tagebuch einzutragen werde ich darin unterbrochen durch den Empfang Deiner lieben Zeilen. Da meine Aufzeichnungen fast nur Dich allein zum Gegenstande hatten, schien es mir nichts Unerwartetes gerade zu solcher Stunde ein Lebenszeichen von Dir zu empfangen. Ich hatte mir ein solches mit aller Sehnsucht herbeigewünscht und – siehe da, es traf auch ein. Was will Fortunats Wunschhütlein dagegen bedeuten?

Sehe ich mir so Deine Bilder der Reihe nach an, weilt mein Blick mit Vorliebe auf dem entzückenden ›Kindskopf‹ Deiner frühesten Jahre. Unwillkürlich möchte man diese traurigen Kinderaugen fragen: ›was hat man Dir, Du armes Kind gethan?‹ Und dieses süße kleine Mündchen mit den resigniert herabhängenden Lippen! Ja was hat Dein junges Herzlein denn dazumal schon bedrückt? Allerliebst erscheint mir auch Dein Bild aus Deinem 10. Jahre. Da siehst Du ganz darnach aus, als könntest Du ein Dutzend Gouvernanten caput machen. Verteufelt naseweis! Wenig Gnade vor meinen Augen finden die beiden Bilder aus Deinem 16. und 20. Jahre. Vielleicht trägt auch der Photograph die Schuld daran. Jedenfalls bist Du jetzt unvergleichlich schöner und gerade so wie Du mir am besten gefällst...

Und nun mein Herzlieb muß ich Dir noch die jüngste Schaudergeschichte aus meinem Leben berichten. Nach einer schlaflos

durchwachten Nacht um 7 Uhr früh am Westbahnhof in Wien anlangend harrten meiner am Perron – ›sie‹ und ihr Gemahl. Die Kunde von meiner Ankunft wurde ihnen durch meine Hausfrau in Döbling zu Theil. Ich war wie aus den Wolken gefallen und starrte die Beiden sprachlos an. Mit Einem befand ich mich zu Dritt in einem viersitzigen Wagen und fort ging es in ihre Wohnung. Es sah ganz so aus wie eine Entführung. Allein mit ihr in ihrem Boudoir zurückgelassen erlebte ich alsbald eine schauderhafte Szene, die mich im Innersten erschütterte. Ihr Haar war mittlerweile grau geworden, der Gram um meine Abwesenheit hatte diese Verwandlung bewirkt. Ich war wie vom Donner gerührt und stromweis stürzten mir bei diesem jammervollen Anblick die Thränen aus den Augen. Ach Frieda, sie liebt mich mehr denn je und doch – sie ahnt Alles. Ja, trotzdem ich läugnete und sie beruhigen wollte – sie weiß Alles. Ihr ahnungsvolles Gemüth ließ sie Alles errathen. Sie weiß, daß Du mich liebst, weiß, daß auch ich Dich liebe... O sie ist außer sich und ich fürchte das Schlimmste. Großer Gott, wie wird das enden! Ich wage nicht daran zu denken, aber eine Katastrophe ist fast unausbleiblich. Mein Leben gäbe ich ihr gern, mein Herz kann ich ihr nicht geben, denn das gehört ja Dir und nur Dir und doch – auch ihr. Wahrhaftig – auch ihr. Kannst Du Dir eine unseligere Lage wohl denken?«

(6 Stunden später)

»Sie war bei mir in Döbling und überraschte mich beim Schreiben dieser Zeilen. Wiederum eine fürchterliche Scene. Sie wollte durchaus Gewißheit haben. Bitten und Thränen. Ach diese gefährlichste aller Waffen – Frauenthränen! Ich erzählte ihr nun Alles. Ich schilderte Dich ihr in den glühendsten Farben – sie hasst Dich, sie bedauert mich, aber sie liebt mich nur umsomehr. Dennoch wirkte mein Geständnis beruhigend auf sie ein, denn nichts ist qualvoller als der Zustand der Ungewißheit. O sie ist ein göttliches Weib, heroisch vom Wirbel bis zur Zehe. Keine Spur von Sentimentalität, und doch so ganz Liebe und Hingebung. Ach wenn Du sie doch kenntest, wie schnell würdet ihr euch verstehen, ja sogar lieben, so wahlverwandt sind eure Naturen. Könntest Du nicht hierherkommen, wenn ein Besuch mit dem Mainzer Director unvermeidlich sein sollte? Wie glücklich würdest Du damit machen Deinen vor der Hand noch sehr sehr unglücklichen

Hugo Wolf

Vielen Dank für die lieben Blumen. Ich habe sie an mein Herz gedrückt.

Schreibe gleich wiederum. 1000 Grüße.«

Wien, 3. März 1894

»Mein Herz! Wie vielmal hab ich die Feder in die Hand genommen und sie doch wiederum weggelegt. Ein Dutzend Briefe hätte ich Dir schreiben mögen, aber ich wollte durchaus Deine Antwort auf mein letztes Schreiben abwarten. Und nun halte ich Deinen zweiten lieben Brief in Händen und da möchte ich am liebsten gleich auf den Bahnhof stürzen und mit einem Blitzzuge zu Dir eilen, Dich in meine Arme schließen und die Welt und Alles Alles vergeßen. Auch könntest Du nur ahnen welche Stürme in den letzten Tagen meine Brust durchwühlen! Der Gedanke meinem Leben freiwillig ein Ende zu machen ist jetzt mein einziger Trost. Sühnen und sterben, das wird mein Schicksal sein. Ich mag keinen Mord am Gewissen haben, und doch weiß ich, daß ich ›ihr‹ Mörder sein werde. Meine Liebe zu

Dir wird ›sie‹ tödten – ›sie‹ welkt zusehends hin... Es war Raserei Dir letzthin zu sagen, daß mein Herz auch ›ihr‹ gehört. Nein mein Lieb, mein Herz gehört nur Dir, einzig und allein nur Dir, und nur Mitleid, Mitleid mit ›ihr‹ war es, was mich zu jenem unseligen Trugschluß verleiten konnte... Ach Frieda, mein Liebstes und Einzigstes, mich tödtet ja schon der Gedanke Dir entsagen zu sollen...

Komm doch zu mir und erquicke mein krankes Herz; ein einziger Ton, wie er Dir aus der Seele quillt, macht es wieder gesunden.

O daß wir doch nie geschieden wären, daß wir immer Aug in Auge, Brust an Brust unser Leben verträumen dürften!

Leb wohl Du Liebe, Süße, Gute!!!

Tausend und noch viel mehr Grüße und Küsse!

Leb wohl!«

Wien, 4. März 1894

»Du Einzige! Die Krisis ist vorüber! Ich will wieder hart werden, hart wie der hartgesottenste Teufel! Weg mit allem Mitleid und wenn mein Weg zu Dir über Leichen gehen soll – auch gut. Dich lasse ich nicht und wenn die Hölle dagegen auferstünde. Du gehörst mir, nur mir und noch einmal mir!

Dein letzter Brief hat mich entzückt. Ich juble! Auch Du lieber Höllenbraten, Du Satansbraut, Du Himmelslieb, Du Erzengel und Erzteufel zugleich – mir gehörst Du in Leben und in Tod und nichts soll sich mehr zwischen uns drängen. Dein mit Schmerzen erwarteter Brief hat mich dermaßen aufgeregt, daß ich kaum im Stande bin diese Zeilen zu kritzeln...

Ewig Dein Hugo Wolf«

Frieda Zimmer hatte »Rabenhaar«, ein »keckes Näschen«, »blankgescheuerte« Augen und Temperament. Als Hugo Wolf sie kennenlernte, war die Mainzer Hofopernsängerin gerade neunundzwanzig Jahre alt geworden, und Wolf war in kürzester Zeit von ihr einfach weg. Was er Freunden und Verwandten über sie schrieb, klang wie ein einziger Stoßseufzer. »Außerdem ist sie jung und schön – nicht hübsch, sondern schön, und singt meine Sachen mit einer Hingebung und einem Verständnis.« »Außerdem zeichnet sie sich durch eine seltene körperliche Schönheit aus, und wenn ich Mannheim nicht bald verlasse, fürchte ich sehr, eine Dummheit zu begehen und mich schnurstracks in sie zu verlieben.« »Abgesehen von ihren enormen künstlerischen Qualitäten zeichnet sie sich auch durch eine ganz hervorragende Bildung und einen energischen Charakter aus, der seinesgleichen in der Welt sucht.« »Um Ihnen einen recht deutlichen Begriff von der seltenen Art ihrer Begabung geben zu können, sei nur des ›Ersten Liebesliedes eines Mädchens‹ Erwähnung getan. Diesem Stück komprimierter Leidenschaftlichkeit und ungezähmter Gefühlsausbrüche, dem noch jede Sängerin scheu aus dem Weg ging, hat sie Töne und Akzente abgewonnen, die einem das Blut erstarren machen können.«

Frieda Zimmer hatte Theaterblut, Musik im Blut und eine ungewöhnliche Familiengeschichte. Ihr Großvater war Johann Heinrich Zimmer, der bekannte Heidelberger Verleger (Mohr & Zimmer). Im reifen Alter fühlte er sich plötzlich berufen, studierte Theologie und wurde Pfarrer. Ihr Vater, Heinrich Benjamin Zimmer, übernahm den Verlag. Im reifen Alter fühlte auch er sich plötzlich berufen, studierte Theologie und wurde Pfarrer. In dritter Ehe hatte er die

Die Gönnerin – sie sorgte viele Jahre für Hugo Wolf. Nach dem Tod ihres Schützlings stürzte sich die Wiener Hofjuweliersgattin Melanie Köchert aus dem Fenster. Ihr Leben hatte seinen Sinn verloren.

fromme und tüchtige Friederike Louise Müller geheiratet – sie leitete eine Mädchenschule mit Pensionat –, die den Mut aufbrachte, im damals biblischen Alter von siebenunddreißig Jahren ihren Beruf mit der Ehe zu vertauschen.

Sie starb bei der Geburt ihres zweiten Kindes, Frieda, und Frieda wurde von Gouvernanten aufgezogen. Ihre Musikalität wurde erkannt, und sie bekam Unterricht bei Frankfurts bedeutendstem Gesangspädagogen, Julius Stockhausen. Ihr »herrlicher Mezzosopran« (Wolf) und ihr großes dramatisches Talent machten sie zum Gewinn für jede Bühne. Ihr Vater starb, als sie sechsundzwanzig Jahre war. Ihre Verwandten hätten es lieber gesehen, wenn sie den weniger anrüchigen Beruf einer Konzertsängerin ergriffen hätte, aber konnte sie davon leben? Und nun kam auch noch Wolf, der von ihr hoch verehrte Komponist, und sagte dasselbe. Nur noch *seine* Lieder solle sie singen, in allen Konzertsälen der Welt, in Amerika. Der Haken bei der Sache: Wolf war dem breiten Publikum völlig unbekannt. Sie selbst auch. Es reichte nur für Kleinstädte. »Gesegnet sei das schmutzige Mannheim«, schrieb Wolf, »wo das erste erlösende Wort, der erste beseligende Kuss und Händedruck zwischen uns getauscht und der Bund, der unsere Herzen eint, unter Lust und Schmerzen für immer geschlossen war.«

Bürgerliche Menschen hätten sich verlobt. Es war Neigung, Sehnsucht, Verehrung, Liebe auf den ersten Blick. Aber in welche Ehe hätte diese Verlobung führen können? Wolf war völlig und ganz von seinen verschiedenen Gönnern und Gönnerinnen abhängig – der Preis, den er für seine künstlerische Freiheit zahlen mußte. Die einzige feste Anstellung, die er je gehabt hatte, war vor Jahren die des Musikkritikers beim Wiener »Salonblatt« gewesen. Und auch da – so hatte man ihr zugetragen – war es Melanies Mann Heinrich Köchert gewesen, der Monat für Monat die sechzig Gulden bereitstellte, die Wolf dann als »Honorar« zuflossen. Wovon er freilich nichts wissen durfte, der Arme. Nein, an eine gemeinsame Zukunft war nicht zu denken. Und doch... kam nicht auch der Erfolg für ihn jetzt? Renommierte Verleger druckten seine Lieder. Wie hübsch war es, als sie beide, Frieda und Hugo, sich die Netto-Einnahmen des Tübinger Konzerts geteilt hatten: 500 Mark! Liebe beflügelt. Fast ein bißchen beschämt war sie, *wie* rasch er das erste Problem ihrer jungen Liebe »erledigt« hatte: Melanie. Am 1. März die »Scene«, am 3. März wollte er sterben, und am 4. war die »Krisis« schon überwunden. Sie hatte, nach dem ersten Erschrecken, nichts weiter tun können, als ihr unbegrenztes Verständnis ausdrücken... Schon hatte er mit unheimlicher Energie angefangen, Konzerte in Wien und Graz zu organisieren, um sie bei sich zu haben, »...am liebsten in meinem Haus, wo genug eingerichtete und unbewohnte Zimmer vorhanden sind, wenn es nur kein Wenn und Aber gäbe« – ja, »sein« Haus war eben leider das Sommerhaus der Köcherts –, »und dann möchte ich um Alles in der Welt vermieden sehen, daß auch nur der leiseste Schatten eines ungehörigen Verdachtes Deinen guten Ruf gefährde...« Lieb von ihm.

Ostern in Wien. Das Wetter war strahlend. Wie wunderbar diese erste Woche, als sie noch gar nicht »offiziell« in der Stadt war. Sie hatten die Ausstellung im Künstlerhaus besucht. Ausflüge in die Umgebung gemacht. Wolfs Döblinger »Haus« besichtigt und dort »ach! nur zu flüchtig süße Heimlichkeiten getauscht«. Gar nicht weit

von Wolfs Haus lag Beethovens Wohnung, worin die »Eroica« entstanden war. Sie selbst war abgestiegen im vornehmen »Hotel de France« am Schottentor. Im selben Gebäude wohnte Bruckner. Dann war Ostern vorbei. Die Arbeit begann. Die Wiener Konzerte wurden sensationelle Erfolge. Was Wolf prophezeit hatte, war eingetreten. Sie hatte mit ihrem Temperament das Wiener Publikum hingerissen. Man jubelte ihr zu, »vergötterte« sie, »baute ihr Tempel«. Und doch... Sie spürte, wie der Schatten dieser Melanie immer länger wurde und dunkler. Fast alle intimen Freunde von Wolf, die übrigens ganz reizend zu ihr waren, waren irgendwie mit Melanie verwandt oder verschwägert. Es stellte sich heraus, daß auch in Graz die wichtigsten Freunde von Wolf niemand anders waren als – Schwester und Schwager von Melanie Köchert. Das Grazer Konzert übrigens, an einem Freitag dem 13., war schlecht vorbereitet, der Tenor wurde heiser, der Saal blieb halbleer, und Wolf war gräßlicher Laune. Ausgerechnet zwei Stunden vor Beginn brachte man ihm einen Brief aus Wien. Natürlich Melanie. Da war sie wütend geworden. »Läßt sie dich nicht einmal vor einem Konzert in Ruhe?« Wolf war davongestürmt, wahrscheinlich, um »ihr« gleich zu antworten.

(Gut, daß sie nicht wußte, was er schrieb: »Frl. Zerny anlangend kann ich Ihnen die vollste Beruhigung über mein Verhalten zu ihr geben. Sie haben vollkommen recht. Sie ist eine Egoistin u. kann alles, nur nicht lieben. Wenn Sie wüßten, wie kühl u. gleichgültig ich mich gegen sie verhalte! Kaum, daß ich ihr einen Blick schenke. Geradezu widerwärtig wird sie mir. Glücklicherweise scheint ihr meine sichtliche Abneigung keinen besonderen Eindruck zu machen u. so hoffe ich, sie demnächst auf gute Manier loszukriegen... Montag abend treffe ich sicher in Wien ein. Wie freue ich mich auf unser Wiedersehen... Für heute in Eile die herzlichsten Grüße von Ihrem Hugo Wolf.«)

Sowie Wolf einmal *nicht* mit dem Köchert-Clan zusammen war, schien er bester Laune. Ihr liebevoll zugewandt. Nach Graz blieb sie noch eine Woche in Wien, dann fuhr sie schweren Herzens nach Hause. Zu ihren Verwandten! Wie lästig. Aber auf Wolfs Drängen hatte sie ja kein weiteres Bühnenengagement angenommen. Ein Fehler, wie sich jetzt freilich herausstellte. Ohne Geld konnten sie beide noch weniger zusammenkommen. Trübsinnig saß sie in Sachsenhausen. Ein Trübsinn, der sich rasch als beginnende Masern herausstellte. Angesteckt noch bei den lieben kleinen Neffen der lieben Melanie. Sie litt aber nicht allein. Wolf war von einem Katzenjammer befallen, der einen Stein gerührt hätte. »Ach Frieda, Du mußt wiederum zu mir kommen oder ich komme zu Dir... Mir ist nämlich sehr übel zu Muth seit Du wieder in die Ferne zogst und das heftige Verlangen Dich wiederzusehen überwiegt weitaus all mein sonstiges Sinnen und Trachten.« Ob sie nicht doch wieder zur Bühne zurückgehen könne? Nur dann könne man eventuell an eine gemeinsame Existenz denken. Er allein – »und das bringt mich noch um« – könne gerade nur »einen Mann« über Wasser halten. »Noch ein Ballast hinzugethan und das Schifflein kippt schließlich um.« Und er müsse sie unbedingt jetzt sofort sehen, am besten in München. »Wir miethen uns für eine Woche ungefähr in einem Hotel ein und führen dort ungekannt und ungenannt ein freies Räuberleben. Wie gefällt Euer Liebden dieser Vorschlag?« O, er ge-

fiel ihr nur allzu gut... Noch besser gefiel ihr, daß er so ernsthaft von ihrer gemeinsamen Existenz redete, auch wenn sie ihm »unmöglich« schien. Wie wäre es, schrieb sie halb scherzhaft, halb im Ernst, wenn uns deine treuen schwäbischen Gönner ein Darlehen für die Hausstandsgründung gäben? – Das erschien ihm »ein wenig frivol... Andrerseits kann ich Dein brennendes Verlangen nach einem dauernden Zusammensein vollkommen begreifen, da ich in diesem Punkt ganz mit Dir übereinstimme.« Doch ja nichts übereilt! Was in seinen Kräften stünde, wolle er tun. Sich dauernd in München niederlassen zum Beispiel. Oder in Berlin. »Keinesfalls bleibe ich länger in Wien, das mich so fern von Dir hält.«

So hätte Liebe also das Gespinst zerrissen? Liebe? Feuerströme der Leidenschaft! Hugo Wolf raste, tobte, glühte. Nicht jede Pfarrerstochter, dachte Frieda, kriegte solche Dinge zu lesen.

»Einzigste! Dein heutiger Brief versetzt mich in einen wahren Wonnentaumel. So wünschte ich immer Dich zu sehen: – in einem Flammenmeer von Liebesgluthen gebadet. So sollst Du auch mich wieder finden, unbändig, wild, fessellos wie eine Feuergarbe, die blind wüthend Alles um sich verzehrt. Der leiseste Gedanke an Dich bringt mein ganzes Sein gleich in den heftigsten Aufruhr; Schwindel befällt mich, Ohrensausen, und das Herz will manchmal stocken, wenn eine Blutwelle in ihrem Kreislauf sich überstürzt; völlig raubt es mir die Besinnung. Dieses Bangen zu bannen, diese rasende Gluth zu kühlen – wie zieht es mich hin zu Dir – in Deine Arme, an Deine Brust, wo Leben oder Tod – gleichviel, was von beiden – mich lieblich und wonnevoll umfangen sollen. Herz, ich kann nicht weiter schreiben – die Aufregung tödtet mich beinah...«

Nein, von der Zukunft solle sie ihm nicht mehr reden – oder liebe sie ihn denn nur wegen der Zukunft? Na also! »Daß ich Dir nur zu meiner Beschämung gestehe: ich hielt Dich bisweilen für eine kleine Egoistin, die, unbekümmert selbst um ihren Liebsten, stets parat sei, das, was sich in so 'nem Köpfchen einmal festgesetzt, auch stante pede durchzuführen«, aber »Dein liebevolles Schreiben hat mich eines Besseren belehrt.«

»Daß ich doch – heute schon in Deinen Armen läge! Dieses endlose Bangen und Harren ist ja nicht mehr zu ertragen. Wie viel Zeit auch noch verstreichen möge, immer doch bist Du mir gegenwärtig mit jedem Athemzug und jedem Herzschlag mit Allem was in mir und um mich...«

Was geschah im »Deutschen Kaiser«?

Alles war so schön eingefädelt. Frieda fuhr zu einer Freundin nach Ulm und »von dort nach Bayreuth«. Wolf erzählte dem Köchertschen Personal, er müsse für ein paar Tage zu seiner Familie in die Steiermark. Köcherts selber waren schon in der Sommerfrische und vermißten ihn nicht. »Also am 11. oder 12. (Juni) soll die Stunde der Erlösung schlagen! Wie lange ist's noch bis dahin! Fast zwei Wochen! Unerträglich! Grausam! Nichtswürdig! Ganz und gar unmenschlich!« In letzter Minute bot ein Freund Wolf ein »Freibillett 1. Klasse tour und retour« an, das leider erst am 13. (!) benutzt werden konnte. »Bei meiner rasenden Ungeduld Dich zu sehen und bei Dir zu sein kommt mir dieser Aufschub höchst ungelegen. Was uns so an Zeit geraubt wird wollen wir durch ein desto innigeres Zusammenle-

ben wett machen. Ich glaube wir werden unsere Hotelstube gar nicht verlassen, um die wenigen Tage ganz nur unserer Liebe widmen zu können. Des Herzens und Kosens soll es kein Ende für uns geben, das wirst Du schon sehen... ich werde die Ehre haben Dich als die ehrbare Frau des Architekten Roth dem Meldezettel der Münchner Polizei vorzustellen.«

Der 13. Juni kam, ein Mittwoch. Natürlich gab es am Bahnhof irgendein »Malheur«, aber dann schloß sich im Hotel »Deutscher Kaiser« die Tür hinter dem überglücklichen Architektenpaar Roth. Vier Tage später ging sie wieder auf, heraus schoß Wolf, »etwas übereilt«, wie er selber zugestand, um allerschleunigst wieder nach Wien zu fahren. »... dieser verfluchte Hotellärm war ja nicht mehr zu ertragen«, schrieb er, »Deine Unempfindlichkeit dagegen berührte mich ganz räthselhaft.«

Was genau war eigentlich geschehen? Wir werden es nicht erfahren. Wolf war nach diesem Treffen wie ausgewechselt. »Ich fürchte wirklich, daß ich nur für die Einsamkeit tauge«, schrieb er. »Du thust wohl daran, wenn Du die in mir vorgegangene Veränderung, die ich leider nicht wegläugnen kann, einem Zustande beimissest, der mich zunehmend mit Angst und Schrecken erfüllt... Ihr Frauen freilich habt es leicht. Euch ist die Liebe schon Beruf... Liebe allein, als Beruf für den Mann, mag vielleicht im Roman oder auf der Bühne am Platze sein, als Beruf für ein ganzes Menschenleben taugt sie gewiß nicht.«

Keine Sehnsucht mehr? Nur noch Platitüden? Aus Wolfs Briefen, die immer spärlicher werden, erfahren wir, daß die Münchner Tage »aufregend« waren, aber ein »trügerischer Sonnenschein, der sich nur zu bald verflüchtigte...« Grob teilt er Frieda mit, ein Wiedersehen – wenn überhaupt – käme frühestens im Winter in Frage, und schreiben werde er nun auch nicht mehr regelmäßig. Er müsse zu sich selber finden und zu seiner Arbeit. Melanie Köchert hatte ihm passenderweise kurz nach seiner Münchenreise die Gesammelten Werke Gottfried Kellers verehrt; in dessen Biographie und Briefe vertiefte sich Wolf geradezu fieberhaft. Bekanntlich war Keller lebenslang Junggeselle geblieben, umhegt von Mutter, Schwester und einem Gönner-Ehepaar aus Wien. Die einzige Frau, die sich je erfrecht hatte, sich mit ihm zu verloben, brachte sich zum Glück rechtzeitig vor der Hochzeit um. Die »Keller'schen Briefe machen mich noch ganz toll vor plaisir«, meldete Wolf an Melanie. Schrieb's, packte seine Koffer und verzog nach dem Traunsee. Zu ihr.

Worauf Frieda ihn »freigab«. Wolf nahm es an, nicht ohne die scheinheilige Formulierung, er fühle sich »nur insoweit frei, als mir hierdurch die Sorge um unsere Zukunft für immer benommen wird«. Die verwirrte Frieda schickte ihm hierauf ihre Fotografie. Nein, *so* sei es nicht gemeint gewesen, korrigierte Wolf. Gute Freunde wollten sie bleiben. Inzwischen waren Frieda Bemerkungen zu Ohren gekommen, die Wolf über sie zu einem gemeinsamen Freund gemacht hatte. Sie schrieb einen langen, vorwurfsvollen Brief, worin sie ihrem gekränkten Herzen Luft machte und »jeglichen Verkehr« abbrach. Wolf wechselte die Fronten und lieferte Friedas Briefe an Melanie aus. »Die Briefe der Z. habe ich mir aufgehoben, um sie Ihnen vorzuzeigen. Ich glaube, die Person ist verrückt. Da bin ich in eine schöne Patsche geraten... Mittwoch od. Donnerstag wird Ihnen mein Schlüssel zum Schrank zugeschickt werden. Die

Briefe befinden sich in der untersten Lade in einem Briefcarton von Theyer u. Hardmuth...«

Friedas »gutes liebendes Herz« brachte im Herbst so etwas wie eine Versöhnung zustande. Sie hatte sich in Berlin für ein Wolf-Lieder-Konzert verpflichtet und fragte, ob er die Begleitung übernehmen wolle. Wolf schwankte. »Ich kann es nicht läugnen, daß es mich siedend heiss überkam bei dem Gedanken neuerdings wieder an Deinem Busen zu erwarmen. Ganz im Geheimen willst Du mein Liebchen, meine Philine sein, ja sogar die Altjungfernschaft (Schelm!) willst Du Dir aufladen, um ganz wieder mir anzugehören? Nein, mein artiges Philinchen, das ist zu viel, zu viel der Liebe und Güte... Dein gutes liebendes Herz ist mit Deinem klugen Verstande durchgegangen. Du wirst wieder besonnen werden, wirst eine berühmte Sängerin, vergißt mich armen Teufel und heiratest einen Marquis, wenn nicht gar einen Reichsbaron. Das soll die Lösung des Romanes sein, den wir so schön begonnen haben, leider jedoch nicht zu Ende führen dürfen.« Öfter als sie denke, habe ihn »das Gefühl der Sehnsucht nach Dir, nach Deinem Besitz übermannt – aber wohin soll das führen?« Schweren Herzens sagte er ab.

Das produktive, treibende Mißverständnis dieser Liebesbeziehung lag in einem Sprachproblem, das die Akteure selbst nicht erkennen konnten – sprachen sie denn nicht beide deutsch? Einer von Wolfs hervorstechenden Charakterzügen war seine buchhalterische Genauigkeit, wo er ehrlich sein wollte. So versäumte er in seinen Liebesbriefen an Frieda nie, ausdrücklich auf seine Eheuntauglichkeit hinzuweisen. Gleichzeitig aber, und das war das Verwirrende für Frieda, drückte er seine sinnlichen Liebeswünsche in einer Sprache aus, die ihr von zu Hause überaus vertraut war: der pietistischen. Hugo Wolf wollte sich mit ihr nicht anders vereinigen als die fromme Seele mit Gott. Das mußte für sie eine ganz andere Bedeutung haben. Weniger sinnlich, mehr geistig. So sprach der Bräutigam, der es ernst meinte, nicht aber der Liebhaber.

Wie kam es, daß der katholische Südsteiermärker Wolf bei seiner Liebeswerbung ein Gemisch aus Luthersprache und Pietismus benützte? War er sich dessen bewußt, daß er damit einen höchst wirksamen Etikettenschwindel betrieb? Hatte er ihn überhaupt nötig? Friedas spätere Reaktion aus Berlin zeigt, daß sie bereit gewesen wäre, ihm »anzugehören« auch ohne Zukunftsperspektive. Offenbar hatte sie in der Zwischenzeit etwas vom Mißverständnis begriffen. Und siehe da, kaum hatte sie ihm dieses großzügige Angebot gemacht, war auch er in der Lage zu erkennen, daß er damit jeder ernsthaften jungen Frau zuviel zumutete; er brauchte nun seinerseits nicht mehr eifersüchtig »seine Interessen« zu wahren und fand die Kraft zu einem echten Verzicht.

Die zwei Jahre, die Wolf noch blieben, nützte er für die Erfüllung seines Lebenswunsches und komponierte seine Oper. Die Schaffenslähmung, die ihn viele Jahre gepeinigt hatte, war verschwunden. Während er den »Corregidor« und das »Italienische Liederbuch« komponierte, war er im siebten Himmel. (»Bin selig! Rase!«). Am 20. September 1897 wurde er mit allen Symptomen des paralytischen Größenwahns in eine Anstalt eingeliefert. Melanie Köchert betreute ihn aufopfernd. Sie besuchte ihn dreimal in der Woche in der Anstalt; während seiner kurzen Remissionen begleitete sie ihn nach Italien und in die Sommerfri-

sche. Und sie folgte ihm in den Tod. Ohne Wolf hatte ihr Leben seinen Sinn verloren. Im März 1906 stürzte sie sich aus dem Fenster ihres Hauses am Neuen Markt.

Frieda wurde tatsächlich eine berühmte Opernsängerin und heiratete 1901 den Kapellmeister und Komponisten Karl Hallwachs (im selben Alter übrigens, wie ihre Mutter geheiratet hatte). Sie bekam zwei Söhne. Den ersten – er wurde zwei Tage vor Wolfs Tod im Februar 1903 geboren – wollte sie Hugo Wolfgang taufen, nannte ihn aber dann doch nur Wolfgang. Das Ehepaar Hallwachs bewahrte Wolf ein ehrendes Andenken. Hallwachs selbst hatte als einer der ersten in Deutschland Wolfs Genie erkannt und noch zu dessen Lebzeiten einen wichtigen Artikel lanciert, der Wolf große Freude gemacht hatte. Hätte Wolf länger gelebt, Frieda und Karl Hallwachs wären sicher – seine Gönner geworden.

Was uns tötet zu gebären

Caroline von Günderode
und Georg Friedrich Creuzer
Von Franz Josef Görtz

Wunsch: »Mit Freuden denke ich oft an den Tag, als wir uns fanden«, schrieb Caroline von Günderode an den Altertumsforscher Georg Friedrich Creuzer. Sie war eine selbstbewußte Frau, mit republikanischen Gesinnungen, und verfiel doch einer hoffnungslosen Liebe.

Der Grabstein auf dem Friedhof in Winkel am Rhein verschweigt den Freitod nicht: »Caroline von Günderode, die Dichterin, geboren in Carlsruhe 1780, endete ihr Leben 1806.« Sie starb von eigener Hand, durch den Dolch, den sie ständig bei sich trug. »Eine tiefe Wunde, nicht ganz ein Zoll lang«, vermerkt das ärztliche Bulletin ungerührt, »der Stich zwischen vierter und fünfter Rippe in die linke Herzkammer eingedrungen.«

Gerüchte wollen wissen, sie habe an dem besagten Abend das Haus zu einem Spaziergang verlassen, sei allerdings nach einiger Zeit noch einmal zurückgekehrt, um ihren Schal oder ein Handtuch zu holen. Das Tuch habe sie dann »voll Steine gesammelt und sich um den Hals gebunden, wahrscheinlich weil sie sich in den Rhein versenken wollte, aber da sie sich ins Herz stach, fiel sie rückwärts«. Angeblich hat ein Bauer sie am nächsten Morgen unter Weidenbüschen liegen sehen, ihr den Dolch aus der Wunde gerissen und voll Abscheu in den Fluß geschleudert.

Um zehn Uhr abends, so Bettine Brentano, sei es geschehen: »Mit lustiger Miene« habe die Günderode sich »das starke Messer durch die Brust gestoßen, so nah am Rhein, daß ihre aufgeflochtnen Haare in das Wasser hingen; die ganze Nacht blieb sie da liegen, bis Morgens der kühle Thau ihr auf die Brust fiel in die tiefe, tiefe Wunde hinein, die gleich im ersten Moment dem Leben so großen Raum gab, schnell zu entfliehen.« Richtig ausgelassen sei sie gewesen an diesem Tag, berichten die Zeugen. Sie habe Post empfangen, danach eine Stunde auf ihrem Zimmer verbracht und schließlich »mit vielem Appetit« das Abendessen eingenommen. Lachend und scherzend habe sie sich alsbald verabschiedet, um ein wenig allein zu sein. Adieu, soll sie mehrmals gerufen haben, das war ihr letztes Wort.

Man glaubte, den Grund für diese »unselige Entschließung«, wie Sophie von La Roche sich empörte, genau zu kennen. Denn man wußte, daß das fünfundwanzig Jahre alte Stiftsfräulein die Geliebte eines verheirateten Mannes gewesen war, der sich von seiner Frau nicht lossagen mochte. Da ist das Urteil, über die Günderode, schnell gesprochen: »Die frühen Briefe Linens die Du mir geschikt sind ganz in dem Geist geschrieben wie ich mir ihr Verhältniss dachte, ein scheinbar freyes heitres Spiel, hinter dem ein grinsender Dämon lauert. So dünkt mich stelle man sich die Verführung des Teufels vor«, schreibt Lisette Nees von Esenbeck an Susanne von Heyden. Und sie schließt mit der Feststellung: »Sie fiel, ein Opfer der Zeit, mächtiger in ihr würkender Ideen, frühzeitig schlaff gewordener sittlicher Grundsätze: eine unglückliche Liebe war nur die Form unter der dies alles zur Erscheinung kam, die Feuerprobe die sie verherrlichen und verzehren mußte.«

Von einem ungewöhnlichen Tod gibt es allemal Zeugnisse genug. Was wir dagegen vom Leben dieser Frau wissen, verliert sich oft im Ungefähren und ist nicht frei von Widersprüchen, auch nicht frei von Retuschen, Verfälschungen und Verklärungen, wie sie, viele Jahre später, in den Romanen der Bettine anzutreffen sind. Eine Dichterin – aber in unseren Literaturgeschichten und Nachschlagwerken kommt sie nicht vor, oder doch nur am Rande, als Freundin der Brentanos, als Geliebte des Mythenforschers Georg Friedrich Creuzer und schließlich als Verfasserin eines Bändchens mit »Gedichten und Phantasien«, das sie 1804 unter dem Pseudonym Tian veröffent-

lichte, eines zweiten mit »Poetischen Fragmenten« (1805) und eines dritten, das 1806, wenige Monate nach ihrem Tod, unter dem Titel »Melete von Ion« erschienen ist.

Caroline von Günderode, am 11. Februar 1780 geboren, ältestes von sechs Geschwistern, von denen drei im Kindesalter an Typhus und Schwindsucht sterben, ist die Tochter des markgräflich-badischen Regierungsrats Hector von Günderode und seiner Frau Louise. Nach dem Tod ihres Mannes (1786) zieht Louise von Günderode mit den drei Kindern nach Hanau. Da die wirtschaftliche Lage der Familie sich bedrohlich verschlechtert, tritt die siebzehnjährige Caroline im Mai 1797 in das Cronstetten-Hynspergische evangelische Damenstift am Frankfurter Roßmarkt ein, das bedürftigen adligen Damen, die entweder unverheiratet oder verwitwet waren, ein standesgemäßes Heim bot. Dort bezieht sie zwei Zimmerchen zu ebener Erde, mit Blick auf den Garten. Sie darf Besuch empfangen, ins Theater gehen, Reisen unternehmen. Bei abendlichen Geselligkeiten ist sie ein gerngesehener Gast, der Scheu zum Trotz, die sie niemals ablegt. Wer ihr zum ersten Mal begegnete, mochte sie für unnahbar und für ungewöhnlich eitel halten: Eine »Narzißnatur« hat Friedrich Carl von Savigny sie genannt. In Wahrheit fühlt sie sich einsam, leidet darunter, nur zögernd Freundschaften schließen zu können. So verbindlich, so liebenswürdig der Ton ihrer Briefe, so nachdrücklich, fast flehentlich ihre Bitte um Zuneigung, so kühl und so abweisend ist sie mitunter im persönlichen Umgang. Aus Furcht davor, mißverstanden, zurückgewiesen zu werden? Aus Furcht davor, sich erklären zu müssen?

Ihre engsten Freundinnen sind Lisette Nees von Esenbeck, deren Stiefschwester Susanne von Heyden und vor allem Bettine Brentano, die elternlose Enkelin der Sophie von La Roche. Durch Bettine macht sie die Bekanntschaft mit Clemens. Den Juristen Friedrich Carl von Savigny, einen Freund der Brentanos, der später als preußischer Justizminister Karriere machen wird, sieht sie das erste Mal im Sommer 1799 in Lengfeld und wenig später auf dem Hofgut der Savignys unweit von Hanau ein zweites Mal. Er habe »einen tiefen Eindruck« auf sie gemacht, gesteht sie in einem Brief, »ich suchte es mir zu verbergen und überredete mich es sei bloß Theilnahme an dem sanften Schmerz den sein ganzes Wesen ausdrükt, aber bald, sehr bald belehrte mich die zunehmende Stärke meines Gefühls daß es Leidenschaft sei, was ich fühlte«.

Es ist der Roman einer vermiedenen Liebe, den die Günderode und Savigny in Szene setzen, sagt Christa Wolf. Sie hat ihr in der Erzählung »Kein Ort. Nirgends« (1979) ein Denkmal gesetzt. Eine Liebe, ein Roman in Briefen: unendliche Leidenschaft, unstillbares Verlangen, übermächtige Sehnsucht – im stillen Kämmerlein, alleingelassen mit Gedanken und Gefühlen, über die man lieber schreibt, als daß man sie ausspricht. Zu der Verbindung, die zumindest Carolines Familie sich erträumt hat, kommt es nicht. Im Frühjahr 1804 vermählt Savigny sich mit Gunda Brentano. Statt eines Briefes schickt die Günderode ihm ein Sonett, das sie unter dem Titel »Der Kuß im Traume« und mit dem Zusatz »aus einem ungedruckten Romane« in den Band »Poetische Fragmente« aufnimmt: ein Liebeslied natürlich, und ein Hymnus auf den Tod zugleich, auf Lethes kühle Fluten, die den brennenden Schmerz enttäuschter Hoffnung vergessen machen.

Heftige Leidenschaft und abgrundtiefe Verzweiflung darüber, sie niederringen zu sollen, sprechen aus vielen Gedichten der Günderode. Sie glaubt nun zu wissen, daß sie nicht sie selbst sein darf, daß sie eine Maske tragen muß, mit deren Hilfe sie verbirgt, was sie mit Leib und Seele für sich fordert: zu lieben, wen und wie sie mag, ohne Rücksicht auf die Konvention, die Moral der gebildeten Stände – und zu schreiben, um wenigstens in poetischen Umschreibungen und Verkleidungen zur Sprache zu bringen, was sie leidet.

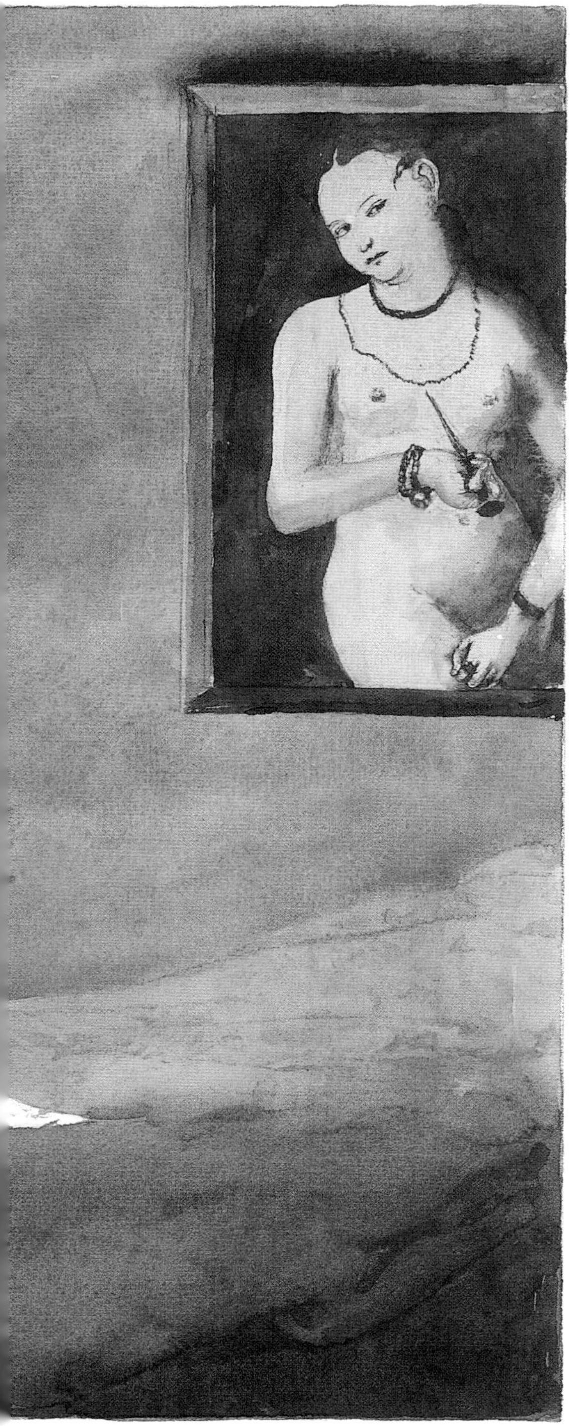

Wirklichkeit: »Du wurdest ein Fremdling deiner nächsten Umgebung, als du eine Heimat fandest in meinem Herzen«, las Creuzer in einem Brief der Günderode. Doch er war ein schwacher Mann, blieb bei seiner biederen Frau, wollte »kein Menschenopfer fordern«.

Wie Bettine Brentano oder Caroline Schlegel, wie Sophie Mereau oder Rahel Varnhagen zählt am Anfang des neunzehnten Jahrhunderts auch Caroline von Günderode zu den Frauen, »die es fertigbringen, ihre eigne Lage zu reflektieren«, sagt Christa Wolf, »ein Vorrecht, das wie jedes Privileg seinen Preis hat, der heißt: Aufgabe von Geborgenheit, Sicherheit, Verzicht auf das frühere Selbstverständnis der abhängigen Frau, ohne die Gewißheit, eine neue Identität zu gewinnen; Ursprünglichkeit, Natürlichkeit, Wahrhaftigkeit, Intimität gehören zu ihrem universalen Glücksanspruch; sie lehnen ab, was die Hierarchie verlangt: Kälte, Steifheit, Absonderung und Etikette. Beinahe voraussetzungslos, auf Ideen nur, nicht auf soziale, ökonomische, politische Gegebenheiten gestützt, sind sie dazu verurteilt, Außenseiter zu werden.« Von den literarischen Plänen der Günderode scheint außer der Bettine, der sie einige Gedichte vorgelesen hat, außer Savigny, dem sie anvertraut, daß sie an einem Drama arbeite, und außer dem Gatten ihrer Freundin Lisette, der offenbar zwischen der Dichterin und dem Verlag vermittelte, niemand etwas zu ahnen.

Wenige Wochen nach der Veröffentlichung der »Gedichte und Phantasien« erreicht sie ein mehrere Seiten langer Brief Clemens Brentanos. Er spielt den Gekränkten, da er in das Versteckspiel um Tian nicht eingeweiht worden sei, macht aber der Poetin gleichwohl die artigsten Komplimente: »Zwei Stunden sind es kaum daß ich Ihre Lieder gelesen, die Idee, daß sie von Ihnen seyn könnten, hat mich durch Berg und Thal gejagt, ich habe weinen müssen über das wunderbare Geschick meiner Empfindungen, und nun weiß ich doch nicht mehr, als vorher, ob die Lieder von Ihnen sind, weiß ich nicht, aber daß das, was ich in diesem Augenblick fühle, Ihnen gehört, das weiß ich.«

Abermals ein Roman, abermals eine Liebe mit enttäuschendem Verlauf. Sie beginnt Anfang Juli 1801, mit dem Schlußsatz eines Briefs, den Gunda Brentano ihrem Bruder schreibt: »Fräulein von Günteroth empfiehlt sich Dir, ich habe sie recht lieb.« Caroline verehrt ihn, schätzt seine Dichtungen, notiert Aussprüche von ihm in ihr Studienbuch, schickt ihm Briefe, die ihre Zuneigung nicht verhehlen. Seine Antworten sind drängender als ihre Fragen: »Gute Nacht! Du lieber Engel! Ach, bist du es, bist du es nicht, so öffne alle Adern Deines weißen Leibes, daß das heiße, schäumende Blut aus tausend wonnigen Springbrunnen spritze, so will ich Dich sehen und trinken aus den tausend Quellen, trinken, bis ich berauscht bin.« Bevor er sich von ihr verabschiedet, beschwört er sie: »Habe den Mut, nur darum zu weinen, daß Du nicht bei mir bist im Fleische, sondern nur in Gedanken, denn beide sind eins und nur im Abendmahl genießen wir den Gott, denn alles Wort muß Fleisch werden, auch dies Wort der Liebe.« Das war deutlich genug, zu deutlich vielleicht für eine Dame aus dem Stift, die das Ordensgewand, ein dunkles Kleid mit Schleppe, weißem Kragen und weißen Manschetten, durchaus nicht ungern trägt. Nach diesen Zeilen mag sie die Freundschaft nicht mehr fortsetzen.

Schroff und unversöhnlich kühl reagiert sie auf seine neuerlichen Annäherungsversuche: »Meine Beziehung zu Ihnen ist nicht Freundschaft, nicht Liebe. Meine Empfindung«, erwidert sie ihm, »gleicht vielmehr dem Interesse, das man an einem Kunstwerk haben kann, aber verworrene, mißverstandene Verhältnisse könnten mir dies

Interesse trüben.« Brentano ist es ähnlich ergangen wie Savigny: Beide fühlen sich angezogen von dieser Frau, suchen ihre Gegenwart, tauschen mit ihr vertrauliche Briefe und verschwiegene Zärtlichkeiten aus – und verbinden sich mit einer anderen, ohne allerdings von ihr völlig lassen zu wollen. Da ist Brentano, seit einem Jahr mit Sophie Mereau verheiratet, genauso aufdringlich wie Savigny, wenn auch weniger durchtrieben.

Savigny unterzeichnet seine Briefe an die Günderode auch im Namen seiner Frau, fügt aber gelegentlich ein Postskriptum hinzu, das Gunda mit Sicherheit nicht zu Gesicht gekam: »Lieb Günderrödchen, du merkst wohl, daß das dadrüben nur ein nachgemachter Savigny war und daß jetzt erst der wahre auf Dich los geht, um dich herzlich zu küssen und zu drücken.« Ein Liebhaber, der den Freund nur spielt, um sich nicht zu verraten? Doch wer will den zum Freund, der lügen und betrügen muß, um seinen Gefühlen leben zu können? Und was für eine Liebe wäre das, die zu schenken solche Männer sich imstande sähen?

Die Günderode wird sich Fragen wie diese oft gestellt haben, verzagt und an sich selber zweifelnd. »Ich habe keinen Sinn für weibliche Tugenden, für Weiberglückseligkeit«, bekennt sie. »Nur das Wilde, Große, Glänzende gefällt mir. Es ist ein unseliges, aber unverbesserliches Mißverhältnis in meiner Seele; und es wird und muß so bleiben, denn ich bin ein Weib und habe Begierden wie ein Mann, ohne Männerkraft. Darum bin ich so wechselnd und so uneins mit mir.« Sie ist selbstbewußt genug, für sich zu fordern, was einem Mann niemand streitig machen würde: das Recht auf die eigene Meinung und die Möglichkeit, ihr im privaten wie im öffentlichen Leben Ausdruck zu verschaffen; das Recht, sich verantwortlich zu fühlen, Entscheidungen zu treffen und danach zu handeln; und das Recht, für diese Rechte auch zu kämpfen. »Sie haben ja ordentlich republikanische Gesinnungen«, spottet Savigny, »ist das vielleicht ein kleiner Rest von der französischen Revolution? Nun, es soll Ihnen verziehen sein, wenn Sie versprechen wollen, sich noch manchmal darüber auslachen zu lassen.«

Tausend Nadelstiche, maliziöse Unverschämtheiten, perfide Kränkungen, die sie erdulden muß, wenn sie tatsächlich einmal sagt, was sie denkt und allein im Kreis der engsten Freunde auszusprechen wagt: daß sie mündig, eine emanzipierte Frau sein will, eine Schriftstellerin, die in offene Worte kleidet, wie ihr zumute ist. Das altväterliche Schulterklopfen, die allgegenwärtige Ironie, der freundlich gedämpfte Spott der Herren in dieser Gesellschaft sind das Ärgste. Sie verraten Zuneigung und Unverständnis gleichermaßen – Zuneigung zu einer attraktiven Frau, die es sich, so glaubt man, nur unnötig schwermache. Wenn schon nicht Frau und Mutter, Köchin und Dienstmagd, Gärtnerin und Gouvernante, warum nicht Geliebte, Freundin, Bettschatz?

»Einmal sollte einer ihr gegenübertreten, von dem sie nichts weiß. Von dem sie nichts erfahren kann, außer sie erfährt sich selbst bis auf den Grund, bis an ihre Grenzen und darüber hinaus.« Schreibt Christa Wolf, legt diesen Wunsch der Günderode auf die Zunge, als wäre es ihr letzter. Da ist Caroline vierundzwanzig und trifft in Winkel am Rhein den Dichter Heinrich von Kleist, in dessen Konturen sie, für Augenblicke, das eigene Spiegelbild zu erkennen meint. Eine schöne Erfindung, der Schatten eines

Traums, von der Wirklichkeit weit entfernt. Statt Kleist begegnet sie Anfang August 1804 dem Altertumswissenschaftler Georg Friedrich Creuzer, der, übrigens auf nachdrückliche Empfehlung Savignys, wenige Monate zuvor an die neugegründete Heidelberger Universität berufen wurde. Creuzer, 1771 in Marburg geboren, seit 1799 mit der um dreizehn Jahre älteren Witwe seines Lehrers Gottfried Leske verheiratet, einem »Abgrund an Prosa und Bürgerlichkeit«, wie allgemein versichert wird, verliebt sich, von Brentano mit der Günderode bekannt gemacht, auf der Stelle.

»Sie war so sanft und weich in allen Zügen, wie eine Blondine. Sie hatte braunes Haar, aber blaue Augen, die waren gedeckt mit langen Augenwimpern; wenn sie lachte, so war es nicht laut, es war vielmehr ein sanftes, gedämpftes Girren, in dem sich Lust und Heiterkeit sehr vernehmlich aussprach: sie ging nicht, sie wandelte, wenn man verstehen will, was ich damit auszusprechen meine; ihr Wuchs war hoch, ihre Gestalt war zu fließend, als daß man es mit dem Worte schlank ausdrücken könnte; sie war schüchtern-freundlich und viel zu willenlos, als daß sie in der Gesellschaft sich bemerkbar gemacht hätte.« So hat Bettine sie beschrieben, und so mag sie auch Creuzer erschienen sein.

Auf dem Altan des Heidelberger Schlosses werden sie einander vorgestellt, wenige Wochen später verabreden sie ein Rendezvous in Frankfurt und sehen sich von nun an regelmäßig. Vor allen Dingen schreiben sie sich Briefe, manchmal zwei an einem Tag, auf konspirativen Wegen. Der Buchhändler Mohr ist behilflich, auch der Professorenkollege Friedrich Schwarz und Susanne von Heyden – die nichts sehnlicher wünscht, als an Carolines Glück tatkräftig teilzuhaben. Wäre dies der Mann, vor dem die Günderode sich nicht verbergen, dessen Liebe sie nicht fürchten muß, von dem sie sich nicht mißverstanden, verraten und gedemütigt fühlen wird? Bettine nennt ihn »häßlich«. Die wenigen Porträts, die von ihm erhalten sind, widersprechen diesem Urteil nicht. Sie zeigen ein grobknochiges, mageres Gesicht mit langem Kinn und gedrückter Stirn, das lichte Haar in wirren Strähnen. Er selber verglich sich gern mit einem Silen, der vielleicht nicht die Blicke auf sich zieht, wohl aber die allgemeine Aufmerksamkeit auf sich zu lenken versteht. Für Görres ist er »unter allen den Hiesigen ohne Zweifel der Geistreichste, Eindringendste, dabei von allem Hochmut entfernt und aller hölzernen Steifelei, die den deutschen Gelehrten wie eine Art Zunftkrankheit anhängt«. Heinrich Voß, der Sohn des seit 1802 in Heidelberg wirkenden Odyssee-Übersetzers, bescheinigt ihm »unwiderstehliche Anmut, wenn man ihn aus der Fülle seines Herzens reden hört«. Auf andere, die ihn zu Hause, im Kreis seiner Familie erlebt haben, wirkt er kleinmütig und wehleidig, kraftlos und willensschwach: ein in die Welt der antiken Mythen versponnener Stubengelehrter, der mit der Alltagswirklichkeit wenig anzufangen weiß, ein Schwärmer mit lebhafter Phantasie und schwacher Gesundheit, der unter der Last seines Amtes fast zusammenzubrechen droht.

Und Caroline? »Mit Freuden denk ich oft zurück an den Tag, an welchem wir uns zuerst fanden, als ich Dir mit einer ehrfurchtsvollen Verlegenheit entgegentrat wie ein lernbegieriger Laye dem Hohepriester«, so läßt sie (im Band »Melete«) die »Briefe zweier Freunde« beginnen. Ein Stück Poesie, das freilich der Wahrheit sehr nahe kommt. In den Augen der Günderode ver-

klärt sich dieser Mann, den sie nur auf Stunden erlebt und gleichwohl, aus seinen empfindsamen romantisierenden Schriften, genau zu kennen glaubt, zum mystischen Seher, zur Idealgestalt des Liebhabers, der Freund und Vater zugleich ist. Berater und Beschützer, Partner und Pendant. Es schmeichelt ihr, daß er sie seine Muse nennt, während sie, im Gedicht »Die Einzige«, in die Rolle des Freundes schlüpft, der die Geliebte besingt: »Wie ist ganz mein Sinn befangen,/Einer, Einer anzuhangen;/Diese Eine zu umfangen/Treibt mich einzig nur Verlangen;/Freude kann ich nur gewähren,/ Heimlich diesen Wunsch zu nähren,/Mich in Träumen zu betören,/Mich in Sehnen zu verzehren,/Was mich tötet zu gebären.« Das Glück, so darf, so muß man diese Verse verstehen, scheint zerronnen, die Liebe verloren, sobald die Sängerin die Hand ausstreckt, einen Finger rührt, um den Traum für einen einzigen Augenblick Wirklichkeit werden zu lassen. »Die Freundschaft, wie ich sie mit Ihnen meinte«, so bedrängt sie ihn in einem mitten im Satz abreißenden Brief, »war ein Bund auf Leben und Tod. Ist Ihnen das zu ernsthaft?«

Wenige Wochen danach, im Juni 1805, beschwört sie ihn: »Du wurdest ein Fremdling in deiner nächsten Umgebung, als du eine Heimat fandest in meinem Herzen. So viele Opfer mußtest du mir bringen, wer weiß, wie viele, die ich nicht kenne. Natürlich fragst du endlich, wohin das führe. Du erblickst kein Ziel; darf ich dich aufhalten, wenn du umkehrst, die vernachlässigten Bande wieder neu anknüpfst, darf ich es nur versuchen, nachdem du in deinem letzten Brief gestanden, dein Geist erlahme unter einem so schwankenden Verhältnis?« Die Liaison ist Sophie Creuzer nicht lange verborgen geblieben. Schon im Oktober 1804 hat sie ihren Mann vor die Wahl gestellt, entweder die Liebschaft aufzugeben oder die Ehe als aufgelöst anzusehen. Auf der Stelle macht Creuzer der Günderode davon Mitteilung – in einem Ton freilich, der sie sogleich unter Druck setzt: »Jetzt ist es an Dir zu wollen. Siehe, bisher verstandest du nicht zu wollen; dies machte Dein Unglück.« Am Tag darauf stößt er alles um. Er ist unschlüssig geworden, mag seine Frau nicht gehen lassen, »kein Menschenopfer fordern«, wie er sich ausdrückt. Er schlägt eine Ehe zu dritt vor, zu der Sophie »als Mutter, als Führerin unseres Hauswesens« beitragen soll. So abenteuerlich der Einfall anmutet – für Creuzer ist diese Lösung die bequemste. Und das ist in seinem Fall entscheidend.

Mag sein, daß Caroline ihm widersprochen hat (ihre Briefe sind, von wenigen Ausnahmen abgesehen, verbrannt oder verlorengegangen). Dann werde er sich, schreibt er, als gehe ihn selbst dies alles am wenigsten an, gern in die Gegebenheiten fügen: »Du kannst mir viel sein, ohne mein Weib zu werden.« Seinem Vetter Leonhard Creuzer, dem er von Anfang an regelmäßig über die neuesten Entwicklungen seiner Affäre Bericht zu erstatten pflegt, erklärt er den merkwürdigen Verlauf so: »Lina schickt sich zur Ehe nicht, das fühlt sie selber.«

Den Winter über beschränken sie sich aufs Briefeschreiben, vereinbaren fürs Frühjahr 1805 ein Wiedersehen in der Nähe von Darmstadt oder im Odenwald. Abermals schmiedet Creuzer Pläne: Er will die Universität wechseln, und er ist entschlossen, sich von seiner Frau zu trennen, um mit Caroline zusammenzuleben. Abermals genügen Tränen, ihn sofort zur Umkehr zu bewegen. Als Sophie wenig später das Haus verläßt und einige Tage unauffindbar bleibt,

erleidet Creuzer, hilflos und verstört wie ein ausgesetztes Kind, einen Zusammenbruch. Zu garstig droht da ein langgehegter Wunsch tatsächlich in Erfüllung zu gehen. Dann aber, im September, die sensationelle Wende in Gestalt eines Briefes von Sophie Creuzer an die Günderode: Sie wolle dem Liebesverhältnis nicht länger im Wege stehen und willige in die Scheidung ein.

Und Creuzer? Er fühlt sich in die Enge getrieben, aus seinen Träumen überraschend in die Wirklichkeit versetzt – und unleugbar in die Pflicht genommen. Wieder greift er zu Ausflüchten. In der Heidelberger Gesellschaft regten sich Zweifel, ob Caroline zur Ehe tauge, gibt er ihr zu bedenken. Außerdem sei zu befürchten, daß ein Krieg ausbreche, dessen Ausgang niemand voraussagen könne. Er bittet sie aber, auf jeden Fall ihre Vermögensverhältnisse zu ordnen. Und zum Trost fügt er an: »Könntest Du hier mein Leben sehen, sehen mein freudenloses Dasein, Du würdest Mitleid mit mir haben.« Was er Caroline verschweigt, steht in einem Brief an seinen Vetter: An eine Scheidung sei nun wahrhaftig nicht mehr zu denken. Geradezu infam erscheint die Großzügigkeit, mit der er seiner Geliebten den Umgang mit dem als gutaussehend gerühmten und stets nach der Mode gekleideten Poeten Leopold von Seckendorf nachsieht. »Wie sonderbar wäre es von mir, zu begehren, Du solltest von ihm lassen – da ich keinen einzigen aller dieser Vorzüge habe, sondern arm bin und schlecht begabt von der Natur in jedem Sinne.« Indes führt er eifersüchtig und nicht ohne Mißtrauen Klage, wenn er länger als gewöhnlich auf einen Brief von ihr warten muß.

Denn das Träumen vermag er immer noch nicht zu lassen. »Wie gern wäre ich doch Dein, ganz Dein!« schreibt er ihr im März 1806. Im Juni äußert er den Wunsch, sie möge nach Heidelberg ziehen, um ihm ständig nahe sein zu können. Und wenn sie einen anderen Mann nicht finde, der ihre Liebe verdiene, so sei er zur Stelle, wenn die Gelegenheit es gestatte: »Lieben darf ich mir erlauben, aber nicht der sich selbst vergessenden Liebe vollen Besitz.« Caroline beginnt, endlich, sein Ränkespiel zu durchschauen – auch wenn sie nicht wahrhaben will, daß sie fast zwei Jahre lang in ein Trugbild vernarrt war. Sie fordert eine Aussprache, und noch einmal trifft sie Creuzer Ende Juni 1806 in Frankfurt. Ihr letzter Brief, in dem sie ankündigt, daß sie Ende Juli einige Tage in Winkel verbringen wolle, bleibt unbeantwortet. Tief erschöpft ist Creuzer aus Frankfurt nach Heidelberg zurückgekehrt. Er sei »tödtlich krank«, wird gemeldet, leide an Nervenfieber und anhaltender Schlafsucht. »Diesen Morgen ließ er mich rufen noch ehe ich kam«, so Friedrich Schwarz in einem Brief an Leonhard Creuzer, »und dann that er mir die rührendste Erklärung; er entsagte feierlich seinen bisherigen Verhältnissen, und Daub mußte es übernehmen, dieses alsobald der G. zu schreiben.« Unendlich ist die Leidenschaft, unstillbar das Verlangen, übermächtig die Sehnsucht allein in Briefen und Gedichten, im Traum und in der Phantasie – und auch sicher vor Lug und Trug, vor Fehlschlägen und Enttäuschungen, vor Zweifel und Zwietracht. Der kleinmütige, immerfort kränkelnde, früh vergrämte Georg Friedrich Creuzer schreibt Briefe, um sich am Leben, an der Realität schadlos zu halten, die ihm nur Widerstand entgegensetzt, auf Schritt und Tritt nur Hindernisse in den Weg legt.

Als ein »unzulänglich Liebender« ist er vor einem Menschenalter in die For-

schungsliteratur eingegangen – dieses Urteil ist Strafe genug. Die Günderode hat er geliebt, wie sie ihn geliebt hat und wie man ein Idol zu lieben, also in Wahrheit zu verehren und zu verklären pflegt: aus dem Abstand zwischen Tag und Traum, Wunsch und Wirklichkeit. Was sie in den heftigen Aufschwüngen ihres Gefühls zu Papier bringt, sind poetische Exaltationen, Beschwörungsformeln, mit denen Narziß sein Spiegelbild zu fixieren versucht: »Daß du mir aber könntest verlohren seyn war der Gedanken schmerzlichster. Ich sagte daß dein Ich und das Meine sollten aufgelößt werden in die alten Urstoffe der Welt, dann tröstete ich mich wieder, daß unsere befreundete Elemente, dem Gesetze der Anziehung gehorchend, sich selbst im unendlichen Raum aufsuchen und zu einander gesellen würden. So wogten Hoffnung und Zweifel auf und nieder in meiner Seele, und Muth und Zagheit.« Eusebio nennt sie ihn in ihren Poesien, auch »meinen Heiligen« gelegentlich: »Laß nichts die heil'ge Andacht stören,/Die fromme Liebe, die Dich meint,/ Die, ob auch Zeit und Welt uns trennen,/ Doch ewig mich mit Dir vereint.« Eine Liebe auf Distanz, außerhalb von Raum und Zeit und mit metaphysischem Anstrich, dem erwartungsfroh besungenen Tod manchmal ein Stück näher als dem wie eine Pein empfundenen Leben.

»Sie muß es in Zeiten lernen muß einsehen lernen daß die Welt nicht ihr Vaterland, das bürgerliche Leben nicht ihr Clima, und ein Mann der bei beiden zum Lehn geht, ein untauglicher Pfleger ist der zarten Himmelsblume. Es wird immer ärger werden, und immer mehr seh ich es ein, wie ich werde mehr und mehr zurücksinken in den Wust des gemeinen Lebens.« Klagt Creuzer im Juli 1805. Und er verhehlt nicht, was er damit meint: »Hat der Freund wohl je etwas empfunden von der stillen Macht der Gewohnheit? Kennt er die Sitte des häuslichen Lebens? Und versteht er die Abhängigkeit des häuslichen Lebens von zufälligen Beschränkungen: Namentlich von dem Raum und der Einschränkung der Wohnung? Bedenkt er den Zwang örtlicher Nähe?« Als er dies schreibt, ist er vierunddreißig Jahre alt.

Solche Briefe, solche Bekenntnisse mögen die Günderode aus ihren Träumen gerissen, ihr die Täuschung, den Wahn vor Augen geführt haben, dem sie widerstandslos so lange verfallen war. »Die Berührung, nach der es uns so unendlich verlangt, es gibt sie nicht«, sagt sie im Buch von Christa Wolf, drei Monate vor ihrem Tod. Creuzers Abschiedsbrief ist an Susanne von Heyden adressiert, die den Mittler machen soll, sich aber weigert.

Erst als ein zweiter Brief aus Heidelberg eintrifft, schickt sie beide, ratlos, an Charlotte Servière, eine gemeinsame Freundin, nach Winkel: mit der Bitte, Caroline behutsam vorzubereiten. Die Günderode eilt dem Boten entgegen, bringt die Briefe in ihre Hände, liest sie, formuliert eine Antwort und verabschiedet sich nach dem Abendessen lachend zu einem Spaziergang am Rhein. In den Morgenstunden des 28. Juli 1806 wird sie gefunden. Creuzer tröstet sich rasch. Seinem Vetter schreibt er: »Wenn ich nur meine Sophie recht lange behalte.«

HILLMANN

Lieber in Stücke hauen lassen als nach Spanien

Kaiser Karl V. und Barbara Blumberger
Von Eva Demski

Der Kaiser hält Einzug in Regensburg. Ein trauriger Kaiser ist nicht gut für einen Reichstag. Vielleicht könntest Du dem Kaiser ein paar von Deinen Liedern vorsingen. Er ist immer so grämlich.

Das muß sich gestaut haben in der engen Gasse zwischen dem Rathaus und dem Haidplatz. Denn sie werden doch, trotz des kurzen Weges, auf Pferden nach Regensburg gekommen sein, umdrängt von vielem Volk zu Fuß, wenigstens um die Pracht und die Buntheit sollte das Volk nicht betrogen werden. Vor dem Rathaus werden sie sich gedrängt haben, Bittsteller und Verkäufer, Neugierige, Frauen und Kinder, ehrsame Bürger und Gauner. Reichstag 1546.

Im Saal oben ist noch der Tisch zu sehen, auf dem sie das Konfekt aufgebaut haben, ein süßes, kaltes Buffet. Die Bänke stehen auch noch da und sehen sehr unbequem aus. Des Kaisers Sitz einsam. Dreimal hat Kaiser Karl der Fünfte sein Hoflager nach Regensburg verlegt, zu ebendiesen Reichstagen, den frühen Vorläufern dessen, was Männer an der Macht eine Konferenz nennen und Männer mit weniger Macht eine Besprechung oder eine Sitzung. Es hat damals nur etwas länger gedauert, die Wege waren beschwerlich, und das Hoflager bedeutete: viele Menschen, eine unübersichtliche Organisation, aber auch Leben in den Mauern der Stadt. In einer alten Chronik steht über einen der Einzüge des Kaisers, es seien die Dirnen der Stadt vor dem Zug hergelaufen und hätten ihre Brüste in den Händen gehalten. Reichstag 1546.

Der Hof trägt sich spanisch. Flache, pelzverbrämte Mützen über bärtigen Gesichtern, kurze, prächtig verzierte, weite Mäntel. Die Geschichtsschreiber enthalten uns alles Wichtige vor! Was mag für Wetter gewesen sein an jenem Junitag des Jahres 1546, als der Kaiser und Herr über ein Weltreich die Barbara zum erstenmal gesehen hat?

Es muß im Juni gewesen sein, der Sohn kam am 24. Februar des darauffolgenden Jahres zur Welt. Juni in der alten Stadt Regensburg (sie war schon damals eine sehr alte Stadt), denken wir uns einen schönen, warmen Juni. Aber dem Kaiser ging es schlecht. Er war sechsundvierzig Jahre alt, für damalige Begriffe sehr bei Jahren. Er war krank und müde, verbraucht in mörderischer Reisediplomatie. Seit sieben Jahren war er Witwer, und nun wieder die Aufregungen, schweres Essen und lange Nächte während des Reichstages. Er scheint seinem Gefolge Sorgen gemacht zu haben in diesen Tagen.

Tagungshotel war der Gasthof zum Goldenen Kreuz, am Haidplatz 7. Sie hatten hier Erfahrung mit gekrönten Häuptern, auch der König Ferdinand hatte fünfzehn Jahre vorher hier gewohnt auf seiner Krönungsreise nach Aachen. So wie heute sieht das Goldene Kreuz erst seit gut hundert Jahren aus. Zu Barbaras Zeiten war es ein frühgotischer Patrizierturm mit einem Anbau im Westen. Daran schloß sich ein niedrigerer Renaissancebau. Heute macht das frisch renovierte glatte, mächtige Haus den Eindruck einer Stadtburg, und an schönen Tagen kann man davor auf weißen Plastikstühlchen sitzen und einen Barbaracocktail trinken. Eine Überraschung für die Dame! verspricht die Cocktailkarte.

Ein trauriger Kaiser ist nicht gut für einen Reichstag, das wird damals nicht anders gewesen sein als heute. Im Hotel trieben sich neugierige Regensburger Bürgertöchter herum, erklärten wohl auch den fremden Gästen die Stadt oder tranken mit ihnen einen Becher Wein. So abwechslungsreich war es ja nicht für ein junges Mädchen Mitte des sechzehnten Jahrhunderts, immer am Fenster sitzen und auf einen passenden Mann warten, die passenden sind halt oft

auch die langweiligen. Wir werden sehen, daß die Barbara Blumberger (oder Plumberger, später Blomberg genannt) ein ganz besonderes Mädchen war, fest entschlossen, der Langeweile in ihrem Leben keine Chance zu geben. Dabei war ihre Schönheit eine gute Wegbereiterin, schon Barbaras Mutter Sybilla hatte man die »Schöngürtlerin« genannt. Über den Vater Wolfgang, den Gürtler eben, ist nichts Ähnliches bekannt, nur daß er in auskömmlichen, vielleicht sogar wohlhabenden Verhältnissen lebte. Er wird seine Tochter nicht dem Kaiser zugeführt haben, wie es früher oft hieß. Die Jungfrau muß nicht immer zur Ernährung des Drachens herhalten.

Denn Barbara war nicht nur schön, sie hatte auch eine schöne Stimme. Das hatte sich im Goldenen Kreuz sicher herumgesprochen, was tut man denn anderes am Abend, als ein wenig zusammen zu trinken und zu singen? An Musikanten wird im Hoflager kein Mangel gewesen sein.

Vielleicht, mag einer gesagt haben, könntest du dem Kaiser ein paar von deinen Liedern vorsingen? Er ist immer so grämlich, und die schwarze Galle macht ihm zu schaffen. Es ist kein Auskommen mit ihm. Das könnte einer gesagt haben (nein, keine von den Freundinnen. Die hätten unter allen Umständen selber zu singen versucht). Es kann auch ganz anders gewesen sein.

Vielleicht hat der Kaiser das Mädchen nur von weitem gehört, wie sie den Jüngeren und Lustigeren unter den Hofleuten etwas vorgesungen hat. Vielleicht hat er »Wer ist die?« gefragt. Vielleicht hat er gelächelt und aufgehört zu lächeln, als er sah, wie schön sie war. Ach, sie sind ganz unbrauchbar, die Geschichtsschreiber. Schön, einfach schön. Die schöne Tochter einer schönen Mutter. War sie hochgewachsen oder klein? Üppig oder schmal? Hatte sie blondes oder dunkles Haar? Rot war sie ganz sicher nicht, das schätzte man nur in den allerseltensten Fällen, es verband sich mit dieser Farbe damals immer ein wenig Brandgeruch. Es ist eine Entscheidung: Lassen wir sie blond oder dunkel sein?

Ich entschließe mich fürs Dunkle. Ihr weiteres Leben liefert einige Begründungen dafür. Also dunkles, glatt aufgestecktes Haar, vielleicht in einem geknüpften Netz ordentlich verstaut. Es ist nicht überliefert, wann Barbara Blumberger geboren ist. Um 1850 haben die Regensburger Tonnen von alten Dokumenten, Geburtsregistern und Reisepapieren, Erbverträgen, Verkaufsurkunden und Sterberegistern makulieren lassen. So sind ganze Generationen endgültig zum Verstummen gebracht, denn auch die banalsten Dokumente haben, Jahrhunderte nach ihrer Niederlegung, plötzlich eine an- und aufregende Stimme. Wenn sie vernichtet sind, kann man aus Geschichte keine Geschichten mehr machen – und auch der umgekehrte Weg ist verschüttet.

Barbaras Geburtsjahr ist nicht bekannt, muß aber zwischen 1527 und 1529 gelegen haben. Also war sie, als sie dem Kaiser begegnete (oder er ihr), um die achtzehn Jahre alt. Kein junges Mädchen mehr, andere in ihrem Alter waren längst verheiratet und hatten schon Kinder geboren und begraben. Die Kindersterblichkeit war hoch. Sie drückte die durchschnittliche Lebenserwartung auf dreißig Jahre. Auch Barbara hat Geschwister verloren, man weiß nicht genau, wie viele. Bei der Erbteilung nach dem Tode des Vaters Wolfgang sind außer ihr noch drei übrig. Aber so weit sind wir noch nicht, auf die dunkelbraunen Haare (vielleicht doch mit ein paar roten Lichtern?) gehört eine kleine Haube. Die Farbe des

Kleides? Sie hatte sicher ihre besten Sachen an, wenn sie ins Goldene Kreuz ging. Der Busen unter engem Oberteil flachgebunden, ein Tuch, um den Ansatz zu verbergen. Die Ärmel trug ein Bürgermädchen eng, oben an der Schulter ein wenig gepufft, und die hochangesetzten weiten Röcke gaben ihren Trägerinnen jenen ein wenig schwanger wirkenden Gang mit vorgeschobenem Becken, den heute noch die Mannequins haben. Schuhe mit kleinen, geschwungenen Absätzen. Der Gürtler-Vater hatte sicher gute Beziehungen zu seinen Kollegen von der Schuhmacherzunft, deswegen trug die Tochter vielleicht besonders hübsche Schuhe an einem schönen, rundlichen Fuß. Der Kaiser wird ihr wohl nicht zuerst auf die Füße geschaut haben, aber sicher später.

Ihr Kleid für jenen schicksalhaften Tag hat immer noch keine Farbe. Ich mache es blau. Nicht das Madonnenmantelblau, das in den vielen Kirchen von Regensburg leuchtet. Wobei auf dieses leuchtende Blau Schatten gefallen waren, denn keine dreißig Jahre vorher hatte in Wittenberg der Dr. Martin Luther auch der Marienverehrung ein Ende machen wollen, die Hammerschläge an der Schloßkirchentür zu Wittenberg waren noch nicht verhallt. Auch diese Verwirrung wird den Kaiser in seine üble Laune versetzt haben, aus der ihn in diesem Juni für kurze Zeit das Bürgermädchen befreien sollte. Die Reformation hat vor der Stadt Regensburg nicht haltgemacht, aber Barbara war gut katholisch und ging zur Messe. In welche Kirche mag sie gegangen sein, welche Prediger gefielen dem Mädchen? Es liegen so viele Kirchen nur einen Steinwurf vom Haidplatz weg.

Barbara also in einem blauen Kleid – sommerlich helles Blau – auf einen Sprung in irgendeine Kapelle, vor einer blaubemäntelten Muttergottes – Hilf, daß ich ihm gefalle? Wollte sie dem Kaiser gefallen? Wollte sie die Macht aus der Nähe sehen, als Mitgift für ein paar Stunden ihre Schönheit und ihre Musikalität? Die Musik begleitet die Familie. Barbaras Mutter Sybille verharrt nach dem Tod ihres Mannes Wolfgang im Jahre 1551 nicht lang im Witwenstand. Sie heiratet einen Harfenmacher, den sie schon vorher gekannt hat. Aber einstweilen wartet immer noch die schöne junge Frau in unserer Geschichte auf das Ereignis, das in der Bibel das Erkennen heißt. In irgendeiner Nacht im frühen Juni des Jahres 1546 wurde Barbara Blumberger, etwa achtzehn Jahre alt, Gürtlerstochter aus Regensburg, die Geliebte des Kaisers Karls des Fünften. Sie verbrachten ihre erste Nacht (oder war es ein Nachmittag? Und folgen andere Nächte?) im Gasthof zum Goldenen Kreuz am Haidplatz 7. Es wird gewesen sein wie immer – die Sache ist noch gar nicht passiert, und schon weiß es die ganze Stadt.

Der Herrscher, des Regierens und der Wirrnis in seinem ausgedehnten Reich müde geworden, hatte endlich Trost gefunden. Worüber wurde wohl geredet in der ausgedehnten, von Menschen überquellenden Herberge? Wie wurde spekuliert auf die politischen Wirkungen, die dieses neue, von niemandem vorausgesehene Verhältnis haben könnte? Was war vorgegangen zwischen diesen beiden Menschen, dem Kaiser und dem Mädchen, und was ging dann um sie herum vor an Häme und Intrige, an Mißgunst und Zuträgerei?

Die vom Gefolge werden in der Gaststube herumgesessen und sich ausgemalt haben, wie es denn gehen mag mit der jungen, schönen Person und dem alten, kranken Mann, ob es überhaupt gehen mag? Und war sie überhaupt unschuldig, diese Regensburger

Sulamith? Die Geschichtsschreibung läßt uns ein weiteres Mal im Stich. Die Eltern Blumberger werden der Tochter nicht die Hölle heiß gemacht haben, als die Kunde des kaiserlichen Beilagers zu ihnen drang.

Weit hat es das Gerede nicht in Regensburg, alles ist eng und nah beieinander, die ganz große Politik, die Liebe und das kleine Leben der Gürtlerfamilie Blumberger. Man kann alle Schauplätze in zehn Minuten zu Fuß gesehen haben. Der Haidplatz ist jetzt Fußgängerzone, ein wenig kahl wirkt der schöne, weite Platz, als wüßte er noch nichts Rechtes mit seiner neugewonnenen Autofreiheit anzufangen. Blumenkübel und Caféhaustische zeigen ein bißchen Leben her, aber die Menschen nehmen den freigegebenen Platz nur zögernd an. Von hier aus kann man alles überblicken. Aber es gehört schon viel Phantasie dazu, sich Gewimmel, Dreck und Staub, die Gerüchte und den Krach vorzustellen, die hier vor mehr als vierhundert Jahren ganz selbstverständlich waren. Der Platz ist eine leergeräumte, ausgefegte Bühne. Die Kulissen sind makellos renoviert. Man hört Spatzengetschilpe und leise Menschenstimmen, auch das Knistern der Kameraverschlüsse. In kleinen Grüppchen ziehen schweigsame Menschen am Goldenen Kreuz vorbei, verharren, fotografieren, gehen weiter. Unten im Haus ist ein Café, der Hofjuwelier Albrecht empfiehlt sich mit einem altertümelnden Schild, eine Galerie bietet sehr ungefährliche Bilder an. Im gedrungenen Bogen einer Toreinfahrt wirbt ein »Wagmüllerteam« – früher hätte man Friseur, noch früher Bader gesagt. Keiner von denen, die in der Sonne auf dem Platz sitzen, schaut am Turm hoch auf das traurige Gedicht, das auf die Mauer gemalt ist. Während ich es abschreibe, kommt die Kellnerin. Wos schreiben's nachad da?

Ich frage die Kellnerin, ob sie glaubt, daß die Barbara den Kaiser geliebt habe. Gehn's! sagt die Kellnerin. Aber für einen Zwang, der auf das Mädchen ausgeübt wurde, fehlen Zeugnisse, auch Begründungen. Was soll die Bürgerfamilie sich von einer solchen Liaison versprochen haben? Mit einem bürgerlichen, wohlhäbigen Handwerker oder Kaufmann verehelicht (und sogar was Höheres wäre angesichts ihrer Schönheit sicher nicht ausgeschlossen gewesen), wäre Barbaras Schicksal doch überschaubarer, vielleicht auch für die Familie akzeptabler gewesen. Eine Dauerexistenz als Mätresse des Kaisers, in diesen Zeiten nichts Ungewöhnliches, scheint niemand ins Auge gefaßt zu haben. Als politische Intrigantin ist sie ungeeignet.

Also was war es, das sie zum Kaiser trieb, wenn nicht eine Verliebtheit, vielleicht auch Verliebtheit in Macht und Glanz und großes Leben? Der zeitweilige Hofstaat mit seinen Umtrieben war ja ein Blick in die große Welt, ins spannende Spiel um Länder, Throne und Religionen. »In diesem Haus von alter Art/Hat offt geruht nach langer Fahrt/Herr Kayser Karl der Fünft genannt/In aller Welt gar wol bekannt/Der hat auch hier zur gueten Stund/Geküsset einer Jungfraw Mundt/Dieselbe hieß bei fern und nah/Man nur die schöne Barbara/Ihr Stamm war bieder, schlicht und recht/Plumberger schrieb sich das Geschlecht/Dem bracht des Kaysers Lieb viel Leid/Doch trost und heyl der Christenheit.« Da hat man sich also später auf die alte Geschichte mit der auserwählten Jungfrau besonnen. Aber für das »leyd« der Familie fehlen die Zeugnisse. Barbara bekam am 24. Februar ein Söhnchen, dessen kaiserliche Herkunft niemand anzweifelte. Sie blieb mit dem Kind erst einmal in ihrer Fa-

Die vom Gefolge werden in der Gaststube herumgesessen und sich ausgemalt haben, wie es denn gehen mag mit der jungen, schönen Person und dem alten, kranken Mann, ob es überhaupt gehen mag?

milie, für ein Verstoßen, eine schlechte Aufnahme fehlt jedes Anzeichen.

Der Sohn hat am gleichen Tag Geburtstag wie der Vater. Kaiser Karl der Fünfte hat die Barbara, heißt es, nie wiedergesehen. Als er 1558 starb, vermachte er ihr in einem Testamentsnachtrag sechshundert Goldddukaten. Der damals elfjährige Sohn war zu diesem Zeitpunkt längst nicht mehr bei seiner Mutter. Diese Geschichte der Trennung von Mutter und Sohn liegt im dunkeln. Allzu bereitwillig schreiben die Historiker voneinander ab, daß man das Kind – welches immer vom kaiserlichen Hofe beobachtet worden sei – mit etwa vier Jahren der Mutter weggenommen und einer höfischen Erziehung in Spanien zugeführt habe. Nach einem kaiserlichen Musiker, der die Pflege des kleinen Jungen übernommen hatte, kümmerte sich von 1554 an Don Luis Mendez Quixada, der Kämmerer und Vertraute des Kaisers, auf seinem Landgut Villagarcia um den mittlerweile herangewachsenen Sohn der Barbara, der bis dahin noch immer seinen Taufnamen Hieronymus trägt. Es sieht der Barbara nicht ähnlich, daß sie sich den Jungen so bereitwillig – oder auch so willenlos – hat wegnehmen lassen. Das wäre nur mit der Begründung einleuchtend gewesen, daß man seine Sohnschaft anerkannt und eine höfische Position für ihn offen ins Auge gefaßt hätte. Aber genau das war nicht der Fall – erst auf dem Totenbett berichtete Karl der Fünfte seinem Sohn Philipp von der Existenz eines illegalen Halbbruders. Der Kaiser empfiehlt Mutter und Sohn der Fürsorge seines Erben. Erst als 1559 König Philipp aus den Niederlanden nach Spanien zurückkehrt, läßt er sich seinen Halbbruder vorstellen und »weihte ihn in das Geheimnis seiner Geburt ein«. Von diesem Zeitpunkt an führt der nun Zwölfjährige den Namen Don Juan de Austria. Barbara ist gerade über dreißig.

Sie hat in der Zwischenzeit einen kaiserlichen Offizier geheiratet, Georg Kegel, der sich später Hieronymus Kegel nennt. Der Barbara-Archivar und Biograph Graf Walderdorff meint, daß der Stiefvater des Don Juan um dessentwillen den Vornamen Hieronymus geführt hat. Das scheint ein wenig weit hergeholt, denn der arme Kegel hat von der kaiserlichen Nähe eigentlich nicht viel gehabt. Barbara taucht in einer der wenigen übriggebliebenen Schriften, einer Erbteilungsurkunde, jedenfalls als die Hausfrau des Georg Kegel auf. Dieses Papier ist von 1559, am 7. Juli ausgefertigt, und regelt das Erbe zwischen den vier überlebenden Kindern des verstorbenen Wolfgang Blumberger. Sie erbt 123 Gulden und 24 »Wiener«. (Auch diese Erbschaft ist ein Beweis dafür, daß Barbara nicht von zu Hause verstoßen worden war.) Aber es ist damals wie heute: Erbschaftsangelegenheiten sind »langwierig«. Der Vater ist lange tot, die Mutter wieder verheiratet, und das Erbe – nicht eben groß – interessiert die Erbin Barbara anscheinend gar nicht.

In jenem Jahr '59 übrigens heiratet Barbaras Großvater Hans, der hoch in den sechzig sein muß, in zweiter Ehe. Nun sind also drei Generationen ganz unverdrossen jungvermählt – der Großvater, die Mutter und die Enkelin. Die schöne Barbara, deren Sohn still heranwächst und dessen Ruhm einstweilen noch im Schoß der Geschichte schläft, wird in diesen Jahren ein Hausfrauenleben führen wie viele, denen es nicht schlecht geht, aber auch nicht besonders gut. Der Hof hatte sie zwar mit einer Mitgift, auch mit einer Jahresrente ausgestattet – aber sie scheint großzügig und vielleicht auch ein wenig chaotisch hausgehal-

ten zu haben. Mit ihrem Mann Hieronymus Kegel, der in höhere Dienste aufrückt, zieht sie nach Brüssel. Das Datum ihres Abschieds von Regensburg (eines endgültigen) ist nicht bekannt. Es muß Anfang der fünfziger Jahre gewesen sein.

Das Leben erwächst aus einem Augenblick, einem kaiserlichen Augen-Blick allerdings. Diese Augenblicke werden über den Tod des Herrschers hinaus respektiert, jedenfalls ist das bei Barbara Kegel, geborene Blumberger, so. Sie hat wohl auch ganz resolut dafür gesorgt, daß sie nicht in Vergessenheit geriet. Und wenn die Biographen alle schreiben, »man habe sie zu gegebener Zeit mit dem Kegel verheiratet«, dann folgen sie ihren Männerobsessionen und haben nicht richtig gelesen. *Sie* hat den Kegel geheiratet und von ihm Kinder geboren, und ihr Mann war dem Hof bald lästig, weil seine untergeordnete Stellung eine angemessene Ästimierung der Kaisergeliebten – und später dann der Heldenmutter – verhinderte. Es gibt immer wieder Briefe und Notizen spanischer Höflinge, die sich über diese Frau den Kopf zerbrechen.

Das hindert die schöne Barbara nicht daran, in Flandern ein geselliges und üppiges Leben zu führen. Die spanischen Gelder flossen nicht so pünktlich, wie sie sollten – deshalb verschuldete sie sich. Aber dafür kann sie nichts! wie einer ihrer Biographen sorglich vermerkt. Es ist rührend, wie Hunderte von Jahren nach der ganzen Geschichte die Schreiber versuchen, Barbara von jedem Ruch der Liederlichkeit freizuhalten.

Carl Zuckmayer geht in seinem Stück »Barbara Blomberg« (es ist ziemlich vergessen) einen anderen Weg. Er stellt die Barbara als gescheite, sehr gelassene und eigensinnige Schlampe dar, die zu großzügig war, um Ordnung zu halten, und deren Weiblichkeit auch im (für die Zeit hohen) Alter unübersehbar war. Sie muß, das werden wir an Zitaten aus der Zeit noch feststellen, tatsächlich eine sehr zielstrebige Frau gewesen sein und hielt an einer gewissen Fürstlichkeit ihrer Haushaltung fest – das gebührte ihr, davon war sie überzeugt, zumal aus dem Jungen ja nun auch ein richtiger Held geworden war. »Denn draus erwuchs/Dem vatter gleich/Der Don Juan von Österreich/Der bei Lepanto in der Schlacht/Vernichtet hat der Türcken Macht/Der Herr vergelts ihm alle Zeit/So yetzt wie auch in Ewigkeit.«

1569 starb Barbaras Mann. Einer Anhebung ihrer Stellung stand nichts mehr im Weg, auch ihre Bezüge scheinen üppiger geworden zu sein, und nun fließt Barbaras Leben in ein Fahrwasser, das den in der heutigen Regenbogenpresse abgebildeten Wegen des Jet-sets verblüffend gleicht. Ein ganz großer Teil dieses Jet-sets besteht ja – wir erinnern uns an die unerschöpfliche Soraya – aus abgefundenen Damen, die Kraft und Zuversicht und auch angemessene Alimentierung aus der Stellung ihres Verflossenen beziehen. Ich nehme absichtlich ein so ehrwürdiges Beispiel wie Soraya, weil in der heutigen Zeit zu dieser Freiheit nicht mehr jenes gewaltige Quantum Mut und Charme gehört, das für eine alleinstehende Frau vor mehr als vierhundert Jahren nötig war. Deshalb denke ich mir die Barbara dunkel, und ein rundes Kinn wird sie auch gehabt haben. Sie hat gern getanzt und war sehr gastfrei. Aus dem Jahr des größten Triumphs ihres Sohnes, vom September 1571, existiert eine Gehaltsliste ihrer Hausbediensteten. Da gibt es Pagen und Ehrendamen und Kellermeister, Reitknechte und Kammerfrauen (sowohl für Madame als auch für die

Ehrenfrauen), und alles zusammen waren siebzehn Personen, und die Gesamtkosten des Haushalts betrugen 5326 Gulden. Als Vergleich mag vielleicht dienen, daß man für 300 Gulden schon ein bescheidenes Haus kaufen konnte. Ein Jahr zuvor, 1570, beginnen die Bedenken des spanischen Hofes, insbesondere des Königs Philipp, gegen die unkonventionelle Lebensführung der Mutter des Helden von Lepanto, Erretter des christlichen Abendlandes. Und es sind gefährliche Gegner, auf die sich die mittlerweile vergnügt in Gent lebende Dame da eingelassen hat. Philipp und Alba – die finstersten Gestalten des sechzehnten Jahrhunderts. Eine düstere Wolke, ein Geruch nach Feuer und Blut ist um beide. Nicht nur Geusenpropaganda ist es, was Europa über ihre Grausamkeit sagt – sie waren grausam. Die Autodafés häufen sich. Albas schreckliches Regiment in den Niederlanden ist in der Literatur oft und saftig beschrieben worden.

Barbara hatte also das Mißfallen der beiden grausamsten und skrupellosesten Männer Europas auf sich gezogen. Aber nun kommt das Merkwürdige – am Ende ihrer Auseinandersetzung mit Barbara (sie wollten sie unbedingt nach Spanien zwingen, um sie unter Kontrolle zu haben und, vor allem, um eine neue Heirat, die sie ihr durchaus zutrauten, zu unterbinden), am Ende dieser Auseinandersetzung stehen diese Fürsten der Finsternis da wie arme, ratlose Tölpel. Ein völlig hilfloser Depeschenwechsel zwischen dem König und Alba zeigt, daß sie nicht wissen, wie der resoluten Regensburgerin beizukommen sei. Barbara ist nun Anfang vierzig und scheint nichts von der lebensabgewandten Matronenhaftigkeit zu haben, die man den Frauen dieses Alters in den vergangenen Jahrhunderten zugetraut hat. Die aktive und attraktive Vierzigjährige, von der unsere Presse so tut, als sei sie eine Erfindung der allerjüngsten Zeit, gab es also schon vor mehr als vierhundert Jahren. »Sie könne doch aber in Gent zuviel Freiheit genießen! Er, der König, würde vorziehen, wenn sie sich in ein Kloster zurückzöge.« Alba antwortet am 9. Oktober 1570 (und dem Ton der Depesche ist anzumerken: Der Mann ist nervös!): Er sei »überzeugt, daß sie nicht dazu zu bereden sein werde, in ein Kloster zu gehen. Ohne fernere Weisung seiner Majestät werde er ihr daher nichts sagen lassen.« In Gottes Namen, steht da zwischen den Zeilen, seien wir froh, daß sie einigermaßen Ruhe gibt.

Der König aber ist nicht zufrieden: Don Juan sei der Ansicht, seine Mutter genieße in Gent zu viele Freiheiten. Er wünsche daher, daß sie nach Spanien übersiedle, wo er sie dann mit gebührendem Ansehen und Haushalt unterbringen könne. Zu diesem Behuf wolle er sie demnächst durch einen Kavalier aus seinem Gefolge abholen lassen. Der König beauftragt also den Alba, ganz vorsichtig bei Barbara vorzufühlen und sie dringlich auf die zu erwartende und erwünschte Sohnesfürsorge aufmerksam zu machen (2. Februar 1517). Die Kinder aus der Ehe mit Kegel (es sind noch zwei, ein Sohn ist ihr im Hausbrunnen ertrunken) könne man ja in den Niederlanden behufs einer guten Erziehung lassen.

Der Alba traut sich nicht selber zu Barbara (ganz recht – jener Alba, der Widersacher foltern und verbrennen läßt, der ganze Landstriche blutig unterdrückt), er läßt einen Unterhändler mit ihr reden. Den Sohn, sagt sie, würde sie sehr gerne sehen. (Sie hat ihn ja bisher seit seiner Kleinkindzeit nicht wiedergesehen.) Aber keinesfalls beabsich-

tige sie, nach Spanien zu fahren. Die Blumbergerin scheint eine recht realistische Vorstellung von der Einengung und Bevormundung gehabt zu haben, die ihr in diesem damals düsteren Land blühen würde. Sie zog das zwar unterdrückte, aber doch lebensheitere Flandern vor. Nein, nach Spanien gehe sie nicht. Darauf gibt der Alba dem König zu verstehen, S. M. würde eventuell die gleiche Erfahrung wie er machen, da Frau Barbara »ihren eigenen Kopf habe«.

Eine Frau mit einem eigenen Kopf – man denke! In diesen Zeiten, mit Gegnern dieses Kalibers, ist das wohl eine ungewöhnliche Leistung. Das scheint ihr selbst gar nicht zu Bewußtsein zu kommen. Die vom Hofe, ganz im Stil der Macht, erwägen eine Entführung. Aus den Dokumenten: »Am 24. September 1571 überschickte der Sekretär Albornoz aus Brüssel an den Sekretär Zayas die Abschrift des Haushaltes, den der Herzog von Alba für Madame Kegel (Queiquel) bestellt hat, um ihn dem Könige vorzulegen. Er fügte bei, man habe seine liebe Not mit ihr, da sie die eigensinnigste Person sei, die ihm je vorgekommen. Er meint, man könne sie wohl nach Spanien locken, wenn man sie unter dem Vorwande einer Reise nach Antwerpen dazu bringe, ein Schiff zu besteigen... Da Frau Barbara laut des Berichtes Albas vom 7. Mai 1571 bereits erklärt hatte, sie sei auf ihrer Hut und man solle sich nicht einbilden, daß man sie überlisten werde, so wird man sich nicht wundern dürfen, daß der Vorschlag des Albornoz nicht zur Ausführung kam.« Weiter sagt Alba in seinem Bericht: »Wenn man ihr von Spanien spricht, gerät sie in Aufregung. Sie wisse schon, wie man dort die Frauen einsperre; eher lasse sie sich in Stücke hauen, als nach Spanien zu gehen!«

Der König und sein Statthalter geben auf. Sie lassen die widerborstige Heldenmutter in Ruhe und in Flandern. Bis 1576 feiert sie, so hoffe ich, in Frieden ihre »Gastereien«. Sie geht auf die Fünfzig zu, da besucht sie der Held, der Sohn, das Kind der Liebe. Und dem Don Juan gelingt, was dem Herrscher und seinem Statthalter nicht gelingen konnte. Er überredet sie, Gent zu verlassen und sich nach Spanien zu verfügen. Wie wird dieses Überreden ausgesehen haben? Das bist du mir und meiner Stellung schuldig? Du kannst dich doch nicht aufführen wie ein junges Mädchen? Denk daran, was die Leute reden? Und sie? Das schlechte Gewissen wegen des verlassenen Sohnes? Das mag sie nicht so gesehen haben, die Kindheit war damals kein geheiligter Bezirk, sondern ein Lebensteil, bei dem es darauf ankam, ihn zu überstehen. So viele gingen schon früh wieder dahin zurück, woher sie gekommen waren – das sah man nicht so dramatisch. Schließlich war aus dem Jungen was geworden, und es mag ihr geschehen sein wie damals bei seinem Vater – die Macht, der Glanz, das Ansehen haben sie verführt und gelockt, einer, der wirklich stärker war als sie.

Es folgen in Barbaras Leben noch viele Jahre, für uns ganz leere Jahre. In dem Frauenkloster, bei Valladolid, wo ihr ein zwar komfortabler, aber nicht vergnüglicher Haushalt eingerichtet worden war (nichts als Frauen! Schrecklich!), hat sie's nicht ausgehalten und übersiedelte nach Colindes, wo sie 1597 starb. Sie mußte fast zwanzig Jahre vor ihrem Tod den ihres Sohnes betrauern, der 1578 an der Pest gestorben war. Ob sie noch an Regensburg gedacht hat in ihren langen zurückgezogenen Altersjahren? An den Augen-Blick im Goldenen Kreuz? Hitze, Rückständigkeit, unend-

lich langsames, ereignisarmes Leben. Die Frauen in Schwarz. Sie auch? Mit weißgewordenen Haaren? Am 18. Dezember ist sie gestorben. Alt – ja. Aber lebenssatt? Das wissen wir nicht.

Die Geschichte hält einen Nachtrag bereit: Mitte der sechziger Jahre fand man bei Umbauten im Kloster San Sebastian de Hano bei Santona die Gebeine einer Frau in einer Schachtel. Es müßten, hieß es, die Gebeine der Blombergerin sein. Die schöne Regensburgerin hat nie aufgehört, Männer zu faszinieren, so auch einen alten Freund von mir, Walther Reinemer, Arzt zu Regensburg und profunder Kenner der Regensburger Stadtgeschichte.

Dieser Barbara-Verehrer versuchte, als er von dem Knochenfund Kenntnis erlangte, zu tun, was er für richtig hielt – Barbara endlich aus dem spanischen Exil heimzuholen in ein anständiges Grab in einer der schönen Regensburger Kirchen. Der damalige Bischof betrachtete den Plan mit vorsichtigem Wohlwollen, legte aber Wert auf Vertraulichkeit und Vermeidung jeglichen Aufsehens – war doch jene Mutter eines Erlösers nicht ganz frei von Bedenklichkeiten, auch die leidige Reformationsgeschichte spielte hinein, also Silentium! Dr. Reinemer ließ nicht locker, aber es handelte sich eben nicht um eine Heilige und auch nicht um einen Staatsmann, sondern nur um eine mutige, selbstbewußte Tochter der Stadt. Da kam die Kunde, daß die Spanier für die Knochen Geld wollten. Damit wurde der Plan vereitelt. Reisende haben dem Doktor berichtet, ein Padre habe sich mit dem Schädel der Blombergerin (auf dessen Stirn ein Kreuz eingebrannt sei) in der Hand fotografieren lassen, »ein kleiner, nichtsnutziger, schmieriger Hamlet« (Zitat Dr. R.). So ist sie halt doch dortgeblieben und auch wieder nicht. In der Konditorei Prinzess, zwei Minuten entfernt vom Goldenen Kreuz, gibt es Barbaraküsse: ein sehr süßes Konfekt, das gern gekauft wird.

Also jetzt – marsch ins Bett mit Ihnen

Adele Sandrock und Arthur Schnitzler
Von Ulrich Weinzierl

Gern wurden ihre Aussprüche, geflügelte Worte en gros und en détail, kolportiert: »In diesem Hause schreie ich – und sonst niemand!« Gerade wegen solcher Eigenart wählte sie das deutsche Kinopublikum zur Darstellerin des Jahres 1935: Adele Sandrock, das monstre sacré einer längst verwehten Theaterepoche, die begnadete Komödiantin, den liebenswerten Drachen (vermutlich weiblichen Geschlechts) jedes besseren Filmlustspiels der dreißiger Jahre. Am trefflichsten paßte ihr die (vom Regisseur Georg Zoch ersonnene) Formel »Alles hört auf mein Kommando«, denn dieses war fast unvermeidlich – dank ihrem volltönenden Baß, bei dem es sich eigentlich um einen mächtigen Alt mit Rittmeisteruntertönen gehandelt haben mag. Die Zuschauer lachten Tränen über sie und hatten vergessen, daß die heitere Karriere der Sandrock nichts als die parodistische Fortsetzung ihrer ernsten gewesen. Nachdem die große Zeit der Heroine verstrichen war, 1911, nannte sie der gestrenge Karl Kraus in der »Fackel« die »letzte tragische Kraft der deutschen Bühne«. Sie hatte zur Elite der Jahrhundertschauspielerinnen gehört, war die einzige, die es mit den Triumphen einer Duse oder Sarah Bernhardt aufnehmen konnte. Für die Bernhardt, die sich gleich ihr als Hamlet versuchte, hatte sie hauptsächlich Spott übrig, der anderen, unerreichten Konkurrentin zollte sie auf unverwechselbare Weise Respekt. Einem Reporter berichtete sie von einer einmaligen Begegnung, einem veritablen Gipfeltreffen. Nach dem Inhalt der Konversation befragt, gab sie die lapidare Antwort: »Nichts – kein Wort. Wir lagen stumm voreinander auf den Knien.«

Skandale und Gerüchte säumten ihren Lebensweg. Obwohl man sich über ihren

frühen erotischen Appetit Wunderdinge erzählte, markierte sie im Alter die Männerverachterin. Bei einer Taufe soll sie den nackten Täufling genauestens lorgnettiert und dann gemeint haben: »Wenn ich mich recht erinnere, ist das hier ein Knabe.« Die Phantasie der Zeitgenossen hat sie noch aus dem Jenseits beflügelt, wie eine sozusagen transzendentale Anekdote beweist. Adele Sandrock, eben verblichen, geht ein in den ewigen Frieden. Souverän drängt sie sich in der Reihe der vor der Himmelspforte Wartenden vor. Sankt Petrus, auf Ordnung bedacht, wird mit der Bemerkung »Jungerrr Mann! Machen Sie die Tür frei, ich werde erwartet!!« beiseite gefegt. Während der verdutzte höchste Schlüsselwart über die Identität der stürmischen Frauensperson rätselt, ertönt aus dem Weltenraum schon der freudige Ruf des Herrn der Heerscharen: »Dilly – endlich!«

Als Adele Sandrock, vierundsiebzig Jahre alt, nach langem Leiden tatsächlich am 30. August 1937 in Berlin starb, sandten sowohl Exkaiser Wilhelm als auch der »Führer« Beileidstelegramme. Alldeutsche Vereinnahmungen hat Adele Sandrock allerdings verhindert, indem sie postum wunschgemäß in eine Wiener Gruft auf dem Matzleinsdorfer Friedhof übersiedelte. Ein

Theater der Leidenschaft: Die Schauspielerin ist eine anstrengende Geliebte; auch zu zweit bevorzugt sie die große Szene, Fortissimo-Auftritte, die ihrem Mitspieler heftig auf die Nerven fallen.

Gespräch mit Adolf Hitler ist überliefert. Die Spitzen der braunen Gesellschaft äußerten sich in ihrer Gegenwart abfällig über rassisch verdächtige Burgtheatergrößen von anno dazumal, da unterbrach die alte Dame Deutschlands Allmächtigen: »Herr Reichskanzler, lassen wir dieses Thema. Ich möchte davon nichts hören. Aber falls es Sie interessiert und unter uns: Meine besten Liebhaber waren immer Juden!«

Mit Sicherheit hat Adele Sandrock bei dieser Pointe an einen bestimmten Liebhaber gedacht. Zum Tod von Arthur Schnitzler im Herbst 1931 kondolierte sie dessen Sohn Heinrich: »Mich, die ich das Glück hatte, die Anfänge seiner Dichterlaufbahn mitzuerleben, hat sein Heimgang besonders schmerzlich berührt.« Die Floskel vom Miterleben ist pure Untertreibung.

Wien im Fin de siècle. Adele Sandrock, in Rotterdam als Tochter einer Schauspielerin und eines ehemals preußischen Infanterieleutnants geboren, hat es geschafft. Nach Zwischenstationen in Meiningen, Wiener Neustadt – als »Erste Heldin und Liebhaberin« – und Budapest gelang ihr im Theater an der Wien der Durchbruch: Über Nacht ist sie in der spektakeltollen Stadt eine umworbene Berühmtheit geworden. Das Deutsche Volkstheater engagiert den Star, der virtuos Reißerpartien in zweit- und drittklassigen Zugstücken bewältigt. Der Volksmund verleiht ihr taxfrei Titel und Charakter einer »blonden Bestie«. Doch Adeles Ehrgeiz zielt höher: auf die renommierteste Bühne der Monarchie, ja der deutschen Sprache, wo Charlotte Wolter, Erfinderin des gleichnamigen Schreis, das heroische Fach besetzt hält. Aber schon hat der designierte Direktor des k.k. Hofburgtheaters, Burckhard, für 1895, wenn sich die Wolter aus dem Rampenlicht zurückgezogen haben wird, einen Vertrag mit seiner einstigen Bettgenossin abgeschlossen. Diese stattet ihren Dank dadurch ab, daß sie, so behaupten böse Zungen, ihrem Dackel den Vornamen des braven Amanten gibt: Max.

Arthur Schnitzler ist zu jenem Zeitpunkt, Ende 1893, vergleichsweise ein literarisch ambitionierter Niemand, der Sohn eines weithin geachteten, gerade verstorbenen Vaters, des Laryngologen Professor Johann Schnitzler. Weder in der Forschung noch in der ärztlichen Praxis findet Schnitzler junior wirklich Anerkennung und Befriedigung, beides muß er sich im Privatbezirk holen, aber dafür ist er dort ein Meister seines Metiers: der Schrecken jeder Mutter heiratsfähiger oder wenigstens geschlechtsreifer Töchter. Ob »süßes Mädel« draußen in der Vorstadt oder behütetes Gänschen aus jüdischem Bürgerhaus – er verdreht ihnen allen den Kopf. Seine jugendlichen Tagebücher sind nicht zuletzt buchhalterische Aufzeichnungen von Potenzleistungen, und den Seitensprung stilisiert er zum eleganten Pas de deux. Gleichwohl ist er auch gegen melancholische Anwandlungen keineswegs gefeit, das Bewußtsein von der dauernden Wiederkehr des Ähnlichen zermürbt und weckt bloß einen bohrenden Wunsch: den nach Abwechslung.

Der exakteste und unbarmherzigste Selbstbeobachter analysiert im Journal Liebeleien und Passionen. Während des Verhältnisses mit der Kunststickerin Jeanette Heger, die dann als Cora, das »Mädel mit den zerstochenen Fingern«, im »Anatol« wiederkehrt, sinniert Schnitzler: »Lieber eine Dirne, nur etwas Neues – neue Lippen, einen neuen Seufzer. Alle andern begehr ich heißer wie sie, die Geliebte.« Und im Verlauf seiner ersten verzehrenden Leidenschaft, jener zu Marie Glümer, Mizi I, die er

mit pathologischen Eifersuchtsanfällen bis aufs Blut quält, kommt er – aus gegebenem Anlaß naturgemäß – zu dem Schluß: »Das Gefühl des Hasses, das man gegen jedes Mädel hat, das man liebt, wird ein wenig befriedigt – Es ist so süß zu betrügen! Leider denken das die Weiber auch!« Aus der Ferne – meist mittels Briefen – verehrt er die Thalhofwirtin Olga Waissnix, das »Abenteuer (s)eines Lebens«, das sich nie erfüllt und deshalb über die Jahre hinweg seinen Reiz bewahrt. Seine »impertinente Sinnlichkeit« bereitet dem jungen Mann Sorgen: »Wenn ich eine Reihe von Tagen keusch war, 6-9 sind so das Maximum, so bin ich einfach ein Thier«, konstatiert er mit achtundzwanzig Jahren.

Der Schriftsteller und Mensch Arthur Schnitzler, ein Knabe entre deux âges, ist dabei, erwachsen zu werden, sich vom ungeliebten Arzt-Beruf zu lösen, um seiner wahren Berufung nachkommen zu können. Erstmals interessiert sich ein wichtiges Haus für seine dramatische Produktion: Das Wiener Deutsche Volkstheater hat »Das Märchen« angenommen, die Geschichte einer »Gefallenen«, der »ungetreuen« Mizi Glümer – vor allem deswegen, weil Adele Sandrock in der Hauptrolle der Fanny Theren ungeahnte Wirkungsmöglichkeiten wittert. Während der Proben lernt man einander näher kennen. Die Premiere wird aufgrund der von Schnitzler unbefangen erörterten heiklen Thematik kein Erfolg, was die Sandrock freilich nicht davon abbringt, aufs Ganze zu gehen, sich mit dem Autor einzulassen. Sie ist nun einmal eine Frau, die weiß, was sie will, und schließlich hat sie ihr Wohlgefallen bereits vor der Generalprobe deklariert. Am 29. November 1893 findet Schnitzler, nachdem er Adele bis zu ihrer Wohnung am noblen Opernring begleitet hat, in seiner Rocktasche eine Nachricht vor, die er mit »geschmeichelter Eitelkeit« quittiert: »Sie sind ein kleiner süßer Mensch. Das sagt Ihnen Fanny.« Kurz darauf empfängt sie ihn im Schlafzimmer. Dem Besucher fallen die »sinnlich höhnischen Augen« auf, plötzlich küßte sie ihm die Hand, eine Geste, die er mit der Fassung des ungerührten Gentlemans erträgt, dann folgen »rasende Küsse«. Die ältere Schwester Willy kommt, man trennt sich. Briefe eilen hin und her. Am 5. Dezember, am Krampustag, legt Schnitzler seinem Schreiben heftig Gereimtes bei. Zwei Verse klingen vielversprechend: »Ich möchte Dich mit tiefem Leid erfüllen / Wie Du's von keinem noch erlitten hast.« Und zum Schluß des Poems, bevor alles angefangen hat, ist sogar schon das Ende in Sicht: »Wie's immer kommt, mit Ekel und Betrug.« Nebenbei bemerkt, handelt es sich hierbei um eine poetische Wiederverwertung: Das ahnungsvolle Gedicht, gut ein Jahr alt, galt ursprünglich Mizi Glümer.

Eine Adele Sandrock läßt sich durch derlei kaum verhüllte Drohungen nicht ins Bockshorn jagen: »Ich werde Ihnen nicht entgegentreten wie ein armes Lamperl das nächstens geschlachtet werden muß«, verkündet sie ihm siegessicher. Die Fama, Adele Sandrock habe den allzu schüchternen Verehrer nur durch einen Appell ans Pflichtbewußtsein dorthin gebracht, wo sie ihn haben wollte – »Also jetzt – marsch ins Bett mit Ihnen!« –, ist nicht zu verifizieren. Aber das Ziel ihrer Wünsche hat sie erreicht. Am 6. Dezember 1893 notiert Schnitzler in sein Tagebuch ein klassisches Zitat Adeles: »Bist du wem untreu – tröst dich, ich auch«, klassisch darum, weil es fast wortwörtlich in den »Reigen«, Szene numero VIII, »Der Dichter und die Schauspielerin«, montiert

Jahrmarkt der Eitelkeit: Der Dichter Arthur Schnitzler ist ein stolzer Liebhaber; er hat sich von einem der faszinierendsten Sexualobjekte der Epoche erobern lassen.

wurde. Der Dichter Schnitzler verbringt die halbe Nacht in Adeles Armen. Bemerkenswert ist ihm besonders ihre Frage danach: »Bist du nicht stolz?«

Ja, das ist er wohl ein bißchen. Er hat eine Diva bezaubert, hat sich von einem der faszinierendsten Sexualobjekte der Epoche erobern lassen; gewiß ist sie in dieser Beziehung der aktive Teil, das begehrende Subjekt. Ein späterer Liebhaber, der immerhin in den Rang des Verlobten aufsteigen wird, bezeichnet sie korrekt als »Condottiera der Liebe« – der k. u. k. Leutnant Sándor Friedrich Rosenfeld, besser bekannt unter dem Pseudonym Roda Roda. Von ihm stammt auch das Resümee: Sie übte die Liebe »heiß, ohne den Mann, Opfer und Mittel zugleich, viel zu beachten«.

Davon läßt die bedeutende Künstlerin ihre erotischen Partner wenig merken. Adele überschüttet Arthur auch mit verbalen Zärtlichkeiten, die jedoch einen etwas despotischen Beigeschmack haben: »Also, Silberfisch, Panther – mein Eisbär Du kommst.« Zuweilen verläßt Madame das Metaphernreich der Zoologie und begibt sich mitten ins Humane: »einziger Zwerg, mein ideales Gescheidterl«. Auch Sachlichkeit steht hoch im Kurs: »Du süßes Menschenfleisch«. Sie selbst, von ihren Intimen stets »Dilly« gerufen, unterzeichnet recht maskulin mit »Dein Diltsch«, einmal sogar als »Dein Hund, Dein treuer, Dein Diltsch«. Solch »toller Brief« gefällt dem Herrn gar nicht übel. Auch Schnitzler geizt nicht mit phantastischen Anreden, deren Ambivalenz aber für sich spricht: »Dämon, liebes Kind, Engerl, Tragödin, Genie, Fratz, Canaille, Liebling, süßes Herz, fascinirende Person, gefährliches Wesen, herziger Schatz«. Im selben Brief, vom 23. Januar 1894, taucht die ins Allgemeine gewendete Erkenntnis auf: »Ich versteh dich nicht, du verstehst mich nicht, wir verstehen uns nicht – die alte Liebesconjugation.«

Nein, Arthur Schnitzler und Adele Sandrock setzen die abendländische Triebidealisierungstradition – von Orpheus und Eurydike bis Tristan und Isolde – nicht in zeitgemäßem Gewande fort, schon im Rausch von beider Seligkeit stecken possenhafte Züge. Weder beendet Dilly ihr Techtelmechtel mit dem Komponisten Charles Weinberger und dem schriftstellernden Anwalt Friedrich Elbogen, noch mag Arthur auf das süße Mädel Jenny verzichten: »Hatte für sie eine Zärtlichkeit wie nie zuvor«, heißt es im Diarium etwa eine Woche nach dem Sexualdebüt mit Adele. Die Sandrock, keine Frage, ist eine anstrengende Geliebte, auch zu zweit bevorzugt sie die große Szene, Fortissimo-Auftritte, kurzum: Theater der Leidenschaften, das ihrem Mitspieler, der zudem das einzige Publikum bildet, heftig auf die Nerven fällt. Wie sie ihre Zuneigung artikuliert, wirkt mitunter leicht bedrohlich, gleicht einer Kriegserklärung – »meine Liebe wird dann wie ein Geier auf Dich einstürzen«. Der »einzige Goldfisch« findet diesen Einfall ein wenig ungemütlich und rettet sich aus dem Gemisch von eindrucksvoller Überwältigung und Eifersuchtsstegreifdramatik in Langeweile. »Und sie ist mir unsäglich gleichgiltig«, stellt er am 12. Februar 1894 fest.

Aber da Schnitzler, er sagt es selbst, »Gewohnheitsquäler« ist, nimmt die Komödie ihren unausweichlichen Gang. Immer häufiger werden die Ausbruchswillen signalisierenden Eintragungen: »Meinem Leben fehlt der Duft. – Das Verhältnis mit D. ist so duftlos. – Plötzlicher Haß zuweilen und Gedanke: Ich will ein junges frisches Mädel«, ein unfrommer Wunsch, der sich bald

bis zur Obsession steigert. Also führt man eine vorbildliche Strindberg-Ehe auf Zeit. »Wüthende Gewohnheitsküsse« und Tränen wechseln mit halbherzigen Versöhnungen, das Variationstempo ist rasant. Im Zuge einer lautstarken Auseinandersetzung schleudert die ergrimmte Dilly die Fotos ihres süßen »Boxl« auf den Boden; eins hat sie übersehen, Arthur vollendet den Bildersturm. Nur ungern versäumt die Sandrock eine Gelegenheit zur Bravourarie, wenn auch deren Leitmotive – »ich liebe dich – Schuft – ich liebe dich – Schuft« – auf Dauer ermüden. Aufrichtig empört sind beide freilich erst, wenn sie sich in ihrem künstlerischen Format angezweifelt wähnen – das zumindest verbindet sie; auch sie könnten von sich behaupten, was von der Jahrhundertwende an mit der Uraufführung des »Tosca« zum Standardrepertoire artistischer Selbstdarstellung zählen wird: »vissi d'arte, vissi d'amore«. Als Dilly Arthur in einen Topf mit beliebigen Skribenten wirft – »Es ist eine Ehre, in dem nicht zu spielen, was ihr schreibt« –, sperrt er seinen Zorn ins Journal: »Wie tief stehst du! – Mich mit ›Ihr‹ – Gans!« Um Schnitzler zu ärgern, schimpft sie Hofmannsthal, den sie nicht leiden kann, »einen Cretin«, worauf Hugos Freund zu erwidern wagt, dieser »sei ein grad so großes Genie wie sie« – ein exemplarischer Fall von Majestätsbeleidigung. Postwendend ist Dilly mit dem »geehrten Herrn Doctor« per »Sie«; »da Sie heute den geradezu unglaublichen hirnverbrannten *Blödsinn* begangen, mein Talent mit dem des Herrn Loris in eine Linie zu stellen – das ist nicht mehr närrisch, sondern *infam* (...) Mit einem Menschen jedoch, der mein Talent *derart unterschätzt*, kann ich *nicht mehr* verkehren.«

Mündlich dürfte sie allerdings noch ganz anderes von sich gegeben haben. Im »Zug der Schatten«, Schnitzlers gespenstischem Spätwerk, in dem Adele in die Schicksalsmaske der Diva Roveda schlüpft, vernimmt man das Echo ihres schneidenden Hohns: »Er hält sich für einen Autor, köstlich. Ein Lustknabe bist du, kein Autor, merke dir das!«

Schnitzler zeigt nicht die geringste Scheu, persönlichste Erfahrungen zu veröffentlichen, auch dieser Dichter ist nämlich im übertragenen Sinn ein Menschenfresser, er braucht Rohstoff für sein Œuvre. So verewigt er seine Jugendliebe Frännchen, Franziska Reich, in der Großerzählung »Frau Berta Garlan«, und Marie Reinhard, die Adeles Platz einnehmen, ihm einen toten Sohn gebären und 1899 an einer Sepsis zugrunde gehen wird, setzt er im Roman »Der Weg ins Freie« mit der Figur der Anna Rosner ein berührendes Denkmal. Es ist auffallend, daß Schnitzler alles, was er in seiner realen Existenz an diesen Frauen gesündigt hat, in der Fiktion wiedergutmacht, indem er ihnen poetische Gerechtigkeit widerfahren läßt. Zu eher zweifelhaften literarischen Ehren kommt Dilly in dem Einakter »Halbzwei«, ihre anstrengende Familie in der Farce »Haus Delorme«. Auch bei dieser relativ schamlosen Schlüssellochgeschichte beweist die Sandrock übrigens ihr Niveau. Max Reinhardts Schauspieler verweigern unter Protest ihre Mitwirkung, weil sie ihren Stand herabgesetzt sehen, die Hauptbetroffene hingegen erklärt sich bereit, das kompromittierende Werk in einer Matinee zu spielen.

Aber noch halten wir bei einem anderen Schwank, dessen Protagonisten vor keiner Übertreibung zurückschrecken. Adele Sandrock packt das gesamte hysterische Symptomenregister aus, bis hin zu Herzstillständen, und läßt sich auch nicht den

Mund verbieten: »Ich hasse Dich Du gleisnerischer Hund, Du Scheusal, Du Egoist«, teilt sie dem langsam entschwindenden »Putzel« mit. Der Jahrestag ihres Verhältnisses nähert sich, kein Grund zum Feiern. »Es ist zu bedenken, daß ich sie eigentlich nie auch nur ein bißchen geliebt habe«, faßt Schnitzler am 9. Dezember 1894 seine Neigung zusammen, und zehn Tage darauf: »Ich habe die Empfindung, rasch zu altern, wenn ich noch lange mit ihr bleibe.« Im folgenden Januar hält er sich schon für »geradezu prostituirt«, doch der Augenblick der Befreiung ist nicht mehr fern.

Als Deus ex machina in der verfahrenen Konstellation erscheint Felix Salten, der sich schon durch Abnahme einer gewissen »Fifi« bewährt hat. Obwohl Schnitzler es genießt, »von diesem Weib erlöst zu sein«, mimt er den Gekränkten, und tatsächlich ist er in seinem männlichen Besitzerstolz verletzt. Am 9. Februar vermerkt Schnitzlers Journal: »Schlechte Stimmung. Da handelt es sich nun um ein Weib, das man nie geliebt, in der letzten Zeit gehasst hat, die man um jeden Preis los werden wollte, die man stets, wie die ganze Welt, für eine Canaille hielt, und hat noch außerdem das so seltene Glück, vollkommene Klarheit zu haben – und doch hat man eine Regung der Eifersucht, wenn sie einen betrügt.« Nach der Agonie der Leidenschaft beginnt der letzte Akt der »Göttlichen Komödie«, so schätzt's der Kenner ein. Dilly, über ihre »Untreue« verzweifelt, droht, sich in der Donau zu ertränken, doch Arthur reagiert »eiskalt«, »steinern«, er ist zu erleichtert, Dillys Fehltritt als Liebesverrat und Schlußstrich interpretieren zu dürfen. Monate hindurch schwankt die Verstoßene zwischen sklavischer Unterwerfung und beleidigter Aggressivität – »ich bete Deine Grausamkeit an, die mich so unmenschlich leiden läßt – *so* und nicht anders benimmt sich ein *Ehrenmann*«. Andererseits: »wer bist Du denn, Du Trottel – Du blödes Vieh – Du Herr Doktor Arthur Schnitzler. – Ein Mist bist Du in der Welt, verstehst Du mich – eine *Null* – Du elendiger Hund – Du Scheusal *hast* mich gemartert aber jetzt bin ich *geheilt*.«

Das mit der Heilung ist ein Irrtum.

Vierundzwanzig Stunden später sind Schalmeientöne auf dem Programm – »schau, Thurichen, Du ein so bedeutender Geist, thu' es der Künstlerin zu Liebe und sei nicht so hart mit mir. Ich verehre Dich doch so unendlich!« Am 30. März spaziert man gemeinsam im Prater: »Freundschaftliches Gespräch. Regen, Wagen, Kuß. Sie war mir gleichgiltig aber nicht unsympathisch. Sie, mit einem großen Blick hatte das köstliche Wort: ›So muß – der liebe Gott – gewesen sein!‹ (Offenbar wie er so alt war wie ich.) –« Verständlich, daß der Vergleich ins Ohr geht. Wenn Arthur Schnitzler den Kontakt nicht völlig abbricht, hat das wahrscheinlich eine zusätzliche Ursache. Im Herbst 1895 soll Adele Sandrock die Christine bei der Uraufführung der »Liebelei« an der »Burg« verkörpern – eine gewaltige Chance für das Stück. Und Adele nützt sie in der Tat, verhilft dem Abend zu einem nachhaltigen Erfolg: Der Dramatiker Arthur Schnitzler ist ein gemachter Mann.

Während er sich rückblickend gesteht, an seiner Affäre mit Dilly habe ihn besonders die »Sensation« gereizt, »eine berühmte zu besitzen«, klingt der Epilog der Berühmten sympathischer: »Kind – Dich hab ich geliebt – na Schluß.« Die Freundschaft entzieht sie ihrem Genie »Thuri« deswegen nicht. Aber die Wege des Paares trennen sich unweigerlich, jener Arthur Schnitzlers führt auf den Parnaß, der ihre wird hinab-

führen. Das Verhängnis kündigt sich an, als sie 1898 das Unerhörte tut und dem Burgtheater ihren Vertrag hinschmeißt. Von da an folgen Tourneen, deren finanzieller und künstlerischer Gewinn immer magerer wird. Adele Sandrock ist keine junge Frau mehr, und eben das will sie unter keinen Umständen wahrhaben. Bei Max Reinhardt am Deutschen Theater in Berlin muß sie die bittere Erfahrung machen, daß sie den Zenit ihrer Popularität überschritten hat. Der Regisseur, selbst eine Primadonna, läßt sich von einer Diva von gestern nicht tyrannisieren. Einmal nur ist es ihr erlaubt, ihre Naturgewalt zu demonstrieren. Als Donna Isabella in der »Braut von Messina« spielt sie die Kollegen an die Wand. »Sie stand in einsamer Größe zwischen einem Geschlecht von Zwergen...«, meldet ein Kritiker. Doch das Überlebensgroße verträgt sich schlecht mit der neuen Ära, in der die meisten sie zum alten Eisen rechnen. Adele Sandrock, die »zerzauste Löwin« (Tilla Durieux), hat den Mut der Hoffnungslosigkeit, sie riskiert das Fiasko, sie kämpft und bettelt, lernt das rasche Schwinden der Publikumsgunst kennen, die Niederlage, das materielle Elend. Und sie gibt nicht auf, sie beharrt darauf, als »Fräulein« angesprochen zu werden, verbittet sich die »gnädige Frau«.

Im Jahre 1911 begegnet ihr Schnitzler, als sie in Wien ein Gastspiel gibt. Er vermerkt lakonisch: »– sieht aus wie eine Hebamme; alt und ärmlich«. Wenige Wochen später erreicht ihn ein Hilferuf um tausend Kronen, unterzeichnet mit »In Verzweiflung Ihre total gebrochene Adele Sandrock«. Schnitzler schickt hundert, aber so grausam das Schicksal mit ihr umspringt, eine Titanin läßt sich nicht unterkriegen. Der greisen Mutter, die sie unterstützt, hämmert sie die Botschaft ein: »ich *bin* und *bleibe* die *große* Adele! – Mein Name ist unsterblich, das sehe ich – das sagen Alle.« Noch bis 1920 muß sie sich das einreden, dann stimmt's. Die unverwüstliche Tragödin steht mit ihren siebenundfünfzig Jahren als Lady Brancaster in Oscar Wildes »Bunbury« auf den Brettern der Berliner »Tribüne« und sorgt für markerschütternde Komik. Ebenso wie Jahrzehnte zuvor, ist sie über Nacht zum Star geworden.

Ein halbes Jahr vor seinem Tod, am 5. Mai 1931, sieht Schnitzler Dilly zum letzten Mal. Von seiner Frau Olga ist er längst geschieden, seine vergötterte Tochter Lili hat Selbstmord begangen, zarte Gefühle stellen sich bei ihm nur noch für die kleine Hedy Kempny, das »Mädchen mit den dreizehn Seelen«, ein und die Übersetzerin Dominique Auclères alias Suzanne Clauser. In Begleitung seiner ungeliebten Gefährtin Clara Katharina Pollaczek besucht er eine »Bunbury«-Aufführung im Wiener Volkstheater – »die Sandrock spielt die alte Lady – uralt – grotesk – mit selbstironisierendem Pathos«. Adele Sandrock soll, von der Anwesenheit des Dichters im Saal verständigt, vor Vorstellungsbeginn durchs Guckloch hinausgespäht haben. Ihr erschrockener Kommentar: »Gott – ist der Mensch alt geworden!« Jener Mensch, von dem sie Olga Tschechowa erzählte, er sei ihre »große Liebe« gewesen.

Für Schnitzler war sie indes keine »grande passion«, nicht einmal eine romantische Herzensschlamperei. Sie war das unsentimentalste Kapitel seiner eigenen »éducation sentimentale«, eine Episode im Zug der erotischen Schatten, die nur die Lücke zwischen Mizi Glümer und Mizi Reinhard füllte.

Am Morgen gab sie ihm sein Geld zurück

Bonnie Parker und Clyde Barrow
Von Uwe Wittstock

Ein wüstes Leben: Das Gangsterpaar ging über Leichen, stilisierte sich mit Genuß zur Legende. Bonnie dominierte. Sie rauchte schwarze Zigarren, der eher unscheinbare Clyde tat ihr auch das nach. Ein Mitglied der Bande über Bonnie: »Sie hat ein Herz aus Granit. Ihre Natur ist das Böse.«

THE TRUE
milk
cartridges
(4 boxes)
HILLMANN

Bonnie Parkers Vertrauen in die Menschen reichte exakt bis zu Bonnie Parker. Sie hatte ein einfaches Programm: Sie wollte tun, was ihr gefiel, und verschwendete keinen Gedanken an den Rest der Welt. Wer sie wegen ihres zarten Körpers für eine zarte Frau hielt, täuschte sich gründlich. Sie war zäh und clever. Sie hatte frühzeitig erlebt, was es heißt, hilflos zu sein. Sie setzte alles daran, alles, um diese Erfahrung nicht noch einmal zu machen.

Als sie, kaum zwanzig Jahre alt, nach Aloka in Oklahoma kam, war das »Golden Garter« eine billige Tingeltangel-Bar mit Spielkasino. Das einzige, was Bonnie daran störte, waren die niedrigen Preise. Wenn die Männer auf den Erdölfeldern ringsum gut verdienten, wollte sie nicht für ein Trinkgeld arbeiten. Also nahm sie den Job als Animiermädchen an, machte ihren Kolleginnen aber schnell klar, daß sie sich zu billig verkauften. Die Freier sollten zahlen, für jeden Blick, jeden Griff, jedes Extra. Zwanzig Dollar, wenn es ihnen genügte, den Busen zu tätscheln, fünfzig Dollar, wenn sie mehr sehen wollten, und hundert für die ganze Nacht.

Als der Chef vom »Golden Garter« begriff, daß ihm Bonnie damit nicht die Kunden vergraulte, sondern ein besseres, genauer gesagt ein besser betuchtes Publikum ins Geschäft lockte, half er ihr nach Kräften. Bald schon war das Lokal nicht nur teurer, sondern auch ruhiger, woraufhin das Interesse des Sheriffs an dem Betrieb allmählich abnahm – was wiederum Besucher ins Haus brachte, die es vorher nicht gewagt hätten, einen Fuß über die Schwelle zu setzen. Nur wenige Monate nach Bonnie Parkers Ankunft war das »Golden Garter« nicht mehr wiederzuerkennen: Sie hatte erreicht, was sie erreichen wollte.

Sie genoß es, Macht zu haben – und ihre Arbeit bot ihr reichlich Gelegenheit, Macht über Männer zu gewinnen. Mit ihrem fahlblonden Haar, ihren dünnen Lippen und kleinen Augen dürfte sie kaum die Schönste in der Halbwelt von Aloka gewesen sein, aber sie verstand es vorzüglich, ihre Kunden mit kleinen Tricks gegeneinander auszuspielen und so die Preise in die Höhe zu treiben. Andererseits konnte sie, wenn es ums Geld ging, auch hart gegen sich selbst sein: Sie ließ, das hatte sich herumgesprochen, keinen Wunsch unerfüllt, solange sie nur gut dafür bezahlt wurde. Das Geld war eine zweite große Leidenschaft Bonnies, denn es machte sie unabhängig; es gab ihr endlich die Macht, zu tun und zu lassen, was sie wollte.

Rund fünf Jahre lebte sie schon in Aloka, als ihr im »Golden Garter« ein junger Mann begegnete, der wenige Stunden zuvor aus dem Gefängnis in Huntsville entlassen worden war. Er hatte wegen Autodiebstahls gesessen und gab mehr Geld aus, als er sich erlauben konnte. Hundertfünfzig Dollar zahlte er, um Bonnie einem anderen Freier auszuspannen, und da er so versessen auf sie war, bereitete es ihr kein großes Problem, ihm noch mehr aus der Tasche zu ziehen.

Barrow hieß er, Clyde Barrow, und es machte ihm offensichtlich Spaß, mit Bonnie alles, was er noch besaß, bis auf den letzten Dollar durchzubringen. Das gefiel ihr – und er gefiel ihr auch. Deshalb tat sie am nächsten Morgen etwas, das nicht zu ihr paßte: Großzügig und ein wenig sentimental gab sie ihm sein Geld zurück, denn was sie in dieser Nacht gemacht hatten, sollte kein Geschäft gewesen sein. Mit dieser Geste begann eine Liebe, die gewiß nicht romantischen Vorstellungen entsprach, die aber

buchstäblich halten sollte, bis daß der Tod die beiden schied – ein gemeinsamer barbarischer Tod nach einem kurzen barbarischen Leben.

Was Bonnie und Clyde zusammenführte, war kein reiner Zufall. In vielem waren sie sich ähnlich, vor allem in der beeindruckenden Zahl ihrer schlechten Erfahrungen. Clyde stammte aus einer Familie von Kleinkriminellen: Keiner seiner Verwandten hatte jemals mehr als ein paar hundert Dollar erbeutet, aber jeder von ihnen schon Jahre im Knast zugebracht. Trotzdem spielte Clyde gern den starken Mann: Während seiner letzten Haft hatte er sich mit einem Beil einen Fuß um zwei Zehen kürzer gemacht, um der Zwangsarbeit zu entgehen. Eine dubiose Heldentat, derer er sich gerne rühmte, die aber bis heute verrät, wie verzweifelt gering für ihn der Wert seines Leibes und Lebens gewesen sein muß.

Bonnies Vater verließ seine Familie wegen einer anderen Frau. Als die Mutter krank wurde, nahm sich in der Schule einer der Lehrer der zwölfjährigen Tochter an – allerdings war es nicht nur pädagogischer Eros, der ihn dazu bewegte. Da sich niemand um das Kind kümmerte, blieben seine Zudringlichkeiten lange unentdeckt; die Vereinigten Staaten waren gerade in den Ersten Weltkrieg eingetreten, und man hatte andere Sorgen.

Zwei Jahre später starb Bonnies Mutter, und wieder mußte das Mädchen hilflos mitansehen, wie andere über ihr Schicksal entschieden: Man vertraute sie einem Witwer in Dallas an, der versprach, wie ein Vater für sie zu sorgen, und der sie bald mißbrauchte. Aber Bonnie war nicht dumm; sie hatte inzwischen so manches gelernt, insbesondere über Männer. Es entwickelte sich ein Machtkampf zwischen ihr und ihrem neuen Vormund, aus dem sie als doppelte Siegerin hervorging: Mit der Drohung, der Polizei zu sagen, was in seinem Schlafzimmer vorging, nahm sie ihm nicht nur seine Ersparnisse ab, sondern trieb ihn schließlich derart in die Enge, daß er sich am Lampenhaken der Küche erhängte. Als Bonnie sein Haus verließ, war sie sechzehn Jahre alt.

Sie setzte sich ab nach Hillsboro, einer Kleinstadt in Texas. Dort lebte sie als Bardame von dem, was man ihr bislang beigebracht hatte, und bald kannte sie alle Winkelzüge ihres Gewerbes. Aber auch wenn sie den Preis für ihren Körper geschickt immer höher trieb, war sein Wert in ihren Augen offenbar niedrig, genauer: erniedrigt worden. Wie Clyde hatte sie Leib und Leben nicht als unantastbare, sondern als relative Größen kennengelernt – und nach dieser Erfahrung handelten die beiden.

Bonnie war, daran kann kein Zweifel sein, bei diesem Paar die beherrschende Persönlichkeit. Clyde stand, so berichteten die Zeugen ihrer ersten gemeinsamen Zeit, spürbar unter ihrem Einfluß. Er bewunderte ihre Entschlossenheit und ihre Willenskraft, ja er kopierte sie sogar: Bonnie liebte es, kräftige schwarze Zigarren zu rauchen, und er tat es ihr nach.

Es gibt ein Foto von den beiden, das in Aloka entstand, noch bevor ihre gemeinsame kriminelle Karriere begann. Die zwei stehen – sehr symbolträchtig – mit dem Rücken an einer schäbigen Wand: Clyde, mit einfachem Anzug und Krawatte, die Hände in den Hosentaschen, schaut offen in die Kamera, ein unscheinbarer, schmächtiger Mann, den man sich gut mit Aktentasche unterm Arm auf dem Weg ins Büro vorstellen kann oder am Schreibtisch einer Amtsstube. Bonnie, einen halben Schritt ne-

ben ihm, trägt eine weiße Jacke, die sie nur flüchtig mit einem schmalen, bunten Tuch zugebunden hat, und über ihrem straff gescheitelten Haar sitzt eine modische Kappe. Man sieht Bonnie die »Roaring Twenties« an, aber auch, daß sie sie nicht auf der Sonnenseite des Lebens verbracht hat – zu hart und schmal ist der Mund, zu bitter der Blick.

Alles in allem könnte man die zwei für ein harmloses junges Paar halten, das während eines Sonntagsspaziergangs den Kauf einer Polstergarnitur oder die Bepflanzung des Vorgartens bespricht, wäre da nicht die merkwürdige Haltung der beiden: Sie verharren steif nebeneinander, ohne sich zu berühren oder an der Hand zu halten, wie es doch für ein flanierendes Pärchen ganz natürlich wäre. Sie wirken wie ertappt, wie von der Kamera gestellt, obwohl sie doch zu diesem Zeitpunkt noch nichts zu verbergen hatten. Offenbar hat allein die Tatsache, daß sie fotografiert wurden, sie schon verunsichert und strammstehen lassen. Von anderen betrachtet und also beurteilt zu werden, lag ihnen nicht – zu leicht hätte man erkennen können, wie es wirklich um sie stand. Erst später liebten sie es, sich öffentlich zu präsentieren, doch zeigten sie auch dann nicht, wer sie waren, sondern nur noch, wer sie sein wollten.

Das Bild gibt zudem einen versteckten Hinweis, weshalb Bonnie und Clyde im März 1932 von einem Tag auf den anderen verschwanden und ihren ersten Raubzug starteten. Über die Gründe für ihren Auf- und Ausbruch ist oft gerätselt worden. Man hat abwegige und absurde Vermutungen angestellt, obwohl Bonnie auf diesem Foto ein ganz einfaches und überzeugendes Motiv ins Gesicht geschrieben steht: Sie wurde nicht jünger.

Sie war jetzt sechsundzwanzig Jahre alt und mehr als zehn Jahre Prostituierte – zehn Jahre, die ihre Spuren hinterlassen hatten. Außerdem erreichte in dieser Zeit die Weltwirtschaftskrise ihren Höhepunkt, ein Heer von Arbeitslosen zog durch das Land, und nur wenige konnten es sich noch leisten, ihr Geld in ihr Vergnügen zu investieren. Folglich dürften im »Golden Garter« und auch für Bonnie die Geschäfte schlechter gegangen sein. Bonnie war Realistin genug, um zu erkennen, was ihr nun bevorstand: Wie auch immer sie es anstellte, ob sie noch ein paar Jahre durchhielt, bis sie völlig abgehalftert war, ob sie einen anderen, schlechter bezahlten Job annahm oder ob sie versuchte, einen reicheren Mann als Clyde an sich zu binden – die fetten Jahre der Freiheit waren vorbei. Doch bevor sie wieder von anderen abhängig werden konnte, wählte sie den Fluchtweg in die Unterwelt. Clyde, der schon seit zwei Jahren von ihrem Geld lebte und stets tat, was sie ihm sagte, ließ sich schnell überzeugen. Er hatte seine Tricks als Autodieb noch nicht vergessen und besorgte einen Wagen. Ob sich die beiden genauere Vorstellungen über ihre Zukunft machten, kann man heute nicht mehr rekonstruieren. Sicher ist, daß sie Aloka am frühen Abend ohne größeres Gepäck in Richtung Dallas verließen. Sie sollten nur noch ein einziges Mal zurückkehren.

Daraufhin ging alles sehr schnell. Noch in derselben Nacht traf das Paar – zufällig, wie es in den nachfolgenden Gerichtsverhandlungen hieß – mit Raymond Hamilton zusammen. Er hatte mit Clyde im Gefängnis von Huntsville gesessen und eine Zeitlang für Al Capone Schnaps geschmuggelt. Er war ein kräftiger, gutaussehender Mann, der Bonnie gefiel und der – nicht zuletzt deshalb – Clyde rasch gegen sich aufbrachte.

Wenig später waren sie zu dritt bei dem ebenfalls vorbestraften James Acker, einem Freund Hamiltons, der ihnen Revolver und Munition besorgte. Sobald es hell wurde, machten sich die vier in einem Wald mit den Waffen vertraut, indem sie ein wüstes Wettschießen auf Baumstämme veranstalteten.

Gegen sechs Uhr früh erreichten sie eine Tankstelle am Stadtrand von Hillsboro, wo Bonnie rund vier Jahre ihres Lebens verbracht hatte. Der Inhaber, John Bucher, hatte eine anstrengende Nacht gehabt und schlief auf einem Stuhl in dem kleinen Büro neben der Zapfsäule. Er konnte deshalb nicht hören, daß Bonnie neben ihn trat. Sie hob die Waffe und schoß auf ihn, bis das Magazin leer war.

Danach nahmen Clyde und Hamilton die Kasse aus, und alle drei sprangen in ihren Wagen zurück. Die Beute betrug knapp tausend Dollar. Da Bonnie jedoch so unvorsichtig laut zu Werke gegangen war, hatten Zeugen schon Minuten später die Polizei alarmiert. Doch die Bande entkam unbehelligt und verbrachte den Tag in einem Versteck im abgelegenen Hügelland an der Nordgrenze von Texas mit weiteren Schießübungen. Am Abend tauchten die vier dann bei einem Dorffest in Springtown, Oklahoma, auf. Der dortige Sheriff sprach sie an, da er sie trotz Prohibition Whisky aus einer Taschenflasche trinken sah. Sofort zogen sie ihre Revolver, verletzten den pflichteifrigen Ordnungshüter und erschossen seinen Gehilfen. Als sie schon wieder in ihrem Wagen saßen, um zu fliehen, wurde James Acker von einer Kugel des Sheriffs getroffen.

Erst nachdem sie gut hundert Meilen gefahren waren, setzten sie den inzwischen fast verbluteten Acker auf einem Parkplatz aus und zwangen die Passanten, einen Arzt zu rufen. Da sie nun damit rechnen mußten, daß ihr Wagen und ihr Fluchtweg der Polizei sehr bald bekannt sein würden, stoppten sie wenige Minuten später auf einer Seitenstraße die erste schwere Limousine, die ihnen begegnete. Nachdem sie den Fahrer gezwungen hatten, die Autos zu tauschen, und er schon verängstigt in den Gangsterwagen eingestiegen war, lief Bonnie noch einmal zu ihm, drückte ihm den Revolver in den Rücken und schoß zweimal. Der Mann wurde nach vorn geschleudert, wand sich auf dem Sitz, drehte sich halb um, suchte mit seinen Händen verzweifelt nach einem Halt und starb.

Danach drehten die drei mit dem neuen Auto und rasten auf ihre Verfolger zu. Da die immer noch nach dem früheren Fahrzeug Ausschau hielten, ließ man sie anstandslos passieren. Sie kehrten in ihr Versteck in den nordtexanischen Hügeln zurück, das die Polizei in der Zwischenzeit entdeckt und genau untersucht hatte und in dem gerade deshalb niemand die Bande vermutet hätte.

Am nächsten Morgen gegen neun Uhr erschien Clyde Barrow allein in einem gerade erst geöffneten Lebensmittelgeschäft, ließ sich den Kofferraum mit Konservendosen füllen, räumte dann die Kasse leer und ermordete den Ladeninhaber. Am Abend des gleichen Tages fuhr er nach Cooksonville, um Waffen zu besorgen. Auf dem Weg dorthin raubte er eine Tankstelle aus und überfiel das Büro einer Molkerei, deren Kassierer er erschoß. Mit dem erbeuteten Geld bezahlte er dann zahlreiche Revolver und Repetiergewehre, ein leichtes Maschinengewehr und einen Vorrat an Munition, der ausgereicht hätte, einen kleinen Krieg zu führen – und genau das haben Bonnie und er von nun an auch getan.

Seit ihrem Aufbruch von Aloka waren

kaum mehr als achtundvierzig Stunden vergangen. Sie hatten in dieser Zeit eine Bande formiert, mehrere Autos gestohlen, vier Raubüberfälle verübt, einen Sheriff angeschossen, fünf Menschen getötet und ein Bandenmitglied verloren. Sie hatten sich darüber hinaus mit ausreichend Proviant versorgt, um für längere Zeit unterzutauchen, und mit genügend Waffen, um auch einer größeren Polizeiaktion trotzen zu können.

Diese erste Eruption der Gewalt zeigt bereits alle wesentlichen Elemente, die auch die künftigen Bluttaten von Bonnie und Clyde kennzeichnen sollten. Die beiden handelten kurzentschlossen und blitzartig, waren aber kaltblütig genug, um selbst in großer Bedrängnis nicht den Überblick zu verlieren. Sie benutzten ihre Revolver nicht, um zu drohen, sondern um zu töten. Auf diese Weise beseitigten sie die Zeugen ihrer Überfälle, was ihnen meist einen stattlichen Vorsprung verschaffte. Setzte man ihnen dennoch einmal sofort nach, waren sie verwegen genug, nur notdürftig getarnt an ihren Verfolgern vorüberzufahren oder sich in einem von der Polizei kurz zuvor durchsuchten Unterschlupf zu verstecken. Nach einem solchen Fischzug zogen sie sich für Wochen an irgendeinen entlegenen Ort zurück, bis um sie herum wieder Ruhe eingetreten war, in die hinein sie zu neuen Aktionen starteten.

Schon gleich zu Anfang erlagen die beiden zudem der Faszination der Waffen. Solange man sie von nun an jagen würde, trainierten sie regelmäßig, mitunter täglich, verfeuerten Unmengen von Munition und wurden so zu todsicheren Schützen. Vor allem Bonnie dürfte empfänglich gewesen sein für das Gefühl von Macht, das eine Waffe ihrem Träger verleiht. Sie trennte sich nie von ihr und schoß oft mehr, als es der eigenen schlechten Sache dienlich war. Später erwarben die beiden über dunkle Kanäle sogar Maschinenpistolen und schließlich schwere Maschinengewehre, regelrechtes Kriegsgerät, mit dem sie der Ausrüstung der Sheriffs weit überlegen waren. Die Fluchtautos der zwei enthielten mitunter ein Arsenal, um das sie manches Beschaffungsamt beneidet hätte. Von den Interpreten ihrer Karriere ist diese Waffen-Obsession gern als eine Art Sexualneurose gedeutet worden. Gegen diese Fernanalyse spricht, daß die Gangster die Revolver zumindest nicht als Mittel der Ersatzbefriedigung nötig hatten. Bonnie Parker mußte, das war für sie selbstverständlich, der Boß der Bande sein, und um diese Position zu erreichen und zu sichern, setzte sie ein erprobtes Mittel ein – ihren Körper. Zunächst allerdings mit einem anderen als dem gewünschten Ergebnis: Als Clyde sie nach den beiden ersten mörderischen Tagen mit Hamilton im Bett erwischte, war er eifersüchtig genug, sich mit dem weitaus kräftigeren Nebenbuhler zu prügeln.

Die Reaktion zeigt, daß es gewiß keine alltägliche, aber doch eine ausgeprägte Zuneigung war, die das Paar verband: Clyde hatte ihre Arbeit im »Golden Garter« stets hingenommen, und Bonnie dürfte ihm wohl kaum je das Gefühl gegeben haben, sein Leben mit einem Unschuldslamm zu teilen. Doch Ray Hamilton gegenüber fühlte sich Clyde offensichtlich so unterlegen, daß er um Bonnies Liebe fürchtete und also um sie kämpfte. Auch Bonnie muß in Clyde mehr gesehen haben als nur den Partner in einer kriminellen Zweckgemeinschaft, denn sonst wäre ihre Wahl sicher nicht auf den wenig imposanten Clyde gefallen. Nachdem sich Bonnie zwischen den beiden Män-

nern entschieden hatte, zerfiel die Bande: Hamilton verließ die beiden in Richtung Michigan, wo er noch ein paar Raubüberfälle verübte, bevor er verhaftet wurde.

Bonnie und Clyde waren erfolgreicher. Überraschend tauchten sie in kleinen Ortschaften auf, nahmen die dortigen Banken aus und verschwanden wieder. Wurden sie verfolgt, stoppten sie nach bewährtem Muster den nächsten besten Wagen, stiegen um, drehten und versuchten auf der gleichen oder einer parallelen Straße in den Rücken der Polizei zu kommen. Sie blieben immer in Bewegung: Manchmal fuhren sie in einer Nacht achthundert Meilen, was auf den damaligen Straßen eine bemerkenswerte Leistung war. Sie wohnten wochenlang in ihrem Wagen. Wenn sie sich dann in einem Unterschlupf verbargen, verfielen sie ins andere Extrem und rührten sich oft tagelang nicht aus dem Haus. Jene quälende Ungeduld und Langeweile, die andere Gangster nicht selten zu Unvorsichtigkeiten verleiten, kannten sie nicht: Sie waren sich selbst genug. – Mit der Zeit wurden Bonnie und Clyde immer dreister: Als sie wieder einmal irgendein Provinznest überfallen wollten, fuhren sie zunächst zum Büro des Sheriffs. Dort stellten sie sich vor, überwältigten den verdatterten Ordnungshüter und entführten ihn. Zurückgekehrt, raubten sie die Bank aus und fuhren dann seelenruhig ab, da sie sicher sein konnten, daß alle erst einmal den Sheriff suchen und niemand ihnen nachsetzen würde.

Ihre relativ simple Taktik war nicht zuletzt deshalb erfolgreich, weil sie den technischen Fortschritt konsequenter nutzten als die Polizei. Sie hatten nicht nur die besseren Waffen, sie fuhren auch die schnelleren Autos: Kurz zuvor hatte Ford das erste Modell mit V8-Motor auf den Markt gebracht, und das stahlen die beiden mit Vorliebe. Zudem waren sie im Gegensatz zu den Fahndern nicht durch bürokratische Hindernisse in ihrer Bewegungsfreiheit eingeschränkt. Zu ihrer Zeit gab es in den Vereinigten Staaten noch keine Bundespolizei; das FBI erhielt erst 1935 seine heutigen Kompetenzen. Die zwei hielten sich deshalb gern in der Nähe von inneramerikanischen Bundesgrenzen auf: Waren ihnen zum Beispiel texanische Sheriffs auf den Fersen, wechselten sie in den Nachbarstaat Oklahoma, wo die Verfolger ihre Zuständigkeit verloren und erst um Amtshilfe nachsuchen mußten.

Trotzdem wurde ihr Leben mitunter einigermaßen riskant: Sie arbeiteten nur zu zweit, und allzu häufig sahen sie sich bei ihren Unternehmungen mit einer weit größeren Zahl von Gegnern konfrontiert. Im Frühjahr 1933, rund ein Jahr nachdem sie sich von Aloka und dem bürgerlichen Leben verabschiedet hatten, beschlossen sie, dies zu ändern. Sie quartierten sich als Mr. und Mrs. John Bucher – also unter dem Namen ihres ersten Opfers, was ihren makabren Humor belegt – in dem eleganten Norton-Hotel von Dallas ein. Sie waren auf der Suche nach Clydes älterem Bruder Marvin, genannt »Buck«. Ihm konnten sie vertrauen, ihn wollten sie gewinnen als Dritten in ihrem Bunde.

Es gab da allerdings, wie sich rasch herausstellte, ein unvorhergesehenes Problem. Buck hatte mittlerweile eine Frau aus grundsolider Familie geheiratet. Blanche war nicht nur jung und schön, sondern auch fromm. Ihr zuliebe stellte sich ihr Mann kurz nach der Hochzeit den Behörden und büßte seine letzten noch ungesühnten Verbrechen ab. Kurz nach seiner Entlassung meldete sich dann Clyde bei ihm, und Blanche war leichtfertig genug, ihn zu einem

Im Kugelhagel: Stahlplatten, Maschinengewehre, ein Panzerwagen aus Kansas City und drei Corps der Staatspolizei wurden aufgeboten, um das Pärchen in einer Garage zu stellen. Doch Bonnie und Clyde entkamen auch dieser kleinen Armee.

BONNIE PARKER
CLYDE BARROW
HILLMANN

Treffen zu ermutigen. Sie glaubte, auch dieses abgebrühte Killerpaar auf den Pfad der Tugend zurückführen zu können.

Einen Menschen wie Bonnie Parker hatte sie sich in ihrer Naivität nicht vorzustellen vermocht. »Ich ging«, sagte sie später vor Gericht, »mit Marvin in der festen Überzeugung hin, ich könnte sie zu einer anderen Denkweise bringen, genauso wie ich Marvin zu der Einsicht bekehrt hatte, daß das Verbrechen nicht der rechte Weg zu einem glücklichen Leben sein kann. Selbst jetzt ist es mir unfaßlich, was über mich gekommen ist. Durch ihre eiserne Willenskraft hatte Bonnie mich binnen einer Woche zu einem anderen Menschen gemacht. Weder Marvin noch ich konnten etwas ausrichten. Wir wurden einfach mitgerissen, ohne die Kraft zu haben, uns gegen sie durchzusetzen.«

Bonnie war zunächst einmal klug genug zu ahnen, daß eine Frau wie Blanche ihren Mann nicht mit ihnen ziehen lassen würde, ohne vorher der Polizei einen Tip zu geben. Also verließen die vier das Hotel augenblicklich, nachdem Buck sich entschlossen hatte, in die Bande einzusteigen. Minuten später, auf der Landstraße, entdeckten sie hinter sich tatsächlich ein halbes Dutzend Sheriffs; Blanche hatte sie brieflich verständigt. Die anschließende Verfolgungsjagd kostete einen Polizisten das Leben und – wieder einmal – mehrere harmlose Autofahrer ihre Wagen, bevor die Bande eine sichere Zuflucht an der Grenze zu Oklahoma erreichte.

Dort wurde Blanche einer regelrechten Gehirnwäsche unterzogen. Bonnie prügelte sie wegen ihres Verrats, drohte ihr, sie beim nächsten Versuch umzubringen, und zwang sie, Schnaps in großen Mengen zu trinken. Danach kam Clyde zu ihr und vergewaltigte sie, während Bonnie mit ihrem Mann Buck schlief. Clyde hatte seine Eifersucht überwunden. Er war sich inzwischen Bonnies – und seiner selbst – sicher genug, so daß er in seinem Bruder keinen Konkurrenten sah, der ihm gefährlich werden konnte.

Nach einer Woche hatte Blanche jeden Gedanken an Widerstand aufgegeben. Sie ließ sich einreden, daß die Polizei keinen Unterschied machen würde zwischen ihr und dem Rest der Bande und daß sie deshalb lernen müsse, genauso gut und rücksichtlos zu schießen wie die anderen. Als sie sich schließlich einen Revolver geben ließ und sich freute, daß sie nach all den Erniedrigungen für ihre ersten Übungsschüsse gelobt wurde, hatte Bonnie gewonnen.

Den ersten gemeinsamen Banküberfall verübten die vier am 22. Juni 1933 in Alma, Arkansas. Er sollte nach dem gewohnten Schema *hit and run* abrollen, und es schien zunächst auch alles zu klappen. Doch auf der Landstraße wurde ein Auto, das vor ihrem Fluchtwagen dahinzockelte, von zwei entgegenkommenden Polizisten zu einer Notbremsung gezwungen. Clyde erkannte die Gefahr zu spät und fuhr auf das inzwischen stehende Fahrzeug auf. Bei dem folgenden Feuergefecht waren die Gangster wieder einmal schneller. Den Sheriff verletzten sie tödlich, sein Hilfssheriff entkam ihnen mit knapper Not auf eine nahegelegene Farm.

Die Bande sah sich nun gezwungen, auf offener Straße Beute und Waffen aus ihrem zerstörten Auto in den Wagen der Polizisten zu schaffen. Um Zeit zu sparen, ließen sie eine beträchtliche Menge der geliebten Revolver und Gewehre zurück. Dann fuhren sie, wie üblich, zurück in den Ort, aus dem sie gekommen waren. Aber in Alma wartete schon jener Hilfssheriff auf sie, der eben noch vor ihnen geflohen war. Er hatte sich

daran erinnert, daß es zur Taktik der Gangster gehörte, auf der Flucht zu wenden, und deshalb mit einigen Helfern ein Auto quer auf die Durchgangsstraße gestellt. Wieder reagierte Clyde falsch. Als er das Hindernis entdeckte, bremste er brutal und verlor die Gewalt über das Steuer. Der Wagen schleuderte, prallte gegen das andere Fahrzeug und überschlug sich. Clyde, Buck und Blanche hatten Glück und konnten sich unverletzt aus dem Wrack befreien. Bonnie aber war eingeklemmt.

Was nun folgte, ist ein eindrucksvoller Beleg für die Kaltschnäuzigkeit der Gangster: Buck eröffnete sofort das Feuer auf den Polizisten mit seinen Leuten und zwang sie, in Deckung zu bleiben. Der Unfall hatte den Tank ihres Wagens aufgerissen: Benzin lief über die verstreute Munition und drohte sich jeden Augenblick zu entzünden. Dennoch verlor Clyde nicht den Kopf. Er befahl Blanche, ein Auto zu besorgen, und versuchte, unbeirrt von der Schießerei ringsum, Bonnie zu befreien. Selbst als das Benzin tatsächlich Feuer fing, gab er nicht auf. Vielmehr kletterte er in die brennenden Trümmer, um besser zugreifen zu können. Bonnie war fast zwischen den Flammen verschwunden, als Clyde sie schließlich nach draußen zu ziehen vermochte. Er trug sie in den Wagen, den Blanche inzwischen besorgt hatte. In diesem Moment platzte der lädierte Tank ganz auf, und große Mengen der Munition explodierten. Trotzdem rannte Clyde noch zweimal zu dem Wrack, um so viele Waffen zu retten, wie er tragen konnte. Danach erst sprang er zu den anderen in den Wagen, und die Bande raste, pausenlos auf ihre Verfolger schießend, aus dem Ort.

Szenen wie diese waren es, die Bonnie und Clyde schon zu Lebzeiten zur Legende machten. Der offenkundige Gegensatz zwischen ihrer Grausamkeit gegen andere und ihrer Zuneigung untereinander, zwischen ihrem bedenkenlosen Morden und ihrer bedingungslosen Treue reizte die Phantasie der Zeitgenossen. Man konnte in ihnen nicht einfach düstere Killer sehen, sondern es umgab sie stets die romantische Aura von *outlaws*. Man gab sich mit neidvollem Entsetzen der Vorstellung hin, daß sie ohne jede Rücksicht allein für ihre Leidenschaft lebten.

Damit waren sie selbstverständlich ein gefundenes Fressen für die Boulevard-Zeitungen. Vor allem die Sensationspresse von William R. Hearst stürzte sich auf jede Nachricht von den »Bloody Barrows«. Die Journalisten verfolgten das Schicksal der beiden mit fanatischer Haßliebe und schrieben ihnen vom Waldbrand bis zum Hühnerdiebstahl alles Schlechte zu, das im Umkreis von ein paar hundert Meilen um ihren vermutlichen Aufenthaltsort geschah.

Doch gleichgültig, ob wahr oder falsch – jede Schlagzeile, jede Meldung steigerte noch den fürchterlichen Ruhm der zwei. Sie wuchsen zu einem Schreckbild heran, an dem sich die Nation mit wohligem Gruseln weidete und dem sogar Bonnie und Clyde selbst aufsaßen: Sie machten drei Fotos von sich, auf denen sie bis in Detail dem Klischee vom bösen Räuberpaar entsprachen, und schickten sie an eine Zeitung. Die Bilder zeigen Bonnie mit langem Kleid, Colt und Zigarre, Clyde mit Maschinenpistole im Arm, auf der Stoßstange einer schwarzen Limousine sitzend, und schließlich beide zusammen: Bonnie zielt mit einem schweren Repetiergewehr auf den lachenden Clyde. Es sind gestellte Aufnahmen, die in erster Linie zeigen, mit welcher Begeisterung die beiden die Rollen übernahmen, die man ihnen zugedacht hatte.

Das Interesse der Zeitungen an der »Barrow Gang« steigerte sich noch einmal, als die Reporter mit dem Bericht von Mat Houser konfrontiert wurden. Er war Inhaber eines Feriencamps bei Plate City, Missouri. Am 18. Juli 1933, also knapp vier Wochen nach dem Überfall in Alma, quartierten sich zwei junge Paare und ein etwa siebzehnjähriger, schmaler Bursche bei ihm ein. Sie bezogen eine geräumige Hütte mitsamt Garage. Da sich die Gäste dann aber nicht wieder im Freien sehen ließen, wurde der Mann mißtrauisch.

Abends schlich er zur Rückfront des Hauses, wo er – nur zum Schutz vor Zechprellern selbstverständlich – ein verstecktes Guckloch angebracht hatte. Was er dort sah, entrüstete ihn derart, daß er es in der folgenden Nacht gleich noch einmal sehen mußte: Die drei Männer hatten es sich mit Flaschen in der Hand auf Sesseln bequem gemacht, während die beiden Frauen nackt zwischen ihnen hin und her gingen und sie zu verführen versuchten. Besonders den noch unerfahrenen Jungen umgarnten sie, und er wurde wegen seiner Unsicherheit verhöhnt. Als Mat Houser zum zweitenmal das Guckloch besuchte, bot sich ihm das gleiche Bild – abgesehen von einem Tisch, auf dem zwischen leeren Flaschen einige Maschinenpistolen lagen.

Nur ein paar Minuten nach dieser Entdeckung saß er im Büro der nächstgelegenen Polizeistation und berichtete von den Ergebnissen seiner spannenden Ausflüge. Der Captain dort begriff sofort, wer in seiner Nachbarschaft Urlaub machte. Gewarnt durch die schlechten Erfahrungen unvorsichtiger Sheriffs vor ihm, forderte er zunächst Verstärkung an: tragbare Panzerplatten und zwei Maschinengewehre, die dahinter plaziert werden konnten, drei Corps der Staatspolizei und einen Panzerwagen aus Kansas City. Mit dieser kleinen Armee umstellte er wenige Stunden später das Ferienhaus. Als der Panzerwagen leise und ohne Motor bis kurz vor die Hütte gerollt worden war, rief er den im Schlaf überraschten Bewohnern lautstark zu, sich zu ergeben. Zunächst kam keine Antwort. Es folgte der schüchterne Ruf einer Frau, sie müsse sich erst einmal anziehen. Dann flog das Garagentor auf, und aus drei Maschinenpistolen gleichzeitig ging ein Kugelhagel auf die Polizisten nieder. Die Projektile durchschlugen die Panzerplatten, legten ein Maschinengewehr lahm und verwundeten den Schützen des anderen. Selbst der Panzerwagen hielt dem konzentrierten Feuer nicht stand und setzte zurück. Daraufhin platzte die Tür der Hütte auf: Bonnie und Blanche knieten hinter einem Matratzenberg und schossen, bis die Männer der Bande im Auto saßen. Schließlich sprangen sie ihnen nach, und der Wagen fuhr mit einem Satz auf den Hof. Nach allen Seiten aus den Fenstern feuernd, rasten die fünf auf die Landstraße zu, und bevor ihre Angreifer auch nur an Verfolgung dachten, waren die Gangster wieder einmal entkommen.

Die Schlacht von Plate City fügte dem Bild der Öffentlichkeit von der »Barrow Gang« zwei wesentliche Aspekte hinzu: Man betrachtete sie nun als unbesiegbar und – Mat Housers Berichten wegen – als unrettbar sexbesessen. Was die fünf da in der Ferienhütte gemacht hatten, galt im prüden und gläubigen Mittelwesten als geradezu widernatürlich und war, vielleicht mehr noch als ihre Mordlust, dazu geeignet, ihnen dämonische Züge zu verleihen.

Insbesondere mit Bonnie und ihrer dominierenden Rolle Clyde gegenüber beschäftigte sich die Vorstellungskraft des Publi-

kums. Man sah in ihr ein mörderisches Flintenweib, das seinen Freund nicht liebte, sondern benutzte. Nur zu gerne zitierten die Zeitungen die Aussage eines kleinen Gangsters, der sich unübersehbar entlasten und ihr die Verantwortung für Verbrechen zuschieben wollte, an denen er beteiligt war: »Bonnie hat ein Herz aus Granit... Gefühle hat sie nicht und kennt sie nicht. Einzig und allein ihr Wille dominiert. Er beherrscht alles und alle, mit denen sie Umgang hat. Selbst ihre Liebe zu Clyde Barrow – wenn von Liebe überhaupt die Rede sein kann – ist hart und nur ein Mittel, um ihre fleischlichen Gelüste, ihre Gier zu befriedigen. Sie ist ein Tier... Sie lebt vom Bösen... Ihre Natur ist geradezu das Böse.«

Tatsächlich war Bonnies Charakter nicht eben typisch weiblich. Schreibt man auf, was sie in den letzten wilden Jahren ihres Lebens interessierte, liest sich das wie das Inhaltsverzeichnis eines Männermagazins: Macht, Sex, Geld, schnelle Autos, Waffen und schwarze Zigarren. Kein Wunder also, daß sie gerade von Männern als Bedrohung empfunden und zu einer Art blutiger Domina stilisiert wurde. Nur einer, Clyde, hatte den Mut, auf Dauer mit ihr zu leben. Ihn schreckte weder ihre Unabhängigkeit, noch versuchte er auf Biegen oder Brechen seine Kräfte mit den ihren zu messen. Er akzeptierte Bonnie, wie sie war – und das dürfte ein Schlüssel für das Verhältnis der beiden gewesen sein.

Doch als der Nimbus, der die Bande umgab, seinen Höhepunkt erreichte, ging es mit ihr tatsächlich schon bergab. Ihr neuer Begleiter – ein junger Tankwart namens C.W. Moss, der Bonnie gefallen und den sie mit ein paar Sätzen zur Mitfahrt überredet hatte – hielt dem aufreibenden Leben der Gangster nervlich nicht stand. Außerdem war Buck bei der Schießerei in Plate City durch eine Kugel ernstlich verletzt worden. Also versuchten die fünf zunächst einmal unterzutauchen. Doch schon nach sechs Tagen entdeckte ein Farmer in einem Wald in Iowa einen verlassenen Lagerplatz. Er fand neben blutgetränkten Grasbüscheln eine stattliche Zahl von leergeschossenen Patronenhülsen und zog daraus die richtigen Schlüsse.

Kaum hatte er den Sheriff seines Bezirks verständigt, benachrichtigte dieser die Polizei der Hauptstadt Des Moines, die Staatspolizei von Iowa und die Nationalgarde. Noch am gleichen Tag gegen Abend näherten sich diese Truppen von allen Seiten zugleich dem bezeichneten Wald. Späher berichteten, die Bande sei tatsächlich zu ihrem Camp zurückgekehrt. Als sich die Polizisten zu einem dichten Ring zusammenzogen, konnten sie fünf Personen und zwei Autos erkennen.

Wieder schossen die Gangster sofort, als sie das erste »Hands up!« hörten. Clyde rannte zu einem der Wagen, die anderen folgten ihm, wild um sich ballernd. Doch im dichten Feuer ihrer Gegner endete die Fahrt Sekunden später an einem Baum. Als die fünf auf das andere Auto zuliefen, machten die Polizisten dieses ebenfalls mit Schüssen unbrauchbar. Statt sich nun zu ergeben, setzte die Bande die Flucht zu Fuß fort. Die Truppen folgten ihnen, unentwegt feuernd. Schließlich blieb der verletzte Buck zurück und suchte hinter einem Baum Deckung. Blanche warf sich neben ihn ins tiefe Gras und hielt ihm mit einem Kugelhagel die Verfolger vom Leib. Während die meisten Distanz hielten, versuchte ein Polizist, sie zu umgehen und von hinten zu überwältigen. Als sie ihn entdeckte und auf ihn anlegte, schoß er und verletzte sie an der Hand und

Buck an der Hüfte. Einen Moment später warfen sich die Männer der Nationalgarde auf die beiden und entwaffneten sie.

Bonnie, Clyde und der junge Moss aber gewannen durch den letzten Widerstand der zwei einen knappen Vorsprung, der ihnen ausreichte. Mehrfach angeschossen, durchwateten sie einen Bach, verbargen sich in dichtem Gebüsch und krochen quer über ein Maisfeld. Als sie an eine Straße kamen, stoppte Clyde den ersten Wagen, den er sah, zwang den Fahrer auszusteigen und holte die beiden anderen ab. Sie verschwanden und wurden bis zum Ende des Jahres nicht mehr gesehen.

Die triumphierenden Polizisten brachten ihre beiden Gefangenen nach Des Moines. Buck hatte sechs Schußwunden, und obwohl er, wie die Behörden später behaupteten, jede mögliche ärztliche Hilfe erhielt, starb er am Abend des 29. Juli 1933. Zuvor entlastete er noch seine Frau durch ein langes Geständnis und nahm alle Morde der letzten Monate auf sich. Aber er machte keine Angaben, die in irgendeiner Weise die Fahndung nach dem Rest der Bande erleichterten. Lediglich der junge Moss, der so bald wie möglich eigene Wege einschlug, wurde kurz vor Weihnachten in Houston festgenommen.

Bucks Tod, das Verfahren gegen Blanche und nicht zuletzt ihre eigenen Verletzungen machten Bonnie und Clyde in der nächsten Zeit offenbar zu schaffen. Die beiden begriffen, daß sie sich in einer aussichtslosen Lage befanden: Bonnie schickte einen Brief an die *Dallas Morning News*, die verblüfften Journalisten fanden darin ein Gedicht, ein Epitaph zu Lebzeiten: »*Eines Tages werden sie sterben zusammen;/Man wird sie begraben Seit' an Seit';/Für wenige ist's ein Leid –/Für das Gesetz eine Freud' –/Aber es ist der Tod für Bonnie und Clyde.*« Unter den Versen stand: »Drucken Sie dies nur, wenn es soweit ist. Lange wird es nicht mehr dauern. Unser Ende ist nur eine Frage der Zeit, und wir haben unseren Spaß gehabt. Herzliche Grüße, Bonnie.«

Angst spricht aus diesen Zeilen, vielleicht auch Depression. Die beiden wußten, daß sie alle Brücken zur Gesellschaft abgebrochen hatten. Sie waren einander das einzige, auf das sie noch bauen konnten, und so ist es nur natürlich, daß sie sich enger und enger verschworen. Sie standen, realistisch betrachtet, vor der Wahl, bei einem Feuergefecht mit der Polizei erschossen oder gefaßt und getrennt hingerichtet zu werden. Angesichts dieser Alternativen entschieden sie sich, wie es in der ersten Zeile des Gedichtes heißt, zusammen zu sterben – auch wenn das kein romantischer Liebestod werden sollte.

Doch mit Beginn des nächsten Jahres war die Melancholie des Paares verflogen. Im Morgengrauen des 16. Januar 1934 traten sie aus dem Nebel auf das Staatsgefängnis von Eastham, Texas, zu, als die Häftlinge samt bewaffneter Eskorte zur Feldarbeit ausrückten. Ohne Warnung begannen sie mit Maschinenpistolen auf die Bewacher zu feuern. Ein Polizist starb, etliche andere wurden angeschossen. Bonnie und Clyde aber flohen mit fünf Häftlingen – unter ihnen ihr alter Freund Hamilton.

Sofort waren Texas und die umliegenden Bundesstaaten in heller Aufregung. Die Angst vor neuen Anschlägen der »Barrow Gang« griff um sich – und eine heimliche Sensationsgier dazu: Jedermann rechnete mit neuen Verbrechen, aber auch damit, daß sie spektakulären Zuschnitt haben würden. Der Gouverneur von Texas, M. A. Ferguson, gründete eine Sonderkommission,

zu deren Leiter er Captain Frank Hamer bestellte. Ihre einzige Aufgabe sollte es sein, Bonnie und Clyde unschädlich zu machen.

Hamer war jahrzehntelang bei den Texas Rangers gewesen und ein besonnener Mann, der nichts von wilden Verfolgungsjagden und Schießereien hielt. Wie ein moderner Kriminalist machte er sich daran, die Lebensgewohnheiten der Gangster zu erforschen, Indizien und Zeugenaussagen zu sammeln, um die Bande schließlich in ihren Verstecken aufzustöbern. Mitte Februar war er sich sicher, sie in den Cookson Hills im östlichen Oklahoma ausgemacht zu haben. Mit tausend schwerbewaffneten Männern durchsuchte er das Terrain, fand aber nur einen verlassenen Unterschlupf.

Am Dienstag, dem 27. Februar 1934, stoppte dann eine Frau ihren Wagen vor der Bank von Lancaster, Texas, ließ jedoch den Motor laufen. Zwei Männer stiegen aus und betraten das Gebäude. Wenige Minuten später verließen die zwei die Bank wieder und schleiften einen Sack mit Geld hinter sich her. Einen Mann, der ihnen nachlief, schossen sie nieder. Wenige Momente darauf hatten die drei die Stadt wieder verlassen.

Was nun folgte, glich einem späten Rachefeldzug: Bonnie suchte noch einmal die Orte auf, in denen sie früher als Prostituierte gearbeitet hatte. Am Mittwoch überfiel das Trio die Bank von Hillsboro, am Freitag die von Aloka, am Wochenende plünderten sie mehrere Tankstellen in der Umgebung, noch eine Bank und Lebensmittelgeschäfte. Ein paar Tage später ermordeten sie zwei Streifenpolizisten auf der Fernstraße nach Dallas, und als sie sich kurz darauf in der Nähe von Commerce, Oklahoma, gestellt fühlten, einen weiteren.

Durch die merkwürdige Vorliebe, immer wieder bereits bekannte Städte auszurauben, setzten sich die beiden der Gefahr aus, frühzeitig erkannt zu werden. Möglicherweise aber ging es Bonnie bei diesen Überfällen nicht allein um das Geld. Vielleicht wollte sie sich nebenbei auch an den Männern revanchieren, mit denen sie wenige Jahre zuvor für ein paar Dollar ins Bett gehen mußte – und vielleicht half ihr Clyde dabei nur zu gern.

Die zwei entfesselten eine solche Orgie der Gewalt, daß es Hamilton nicht mehr bei ihnen aushielt. Noch im März verließ er das Paar und wurde, wie schon nach seinem letzten Abschied von den beiden, ein paar Wochen später verhaftet. Während des kurzen Prozesses, den man mit ihm machte und der unausweichlich mit dem Todesurteil endete, sagte Hamilton: »Ich bin ein hartgesottener Verbrecher, es wäre sinnlos, das zu bestreiten. Trotzdem war es mir unmöglich, länger bei Bonnie und Clyde zu bleiben. Ich hielt mich immer für einen fixen Jungen... aber verglichen mit Bonnie war ich ein Lamm. Das konnte ich nicht länger mitansehen, diese gnadenlose Art, in der sie mordete, diese unglaubliche Gefühllosigkeit, die Härte, die Brutalität... Das war zu viel, selbst für mich. Daß eine Frau so roh, so hart, so durch und durch gemein und niedrig sein konnte.« Man ließ ihm die Zeit in der Todeszelle nicht lang werden und setzte ihn so schnell wie zulässig auf den elektrischen Stuhl.

Die Verhaftung Hamiltons ermutigte Frank Hamer. Als Bonnie und Clyde das nächstemal gesehen wurden, waren sie wieder zu dritt, und Hamer ahnte, daß ihr neuer Begleiter einer jener Gefangenen sein mußte, die sie mit Hamilton aus dem Zuchthaus von Eastham befreit hatten. Also nahm er sich die Familien der Sträflinge vor

und fand tatsächlich einen Hinweis. Ivan Methvin, der Vater des geflohenen Henry Methvin, war in der letzten Zeit gelegentlich von seinem Sohn in Louisiana besucht worden – manchmal in Begleitung von einem Mann und einer Frau.

Daraufhin hatte Hamer gleich noch einmal Glück: Bei einem harmlosen Besuch in einem Lebensmittelladen wurden Bonnie und Clyde erkannt und flohen, bevor Henry Methvin reagieren konnte. Das Pärchen entkam mit dem Wagen, während sich ihr Komplize zu Fuß retten mußte. Auf diese Weise unfreiwillig getrennt, würden die drei, so vermutete Hamer, bei Henrys Vater in Bienville Parish wieder Kontakt aufnehmen wollen. Er ließ Ivan Methvin beobachten und stellte fest, daß dieser jeden Morgen gegen neun Uhr mit einem Lastwagen zu der Landstraße in der Nähe seines Hauses fuhr und dort auf eine Limousine mit zwei Insassen wartete.

Hamer sah sich den Treffpunkt zu späterer Stunde an. Er war auch für die Polizei günstig. Die Böschung lag einen Meter über dem Niveau der Straße und war wie geschaffen für einen Hinterhalt. Hier konnten seine Leute hinter Bäumen in Deckung gehen und hatten dennoch ein freies Schußfeld. Aber er überstürzte nichts und hütete sich davor, die Bezirkspolizei zu benachrichtigen: Die Gefahr, daß sein Plan dann in den umgebenden Ortschaften zu früh bekannt geworden wäre, war zu groß.

Am 22. Mai 1934 brachen Bonnie und Clyde gegen Abend nach Leaville auf, um dort bei einem illegalen Waffenhändler ihre Munitionsvorräte aufzufüllen. Kaum waren sie bei ihm eingetroffen, rief er die Polizei an – auf die beiden war inzwischen ein astronomisch hohes Kopfgeld ausgesetzt. Doch die beiden bemerkten seinen Verrat und erschossen ihn. Auf der Flucht überfuhren sie einen jungen Patrouillenmann, der später im Krankenhaus starb. Sie hatten damit in den sechsundzwanzig Monaten ihrer kriminellen Laufbahn nachweislich dreizehn Zivilisten und zehn Polizisten ermordet.

Vor allem in den letzten Wochen scheint die beiden die Freiheit der Verzweifelten erfüllt zu haben. Übereinstimmend berichteten Zeugen, daß sie nach ihren Überfällen oder Feuergefechten, die immer tollkühner wurden, über ihre Verfolger lauthals lachten. Mit der Unbeschwertheit derer, die nichts mehr zu verlieren haben, verhöhnten sie ihre Gegner. Sie verbrachten nun jeden Augenblick gemeinsam, ja trennten sich nicht einmal mehr für Minuten, achteten darauf, daß ihr Schicksal sie nicht einzeln, ohne den anderen ereilen konnte.

Am Tag nach den Morden in Leaville nahmen um drei Uhr morgens Frank Hamers Leute ihre Positionen an dem vermutlichen Treffpunkt ein. Sie froren, bis die Sonne aufging. Wie jeden Tag näherte sich Ivan Methvin um Viertel vor neun in seinem Lkw. Hamer hielt ihn an und drohte ihm, ihn mitsamt dem Gangsterpaar zu erschießen, falls er nicht seinen Anweisungen gehorche: Er solle an der Landstraße eine Reifenpanne vortäuschen, die beiden Gangster, sobald sie hielten, in ein Gespräch verwickeln – und sich auf ein vereinbartes Stichwort hin in den Straßengraben werfen.

Methvin begriff, daß er keine andere Chance hatte, und tat, wie ihm geheißen. Nach ein paar Minuten näherten sich Bonnie und Clyde langsam in einem Ford V8. Sie hielten und sprachen mit dem alten Mann. Das Stichwort fiel, und er sprang hinter den Lastwagen in den Graben. Dar-

aufhin schoß Hamer in die Luft und rief das unvermeidliche »Hands up!«. Sofort duckten sich die beiden, und ihr Auto schoß mit heulendem Motor nach vorn. Doch eine Salve aus über zwanzig Gewehren zerfetzte Reifen und Motor. Der Wagen blieb quer auf der Straße liegen und wurde von weiteren Schüssen getroffen.

Sekunden später schoben sich rechts und links durch die zerschossenen Fenster die Läufe von zwei Maschinengewehren. Ihre Kugeln mähten über die Böschung und durchbohrten die Baumstämme, hinter denen die Polizisten sich verschanzt hatten. Etliche von ihnen wurden verletzt. Sie konzentrierten daraufhin ihr Feuer auf den hinteren Teil des Autos, in dem Bonnie saß. Plötzlich schrie sie auf, und ihre Waffe fiel über den Türrahmen auf der Straße. Doch schon einen Augenblick später schoß sie wieder mit einer Maschinenpistole. Clyde wurde im Gesicht getroffen, Blut lief über seine Augen. Aber er feuerte blindlings weiter. Dann erhielt Bonnie einen Kopfschuß und sackte zusammen; wenig später blokkierte Clydes Maschinengewehr, und er sank auf den Sitz zurück.

Hamers Männer stellten das Feuer wohl erst ein, als sie sicher waren, daß in dem Wagen niemand mehr lebte. Der Ford wies hundertfünfzig Einschüsse auf. Als sie den Leichnam von Clyde aus der zersiebten Karosserie hoben, zählten sie zwölf Verwundungen. Bonnies Körper war von fünfundzwanzig Kugeln getroffen worden.

Zur Legende des Paares gehört, daß Bonnie schwanger gewesen sei, als man sie erschoß. Bewiesen wurde das Gerücht nie. Wahrscheinlich hat sich auch keiner die Mühe gemacht, die beiden Toten obduzieren zu lassen. Die Todesursache war bekannt.

Scham und Schmerz, purpurn und scharlachrot

Vita Sackville-West und Violet Keppel
Von Eva Demski

Die Liebe ist wie ein Garten: voller Überraschungen und voller Geheimnisse, eine Erinnerung an das Paradies, in wollüstiger Furcht vor der Schlange. Vita Sackville-Wests Garten in Sissinghurst, wenn man ihn richtig zu lesen versteht, erzählt die Geschichte von Vita und Violet ein zweites Mal. Es ist die Geschichte einer sentimentalen Reise in den Wahnsinn.

Die Welt war zusammengeschrumpft auf einzelne Wörter, auf Schreie, auf Beschwörungen: Telegramme von – egal, woher: Manchmal haben sie gar nicht mehr gewußt, wo sie waren.

»Komm!« depechiert Violet.

»Ich halte es nicht mehr aus, ich fürchte zu sterben!« schreibt Vita.

Sie wechseln sich ab im Wahnsinnigsein, mal die eine verrückter und bereit, das Leben im hohen Bogen wegzuschmeißen, dann die andere, die manchmal nicht einmal mehr für möglich hält, daß es überhaupt weitergeht, das Leben, die Erde dreht sich wahrhaftig immer noch und ist doch nur noch ein glühender Punkt. Gerade ist ein Weltkrieg zu Ende, aber was verschlägt's?

»Es war der 18. April« (1918), schreibt Vita. »Es änderte sich weit mehr, als ich voraussah, es änderte sich mein Leben.«

Wer dieses Leben von außen betrachtet, wird zunächst nicht verstehen, daß da jemand eine Änderung zuläßt. Vita wird am 9. März 1892 in Knole geboren. Knole! Das ist ein Schloß wie ein Gebirge, eine Stadt, ein Kontinent, und ob die Zahl der Treppenhäuser, zweiundfünfzig, oder der Zimmer, dreihundertfünfundsechzig, stimmt oder nicht – die Magie des Ortes ist auf Zahlen nicht angewiesen und hat sich bis zum heutigen Tag erhalten, obwohl der große Park jetzt mit riesigen Baumleichen übersät ist. Der Park von Knole hat während der Stürme vor einigen Jahren zumindest seine Unverletzlichkeit eingebüßt. Vita hätte geweint. Später, als die Violet-Wirbelstürme sich gelegt hatten, wußte sie, welche Liebe als einzige nicht nur unzerstörbar bleibt, sondern, sich verändernd und ewig wiederkehrend, weiterwächst: die Liebe zu den Gärten.

Das aber wird noch lange dauern, und zunächst besteht das Leben für Vita, Violet und ihre Entourage aus lauter luxuriösen Selbstverständlichkeiten. Auch die Gärten gehören dazu, die zahmen Hirsche und die Teehäuser, die Einladungen zu den anderen unerträglich snobistischen Mitgliedern der englischen Jeunesse dorée.

Es gibt eine hochkomplizierte Gesetzgebung der Zugehörigkeit, einen Katalog gesellschaftlicher Rangordnungen, aber es ist auch möglich, mit Charme und Frechheit in das verknotete Netz einzusteigen und sich darin zu verankern.

In Vitas und Violets Geschichte, deren Bühne zunächst noch vorbereitet wird, gibt es einige dieser gesellschaftlichen Freibeuterinnen, und die beiden Vs beziehen daraus noch einmal eine Extraportion Arroganz. Violets Mutter, die berühmt-berüchtigte Mrs. Keppel, ist die Mätresse des Königs, Vita erzählt von ihren Kinderbesuchen im Hause Keppel und von ihrem Entzücken, wenn der Butler das Mädchen mit dem Hinweis, es komme ein Herr, von der Treppe fernhält. Jedermann und jede Frau wissen, wer der Herr ist.

Wir sind Edwardians geblieben, schreibt Vita einmal viel später und meint damit jene köstliche Mischung aus Contenance und Schlamperei, Stil und Ironie, die sich in Großbritannien noch erhalten hat, wenn auch gleichsam nur in Biotopen, seltenen und schutzwürdigen gesellschaftlichen Überbleibseln. Vitas Mutter ihrerseits, auch sie ein großes V – Victoria – (der sieghafte Buchstabe kehrt in diesen verwobenen und ineinandergewachsenen Biographien immer wieder), Victoria war die illegitime Tochter des Lord Sackville mit einer spanischen Tänzerin – Pepita. Das tat der gesellschaftlichen Unangefochtenheit keinen

Abbruch, selbst als später Prozesse um die Abkunft geführt werden, vom begeisterten Publikum und der Boulevardpresse gierig verfolgt, bleibt nichts an den Akteurinnen hängen.

Wenn man aus einer Welt wie Knole kommt, darf man alles. Knole, Schauplatz so vieler Lieben und so vieler Verrücktheiten: Es gibt ein Zimmer, das ganz aus gehämmertem Silber gemacht ist, heute leuchtet es den Besuchern verwirrend und überwältigend kitschig aus dem konservatorischen Dunkel des für die Öffentlichkeit zugänglichen Teils von Knole entgegen. Ursprünglich für einen gewissen König James I. gestaltet, diente es schon den Liebesspielereien von Vitas Mutter, oder soll man sagen, den Spiegelungen?

Später wird Harold Vita in diesem Zimmer zum erstenmal küssen: Aber bei den Küssen sind wir noch lange nicht und auch nicht bei den Statisten und Hauptdarstellern im Vieleck der amourösen Geometrie, um die es in dieser Geschichte geht.

Vita ist zwölf Jahre alt, als sie Violet, die zwei Jahre Jüngere, kennenlernt. Vita ist ein eckiges, mit mehr als den altersüblichen Komplexen behaftetes einsames und snobistisches Kind. Violet, von der ihre Schwester Jahrzehnte später sagen wird, sie sei niemals jung gewesen, ist umgänglicher und hübscher. Beide haben Mütter, die so öffentlich liebenswürdig sind, daß es für die dazugehörigen Töchter zu massiven Schädigungen führen muß. Lady Sackville und Mrs. Keppel behaupteten ihre Plätze in der Gesellschaft, indem sie sachte – und manchmal recht hörbar – an deren Gesetzen kratzten. Dennoch hatte Lady Sackville der Konkubine des Königs das Haus verboten – es ist zu vermuten, daß dies mehr aus Neid als aus moralischer Entrüstung geschah.

Vita und Violet schreiben einander Briefe. Violet schreibt über Dichtkunst, über die Welt und über ihre empfindsame und kultivierte Seele, Vita antwortet mit Berichten über ihre Hunde, über Karnickel und Pferde.

Vielleicht hatte bei Violet die Liebe damals schon begonnen. Vita hat die Freundin gern, aber nicht sie ist es, die ihr eine innere Teilung, ein Auseinanderklaffen ihrer Gefühle und Begierden bewußt macht. Erst einmal verliebt sie sich in Harold und liebt Rosamund Grosvenor, die ihren Briefen nach eine ziemlich süßliche und devote Person gewesen sein muß.

Zu keinem Zeitpunkt ihres Lebens hat Vita sich in der Liebe mit einem einzigen Menschen zufriedengegeben. Es war, als lebten in ihr zu viele Spielformen davon, als daß in einer Person, einem Gegenüber, alle vereinigt werden konnten. Für Rosamund empfindet sie Leidenschaft – der sie aber erst spät und nur für kurze Zeit nachgibt –, Harold liebt sie und bleibt bei dieser Liebe ihr Leben lang, auch und gerade nachdem das Begehren sich von der Liebe abgespalten hat.

Nur auf dem Humus dieser nie bestrittenen, nie erkalteten, nie vernachlässigten Liebe zu Harold, ihrem Mann, konnten Vitas andere Lieben aufgehen. Nur dadurch hat sie sie auch überstanden.

Violet, die Reifere und Klügere von den beiden, liebt Vita schon, als die noch ein dumpf ahnendes Fohlen von 1,82 Meter Länge und trägem Verstand ist.

Die sechzehnjährige Violet an die achtzehnjährige Vita: »Ich liebe Dich, Vita, weil ich so hart um Dich kämpfen mußte. Ich liebe Dich, weil Du mir nie den Ring zurückgegeben hast, den ich Dir lieh. Ich liebe Dich, weil Du nie kapitulieren wirst. Ich

liebe Dich um Deines scharfen Verstandes willen, Deines literarischen Ehrgeizes, Deiner unschuldigen Koketterie. Ich liebe Dich, weil Du nie meine Liebe anzuzweifeln scheinst. Ich liebe an Dir das, was auch in mir ist, nämlich Phantasie, Begabung für Sprachen, Geschmack, Intuition und eine Menge anderer Dinge. Ich liebe Dich, Vita, weil ich Deine Seele erblickt habe.« Hat sie wirklich? Vielleicht ist es klarer, wenn man sieht, daß die Jüngere die Ältere als Entwurf zu erkennen in der Lage ist, besser als diese sich selbst. Vita verharrt noch in einer trägen Kreatürlichkeit, einem eigentümlich starren Ich-darf-alles-Gefühl, das von der Verschwiegenheit und der Verdrängung lebt. Sie hat sich in das Land Italien verliebt, sie betet die Landschaft, das Licht und die Kunst an, eine für gebildete Engländer nicht ungewöhnliche Neigung. Violet geht das auf die Nerven, und sie schreibt – ein Jahr später, da ist sie siebzehn – Vita einen Brief, der die ganze Raserei androht, an die Vita wahrscheinlich nicht einmal zu denken in der Lage ist, die aber zwischen ihnen ausbrechen wird.

Violet weiß und bereitet geduldig und zäh den Weg in den Abgrund vor. »Ich möchte Dich aus Italien wegreißen, Dich auf beide Wangen ohrfeigen und Dich weit weg auf eine Vergnügungsreise entführen, weit weg von allem, was wie ein Betäubungsmittel auf eine Wesensart wirken könnte, die, nach Deinen letzten beiden Briefen zu schließen, halb zu schlafen scheint. Mein Gott, mein Gott, wie kann ich diese olympische Ruhe erschüttern, die meine purpurnen und scharlachroten Erinnerungen an Dich auslöscht! Zuerst müssen wir nach Spanien gehen... Folge mir überall hin! Ich werde Dir Augen von dunklem Samt zeigen, den Fandango, sich wellende Leiber... Folge mir, folge mir! ich werde Dich zwingen eine Hand zu sehen, die zum Schlag ausholt, Blut, das insgeheim vergossen wird... ich werde Dir Wahnsinn zeigen, Vita, Wahnsinn, hörst Du?«

Nein, sie ist wohl wirklich nie jung gewesen, Violet Keppel, die Tochter der Mätresse des Königs, die ihre Briefe in den Farben des Sexus malt, purpurn und scharlach, und in ihnen das schwüle Klima von Aubrey Beardsley oder Oscar Wilde heraufbeschwört. Dennoch wirken die Briefe dieses edwardianischen Teenagers nicht epigonenhaft, sondern wirklich fiebrig. Sie hatte noch sieben Jahre zu warten, bis Vita ihr anheimfiel, sieben Jahre wie in der Bibel.

Es liegt in der Natur solcher Liebesgeschichten, daß der späte Voyeur, das Publikum, den Alltag der Akteure ausspart und eine Art Dauerverrücktheit mutmaßt. Vita und Violet kommen dieser Art Liebesvoyeurismus sehr entgegen. Dennoch: Da sind Reisen – auch voneinander weg –, andere Menschen, Zuneigungen, familiärer Ärger, Langeweile – Jedermann- und Jederfraugefühle, wer wird das bestreiten wollen, auch wenn die Biographien das aussparen, wie sie es immer tun.

Vita und Violet aber rettet immer wieder die Umgebung, in der sie sich bewegen, vor der Banalität. Schlösser und Parks, Botschaftervillen und »lange Tafeln mit Obst, Orchideen und Goldgeschirr«, und natürlich keine »bedint«! Das muß man nun erklären, dieses selbsterfundene Familienwort, das wahrscheinlich aus einem verballhornten Deutsch kommt und alles bezeichnet, was nicht Klasse hat, was irgendwie spießig ist oder devot oder langweilig oder nicht ganz dazugehörig oder konventionell – »bedint« eben. Seltsamerweise weiß man sofort, was das Wort meint.

Ihr Leben lang wird Vita so bleiben, rebellisch und stockkonservativ, apolitisch bis zur Idiotie, arrogant, aber ebenso verletzlich. 1913 heiratet sie ihre große Liebe Harold, nach vielem Hin und Her, Seelenkrämpfen und brieflichen Mißverständnissen, aber auch schönsten Übereinstimmungen. Sie hat ihren Anker geworfen fürs Leben, was sie natürlich noch nicht weiß. Fünf Jahre später ist sie bereit für eine Reise in den Wahnsinn, denn sie weiß, daß der Anker halten wird.

Welche von beiden leidet mehr? Jedes längst verblichene Liebespaar, das zu beschreiben wir uns anmaßen, verlangt gebieterisch eine Entscheidung, nämlich: auf welche Seite der Schreibende sich begibt oder gezogen wird – auch tote Liebende haben erstaunlich viel Kraft. Ich bin auf Vitas Seite gelandet, obwohl die elegantere, intelligentere und ironischere Violet so viel mehr leiden muß oder gerade deshalb.

Vita scheint diese winzige unberührbare Stelle in ihrem Inneren zu haben, die wir – mit einem falschen Wort – Stolz nennen oder Haltung. In Wirklichkeit ist dieser kleine, empfindungslose Teil ganz innen ein Rest kosmischer Einsamkeit, den nicht viele Menschen haben. Vita scheint ihn gehabt zu haben, und Jahrzehnte später, wenn sich alle Stürme gelegt haben, werden wir ihr in Sissinghurst wiederbegegnen, wenn sie ihren Garten erschafft. Der nämlich wird außer ihr wichtig sein, nach ihr, ohne sie. Vita wußte das zum Schluß und hat es wahrscheinlich schon früh geahnt.

Violet schreibt Vita zu deren Verlobung einen sarkastischen Brief, aus dem eine große Qual spricht. Vita ist glücklich mit Harold, bekommt ihre Söhne, ein Baby stirbt bei der Geburt. Sie ist also eine erwachsene Frau, Ehefrau und Mutter, Schriftstellerin in nuce, geschrieben hat sie immer, ernsthaft und unermüdlich.

Es kommt also dieser 18. April, Violet sagt sich bei der ferngerückten Freundin zu einem Landaufenthalt an, und es fügt sich, daß Vita an diesem Tag zum erstenmal Hosen trägt, Landarbeiterhosen, und über die Zäune springt, den »lebenssprühendsten Tag ihres Lebens« hat. Abends sprechen die beiden miteinander, am Feuer, alle Bedienten sind längst zu Bett, Harold, notwendiger, schicksalhafter Zufall, ist in der Stadt geblieben.

Violet hört nur zu (das war geschickt von ihr, schreibt Vita später), wie Vita mit heiser werdender Stimme alles aus sich herausredet, ihr Doppelwesen, wie sie es nennt. Vita wacht auf in dieser Nacht, und Violet, die alles längst gewußt hatte und endlich am Ziel war, »ließ sich völlig schlaff und passiv in Vitas Arme sinken«. So beginnen die vier Jahre des Wahnsinns, die Fastzerstörung und die verrückte Freude nehmen ihren Anfang und sind, als Vita ihr Bekenntnis schreibt (1920), noch nicht vorbei.

Diesem Bekenntnis, das ihr Sohn mehr als vierzig Jahre nach den Ereignissen in ihrem geheiligten Arbeitszimmer in Sissinghurst gefunden hat, verdanken wir jene Geschichte einer Passion, die so ungeschützt wohl vorher noch nie beschrieben worden ist.

Sie hat sich 1920 zurückgezogen und aufgeschrieben, was ihr da mit dieser Frau geschehen war, sie hat nichts ausgelassen, obwohl im Text immer wieder etwas wie Scham oder Schmerz zu spüren ist, auch Schmerz um Harold, von dem sie zu diesem Zeitpunkt wohl noch nicht weiß, wie exakt auch er ihrem Begriff des Doppelwesens entspricht. Sie wendet sich mit großer Aufrichtigkeit an eine Nachwelt, von der sie

Die Liebe ist wie das Feuer: ein Geschenk der Götter, das alle zu verzehren droht, denen es in den Schoß fällt wie Vita und Violet.

annimmt, daß sie vernünftiger und aufgeklärter sein wird als ihre Zeitgenossen: »Ich glaube, daß dann die Psychologie von Menschen wie mir von Interesse sein wird und man erkennen wird, daß viel mehr Menschen meines Typs existieren, als unter dem heutigen System der Scheinheiligkeit allgemein zugegeben wird.« Lasterhaften Neigungen bei Lesern, schreibt sie, wünsche sie in keiner Weise entgegenzukommen. Vita verteidigt die Liebe zwischen gleichgeschlechtlichen Wesen nicht, sie glorifiziert sie nicht, sie stellt Frauen nicht als die besseren oder liebevolleren Menschen dar: Aber sie zeigt in ihren Konfessionen immer wieder, daß es nicht möglich ist, gegen etwas, das sich mit einer solchen Macht ereignet, anzugehen.

Violet und sie verleben einen wunderbaren und übermütigen Sommer. Die Verteilung der Rollen – etwas, das von den Theoretikerinnen der Liebe immer erbittert bestritten wird – ist bei ihnen beiden nicht zu übersehen. Bald wird Vita zu Julian werden: Verstecke, Flucht, Verkleidung – die Beziehung bekommt venezianische Qualitäten. Sie bleibt natürlich auch nicht auf Dauer verborgen, Harold ist verwirrt und beleidigt, kann das Ganze aber in seinen Dimensionen zunächst nicht verstehen.

Die immer bizarrere Lady Sackville hängt sich ins Drama, die Orte wechseln, die Fluchten werden hektischer und rücksichtsloser. Selbst in ihrer Zwischenbilanz versucht Vita, das zunächst einmal herunterzuspielen, eine Verzückung sei es gewesen und unendliche Eskapade, Mondnächte, das ganze Pandämonium der Liebe, die man sich so wirklich nur auf Schlössern, Schiffen oder in Badeorten vorstellen kann – oder in Paris.

Da waren sie dann auch, im Palais Royal wohnten sie (natürlich), und Vita, die Riesin, spaziert als verwundeter Soldat verkleidet mit ihrer kleinen Freundin unerkannt durch die Stadt. Ein Spiel? Oder der Rausch, alles zu dürfen und Gesetze zu verlachen? Sie benutzt die Verkleidung auch in London: »Niemals habe ich mich so frei gefühlt als in diesem Augenblick, da ich allein Piccadilly hinabging und wußte, daß meine eigene Mutter, wenn ich ihr von Angesicht zu Angesicht begegnen würde, mich nicht erkennen würde.«

Die Sache verliert aber mehr und mehr ihren spielerischen und luxuriösen Charakter. Denys Trefusis will Violet heiraten, und Violet benutzt ihn – der sie offenbar wirklich liebt – als Druckmittel: Vita soll sich ganz zu ihr bekennen, sie entführen, mit ihr zusammenleben. Davor schreckt Vita zurück, sie entscheidet sich gegen die Trennung von Harold, und es beginnt eine wilde, tränenüberströmte Hinundherreiserei. Abwechselnd jagen oder fliehen die Akteure einander, die zwei Männer und die zwei Frauen verirren sich in eine erotische Danse macabre, die plötzlich ihre ganze Gefährlichkeit offenbart.

Beide Frauen denken an Selbstmord, Harold versteckt sein Entsetzen nicht mehr hinter der erlernten Haltung des Diplomaten, und Denys möchte Vita töten. Violet greift zum letzten Mittel, verlangt von Denys den Verzicht auf sexuelle Beziehungen und willigt ein, ihn zu heiraten. Wieder, wie so oft, benutzt Vita die Begriffe der Betäubung und des Wahnsinns.

Die beiden treffen sich nach Violets Hochzeit in Paris, und Vita schreibt: »Ich hatte inzwischen Versailles verlassen und wohnte allein in einem kleinen Hotel. Dorthin nahm ich sie mit, behandelte sie brutal, liebkoste sie, besaß sie, es war mir alles egal,

ich wollte nur Denys wehtun, obwohl er gar nichts davon wußte.« Das ist eine sehr »männliche« Art, mit dem immer unlösbarer erscheinenden Konflikt umzugehen, und Violet hat eine sehr »weibliche« Haltung dazu.

Vita könne sich ihren Zustand nicht vorstellen, schreibt sie, den ganzen Morgen habe sie nur geweint, und sie sei so unglücklich, außerdem gebe es kein freies Schlafwagenabteil, sie wolle nicht getrennt sein von Vita, sie könne es nicht ertragen. Wir können kaum glauben, daß das die Briefe jener funkelnd formulierenden Violet sind – nichts mehr von der Ironie, vom Hochmut und der hübschen Spottlust, die an ihr so auffielen. Auf Bildern aus dieser Zeit ist ein verquollenes Gesicht zu erkennen, aber vielleicht bildet sich der späte Betrachter das auch nur ein, nachdem er sich durch so viele briefliche Tränen gearbeitet hat.

Dieses Jahr 1919 hat es in sich – es folgen weitere Reisen, hintereinander her, Flucht und die Erbitterung der jeweiligen Ehepartner. Harold verabscheut Violet – wenn er das auch bisweilen unter scheinbarem Verständnis verbirgt –, und Denys hält Vita für die Verführerin seiner Frau, mit der er, wie er behauptet, ein durchaus normales und inniges Verhältnis hat.

Die Briefe, die Violet Vita hinschleudert, sprechen allerdings eine andere Sprache, aber man kann sich in diesem Stadium auf die Ehrlichkeit keines der Beteiligten verlassen. Nur scheint die Richtung des Feuers sich gedreht zu haben: Vita ist jetzt süchtiger nach Violet als umgekehrt, die Existenz des »anderen Mannes« hat sie zu dem gemacht, was Harold eine »kokainsüchtige Qualle« nennt. Einer solchen gleiche sie, schreibt er, sobald sie in Violets Hände falle.

Auch das Jahr 1920 bringt keine Abkühlung, und die beiden Frauen planen erneut ihre gemeinsame Flucht. Es ist eine überwältigende sexuelle Freude, die beide immer wieder dazu treibt, sich über alles hinwegzusetzen, was ihnen selbst an gesellschaftlichen Gratifikationen wichtig ist – ungeachtet des mondän erscheinenden Lebensstils sind sie nicht reich und ahnen, daß ein gemeinsames Leben in dieser Hinsicht schwierig sein würde.

Im Februar 1920 spitzt sich die Situation zu, alle wissen, daß die beiden nicht voneinander lassen können, und versuchen, sie zu bewachen. Dramatische Überfahrten nach Frankreich, Testamente und die sensationsgierige Lady Sackville, die in ihrem Tagebuch ungerührt schreibt: »14. Februar 1920. Keine Nachricht von Vita. Ich habe den ganzen Tag an diese beiden Ehemänner denken müssen, die nach Amiens fliegen, um jeder für sich zu versuchen, seine Frau zurückzubekommen; ganz wie in einem Sensationsroman.« Amiens wird der Anfang vom Ende dieses Amour fou, einem langen Ende allerdings, und die Wahrheit über die Gründe muß der Voyeur in seinem eigenen Herzen suchen.

Vitas Sohn Nigel, der liebe- und verständnisvolle Herausgeber der erstaunlichen Liebesgeschichten seiner Eltern, meint, die beiden hätten sich der Konvention gebeugt, und die Untreue Violets sei nicht der Hauptgrund für das Scheitern ihrer Fluchtträume geworden.

Violet hatte mit Denys geschlafen. Es explodiert in der Folge ein solches Feuerwerk an Lügen und Halbgeständnissen, an Schwüren, Verleugnungen und Entschuldigungen, daß die Frage nach den wahren Ereignissen nicht mehr beantwortet werden kann.

Violet droht, sich umzubringen, und gibt

diese Waffe lange nicht mehr aus der Hand. Vita, die nervös beklagt, daß sie nicht mehr arbeiten könne und ganz leer sei, wird durch diese Drohung vorübergehend gelähmt, auf Dauer aber gerettet. Denn Vita, von ihrer Geliebten und deren »Untreue« verletzt, reagiert auf Bedrängnis mit wilden Befreiungsschlägen – wie eine Hilfsarmee gruppiert sie die Familie um sich, die trotz ihrer Merkwürdigkeiten geliebte Mutter, die mit schlechtem Gewissen lang vernachlässigten Söhne und als wichtigsten Verbündeten den Ehemann, den sie wie eh und je liebt.

»Denk doch daran, wieviel glücklicher Dein Leben ist als meins«, schreibt Violet in einem ihrer verzweifelten Briefe. Das weiß Vita und auch, daß die sinnliche Faszination einen unheilbaren Riß erfahren hat.

Schon in der brennendsten Phase, als Vita erschöpft und überklar ihr berühmtes Resümee zieht, schreibt sie: »Man sollte sich den Luxus, den Kopf zu verlieren, nicht gestatten.« Nur wenig später: »Mein Haus, mein Garten, die Wiesen und Harold, das waren die Schweigenden, die nur durch ihre Eigenschaften der Reinheit, der Einfachheit und des Vertrauens für sich sprachen.« Das Clair-obscur der Leidenschaft hat Vita hier in aller Unschuld beschworen.

Während Violet wahrscheinlich schon als Kind wußte, daß es etwas jenseits von Schuld und Sünde gibt, das Unausweichliche, den mörderischen Gott, der jeden Wahnsinn erlaubt und verlangt, hat Vita nie das Gefühl des Unerlaubten, des Schmutzigen und Schuldhaften verloren. Sie nimmt es zwar für sich in Anspruch, dieses Recht auf Verstrickung, weil sie gar nicht anders kann, aber gleichzeitig haßt sie dieses Nichtanderskönnen. Deshalb macht sie den Riß von Amiens, den »Betrug«, umsichtig und unbewußt tiefer, als er ist. Sie rettet sich, weil Violet ihr das Instrument zur Rettung in die Hand gegeben hat, den Anker: die Eifersucht, die wahrscheinlich für Vita das Juwel dieser Beziehung blind gemacht hat. Sie waren nicht mehr unvergleichlich. Und nirgendwo gilt der Satz »Gleiches Recht für beide« weniger als in der Liebe. Violet durfte nicht wie Vita leben. Sie hätte exklusiv bleiben müssen, nur das konnte Vita sich auf Dauer verzeihen.

Fluten von Briefen ergossen sich über die Länder, in denen beide umherhetzten. Aber 1922 schreibt Vita an Harold: »Nicht für eine Million Pfund möchte ich mit Violet wieder etwas zu tun haben, auch wenn es Dich nicht gäbe, den ich von Grund aus, tief und unheilbar, liebe. Ach ja, ich weiß, Du wirst sagen: Aber Du hast mich auch damals geliebt, und trotzdem bist Du mit ihr auf und davon gegangen. Das stimmt. Ich liebte Dich und liebte Dich überhaupt immer während all dieser erbärmlichen Jahre, aber Du weißt doch, was blinde Leidenschaft ist, und ich war eben von Sinnen.« Erbärmliche Jahre nennt sie die Zeit ihrer ungeschützten Liebe. Vielleicht muß sie sie so nennen, um sich von ihr zu befreien.

Viele, viele Jahre werden die beiden sich nicht sehen. Violets Ehe wird wider alle Erwartungen zu einem Erfolg, ihr Leben nach Denys' frühem Tod verläuft bunt und kraftvoll. Sie war der Mittelpunkt einer glänzenden Pariser Gesellschaft, gescheit wie immer, unkonventionell und aufregend.

Ganz anders Vita: Sie intensivierte nach all den Stürmen ihre größte Liebe, die zu den Gärten. Es scheint, als ob sie nach all dem keine Aufregung, aber auch keinen äußeren Erfolg mehr brauchte. Daß man sie als Schriftstellerin schätzt, ruft bei ihr ein rührendes Erstaunen hervor. Das Wichtigste

aber bleibt Sissinghurst, das sie zu einem Kleinod macht, unermüdlich, besessen. Selbst die Reisen, die sie mit Harold unternimmt, dienen der Pflanzenbeschaffung.

Harold dagegen lebt ein ganz nach außen gerichtetes Leben – sie haben die Rollen getauscht und sind es zufrieden. Am Anfang war Harold der Hafen, das ruhige, verläßliche Gewässer – nun ist sie es, das gesellschaftliche Leben bleibt ihr ein Greuel und wird unsichtbar hinter den Blüten des weißen Gartens und im Duft von Rosen und Thymian. Während ich dies schreibe, sehe ich eine fedrige, getrocknete Blüte aus Sissinghurst zwischen den Seiten von Nigel Nicolsons »Porträt einer Ehe«. Vita ist längst tot, Sissinghurst hat sie uns hinterlassen, und trotz der Besuchermassen und Souvenirläden kann es geschehen, daß man plötzlich in einem von Hecken eingefaßten Gartengeviert ganz allein ist. Über den Buddleias schaukeln die Pfauenaugen, den Blick hält ein steinerner Gott fest, und die dunkelrosa Mauern des Turms reflektieren das Licht. Vorher haben wir scheu über die Samtschnur in ihr Arbeitszimmer geguckt, eine Korallenbank von Erinnerungen aus Bildern, Büchern, Schuhen (Pepitas Tanzschuhe), Fotos und Blumen. Getrocknete, schmerzlos gewordene Lieben. Denn die gab es natürlich trotz der vermeintlichen Einsamkeit von Sissinghurst immer noch – bis zu ihrem Lebensende ist sie eine Vielgeliebte geblieben. Aber nicht einmal ihre Affäre mit Virginia Woolf erreichte nur annähernd die Verrücktheit (im Wortsinn), die sie in den Jahren zuvor mit Violet erfahren hatte. Der Zweite Weltkrieg bringt die beiden wieder zusammen, 1940 flüchtet Violet nach England (von Frankreich) und kommt nach Sissinghurst. Vita schreibt: »Luschka, was für ein gefährliches Wesen Du bist. Ich glaube, es wäre besser, wenn wir einander nicht zu oft sehen. Wir haben einander zu viele Jahre lang zu tief geliebt, und wir dürfen nicht wieder mit dem Feuer spielen... Allein schon der Klang Deiner Stimme am Telefon bringt mich aus der Fassung...«

Nach dem Besuch schreibt sie: »Ich will mich nicht wieder von neuem in Dich verlieben... Mein stilles Leben ist mir zu teuer... Aber wenn Du mich wirklich brauchst, werde ich immer zu Dir kommen, überallhin.«

Im herbstlichen Garten von Sissinghurst, am Ufer des Flusses, der unmerklich den Garten in die Landschaft geleitet, werden die Blüten langsam blasser und duften, während sie vertrocknen, noch einmal besonders heftig. Harolds und Vitas Schatten gehen freundlich über die Wege – fremde Wege. Wegen der vielen Besucher mußte man sie befestigen. Das mißbilligen die Schatten wohl ein wenig, ebenso die allzu große Ordnung. Vita hat immer gewollt, daß Pflanzengäste, die sich wild ansiedelten, eine feste Heimat bei ihr haben sollten.

Die Rosen sind wild und üppig wie ehedem. Hier ist Lebenszeit eingemündet. Der Garten, wenn man ihn zu lesen versteht, erzählt alle Geschichten noch einmal, aber er überwuchert sacht den Schmerz. 1950 schreibt die achtundfünfzigjährige Vita an die sechsundfünfzigjährige Violet: »Es ist da etwas sehr Sonderbares zwischen Dir und mir, Luschka. Ist immer dagewesen.«

Vielleicht wird jemand einst in Sissinghurst stehen und spüren, daß nur die Flucht vor einer wahnsinnigen Liebe und die Erinnerung an sie so einen Garten erschaffen konnten. Vielleicht wird man einst wissen, daß wirkliche Gärten nur aus diesem Grund entstanden sind: als trotzige Neuschöpfung Edens nach dem Sündenfall.

Nur kein Skandal, arrangiere dich bitte!

Ferdinand Lassalle
und Sophie von Hatzfeldt
Von Annette Seemann

Schlimmes Leben: Die Hölle durchlitt Gräfin Sophie von Hatzfeldt bei ihrem Mann, dem Grafen Edmund von Hatzfeldt-Wildenberg. Er sei ein sadistischer Tyrann, schrieb Ferdinand Lassalle, ihr Advokat und Geliebter, in der Scheidungsklage.

Berlin, Januar 1846. Soeben ist der junge Philosoph Ferdinand Lassalle aus Paris zurückgekehrt. Er hat Heinrich Heine kennengelernt, und als dessen Beauftragter in einer Erbangelegenheit weiß er sich nun in die eleganteren Berliner Salons einzuführen, die ihm, dem einzigen Sohn eines Breslauer Juden und Seidenhändlers, zuvor verschlossen waren. Lassalle, der vor seiner Reise noch Lassal hieß, nutzt die Gunst der Stunde, plaudert mit den Damen und schindet bei den Herren mit Wissen und klugen Gedanken Eindruck. Meist tritt er mit seinen beiden Freunden auf, dem Assessor am Berliner Kammergericht, Felix Alexander Oppenheim, und dem Arzt Arnold Mendelssohn, einem Enkel des Philosophen Moses Mendelssohn. Und bald spricht Berlin von den »drei Musketieren«.

In dieser Konstellation begegnet Lassalle der Gräfin Sophie von Hatzfeldt, die sich in großer Bedrängnis befindet. Sofort ist er von der einundvierzig Jahre alten Frau beeindruckt: »Eine majestätische Gestalt, in deren edel geformten Gliedern ein gewisser Rhythmus vorherrschte, welcher mehr als einen Mann ergriff und gewann, schön geschnittene Gesichtszüge, schweres goldiges Haar, ein vornehmes, natürliches Benehmen, ein ruhiges Wesen, eine einfache, verständige Art, sich auszudrücken – das waren die Waffen dieses als eine gefährliche Sirene besprochenen Weibes.« Nicht alle Zeitgenossen urteilen jedoch positiv über das Aussehen der Gräfin Sophie. Im Jahre 1881 beschreibt A. Kutschbach sie so: »Keineswegs sympathische Gesichtszüge, einen sinnlichen, von einem kleinen schwarzen Schnurrbart umrahmten Mund, eine Stumpfnase und einen echten Mulatten-Teint... sie soll geldgierig, absonderlich, corpulent und dumm gewesen sein.«

Alle überlieferten Porträts – darunter auch Fotografien – der Gräfin Hatzfeldt zeigen eine in den Jugend- und mittleren Jahren überaus schöne, später noch immer bemerkenswerte Frau. Lassalles Äußeres war unscheinbarer, er war von mittlerer Größe, äußerst mager, zuweilen nannte man ihn deshalb den »wandelnden Tod«, aber es muß von ihm, besonders von seinem Blick, seiner Körperspannung und seiner Rede etwas Unbezwingbares ausgegangen sein.

Lassalle erfährt, daß die schöne Gräfin beabsichtigt, sich von ihrem Ehemann, mit dem sie seit ihrem siebzehnten Lebensjahr verheiratet ist und drei Kinder hat, zu trennen. Der Ehemann willige nicht in diese Scheidung ein, verweigere Sophie von Hatzfeldt jegliche Unterhaltszahlung, entziehe schon seit langem die Kinder ihrer Erziehungsgewalt und zeige sich in jeder Weise als ein von seinen Trieben beherrschter, pervers-sadistischer Tyrann.

In seinem überschäumenden Ehrgeiz und Idealismus sieht der junge Systemkritiker und Hegelianer sofort, daß es sich hier nicht nur um das Einzelschicksal einer mißhandelten und unterdrückten Frau handelt, sondern daß er in seinem Eintreten gegen Edmund Graf von Hatzfeldt auch dem überkommenen Feudalsystem den Kampf ansagen kann. Schon als Fünfzehnjähriger hatte er seinem Tagebuch anvertraut: »Ja, ich will hintreten vor das deutsche Volk und vor alle Völker und mit glühenden Worten zum Kampfe für die Freiheit auffordern. Ich will nicht erschrecken vor dem drohenden Augenzucken der Fürsten, ich will mich nicht bestechen lassen von Bändern und Titeln, um, ein zweiter Judas, die Sache der Freiheit zu verraten.« Nun fühlt er seine Stunde gekommen, und indem er Sophie

von Hatzfeldts Sache zu seiner eigenen macht, beginnt das, was Lassalles erste und einzige wahre Liebe werden sollte, »das Wort in dem sublimiertesten Sinne genommen«: »Ich sah vor mir, in der Person eines einzelnen individuellen Lebens, die Verkörperung aller empörenden Ungerechtigkeiten der veralteten Welt, die Verkörperung aller Mißbräuche der Macht, der Gewalt und des Reichtums, gerichtet gegen den Schwachen, allen Druck unserer sozialen Ordnung... ich sah den vollen Egoismus, die ganze Feigheit der aristokratischen Welt, welche dieses edle Wesen ihren herzlosen und angefaulten Vorurteilen opferte.« Hier ist Lassalle, sein rednerisches Pathos, sein demagogisches Geschick, schon ganz und gar entwickelt. Welche Missetaten hatte Edmund Hatzfeldt denn begangen, um zur Zielscheibe dieser geballten Rhetorik zu werden?

Die Ehe zwischen Sophie Prinzessin von Hatzfeldt-Trachenberg und dem preußischen Kammerherrn und Malteserritter Graf Edmund von Hatzfeldt-Wildenberg, der seinen Sitz auf dem Wasserschloß Kalkum bei Düsseldorf hatte, war im Jahre 1822 geschlossen worden, um zähe Streitigkeiten der beiden Linien um Majorate, Erbfolge, Standesrechte und Titel zu schlichten. Hierbei zog der wesentlich ältere Graf, der ein »ausschweifendes Männerleben« führte, die junge Sophie ihren beiden älteren Schwestern nur deshalb vor, weil sie für unentwickelt und daher leicht lenkbar galt, sich wahrscheinlich also nicht gegen die Debauchen ihres Eheherrn auflehnen würde.

Falsch gedacht! Wenn im Jahre 1854 endlich der Scheidungsklage stattgegeben worden sein wird, die auf siebenundachtzig Folioseiten die Vergehen Edmunds gegen die physische, psychische und sittliche Integrität seiner Gattin aufführt, wissen Lassalle und die Gräfin Sophie, was sie geleistet haben, und klingende Münze wird beide belohnen. Lassalle übernimmt sein Advokatenamt nicht umsonst. Im Falle eines Erfolgs, sprich: Scheidung und standesgemäße Abfindung durch Hatzfeldt, einen der reichsten Männer Deutschlands, wird der Sohn des Heyman Lassal aus Breslau – auch dieser ist inzwischen nicht mehr Seidenspinner, sondern Beteiligter an der Breslauer Gasanstalt, mithin Aktionär und Kuponschneider – eine Leibrente in Höhe von viertausend Reichstalern monatlich erhalten, einen Betrag also, von dem selbst ein anspruchsvoller Bonvivant wie Lassalle gut und sorglos, ohne für Geld arbeiten zu müssen, leben kann.

Im Jahre 1825, vier Tage bevor in Breslau Ferdinand Lassalle das Licht der Welt erblickte, brachte die Gräfin Sophie den Erbfolger Alfred zur Welt, 1828 die Tochter Melanie, 1831 den Sohn Paul. Hinter diesen dürren, dem Gotha entstammenden Daten stand eine andere Wirklichkeit. Da gab es die erste Entbindung im Jahre 1823, eine äußerst schwere, bei der die Ärzte sich um das Leben der Gräfin sorgten. Sie mußten das Kind mit Zangen holen, doch es war tot. In der Anklageschrift Lassalles wird über die einfühlsame Handlungsweise des Grafen gehandelt: »In der Nacht nach der Entbindung, als die Gräfin in den fürchterlichsten Schmerzen sich wand, vollzog – fünf Zeugen werden darüber deponieren – der Graf mit der Gräfin Nesselrode bei halb offener Tür den Beischlaf. Die in Lebensnöten ringende junge Frau bemerkte es und weinte bittere und laute Tränen. So wurde durch eine Bestialität ohnegleichen Namen und Gestalt des Menschen geschändet.« Der Graf schlägt seine Frau auch mit der

Reitpeitsche, wenn sie nicht gehorcht, er befiehlt oder verbietet ihr den Umgang mit Menschen, setzt sie in ein Schloß, schickt sie fort nach Belieben, hält das Personal an, ihr nicht zu Diensten zu sein, nimmt ihr die Kinder fort und ist maßlos in seinen sexuellen Begierden: »Kein Frauenzimmer im ganzen Hause ließ der Graf unangefochten, ja er ging so weit in seiner Begierde, solche Frauenzimmer, die sich weigerten, durch List und Gewalt zu forcieren. Kein Dienstmädchen, das er nicht beschlafen oder wenigstens angefallen hat, kein noch so depraviertes Frauenzimmer in Düsseldorf, das der Graf Hatzfeldt nicht sein genannt, keine Kupplerin in der ganzen Stadt, die er nicht beschäftigt hätte... Werfen wir einen flüchtigen Blick auf das Treiben des Grafen in der Standesherrschaft. Unter Tränen und Weherufen schallt uns hier der allgemeine Schrei entgegen, daß der Graf, er und seine Beamten, den Notstand seiner Eingesessenen, seine Macht, Gerichtsbarkeit und Stellung mißbrauche, um seinen Untertanen die Stundung ihres elenden Daseins für die Schande ihrer Frauen und Töchter zu verkaufen. Alles, selbst die Frauen seiner Förster, Oberförster und Rentmeister, muß ihm herhalten.«

Natürlich hatte Sophie von Hatzfeld versucht, über ihre Brüder und andere Verwandte Einfluß auf den Grafen zu gewinnen, ihn zu einer Verhaltensänderung zu bewegen. Doch nichts fruchtet, er gelobt immer Besserung, unterschreibt alle Verträge, ändert sich jedoch um kein Jota, natürlich nicht, denn seine Veranlagung ist pathologisch. Letztendlich erhält Sophie von Hatzfeldt von seiten ihrer Verwandten, die sich auch bei offen zutage tretendem Unrecht nicht vehement für sie einsetzen, keinerlei Hilfe. Ihrem Wunsch, den Grafen zu verlassen, setzen die Brüder immer wieder beschwichtigende Reden entgegen: Nur kein Skandal, arrangiere dich bitte, du bist es dir und der Familienehre schuldig.

Sophie unternimmt einen letzten Versuch, sich mit ihrem Gatten gütlich zu einigen. Edmund hat dem jüngsten Sohn Paul, der als einziges Kind noch in Sophies Obhut weilt, große Teile seines Erbes entzogen, indem er die entsprechenden Güter seiner derzeitigen Mätresse, der Baronin Meyendorff, schenkt. Sophie, für die dies einen Hauptstreitpunkt darstellt, will ihren Mann treffen und zur Aufhebung der Schenkung bringen. Doch Edmund empfängt seine Frau nicht einmal. Wenn Sophie von Hatzfeldt im Jahre 1846 ihre Sache in die Hände eines Ferdinand Lassalle legt, bedeutet das den offenen Kampf, Gericht und daraus folgend auch den Bruch mit den Verwandten und der »Welt«. Das war ihr klar, kühn vollzieht sie den Sprung ins Ungewisse, die Emanzipation, und ermöglicht damit dem jungen Lassalle, seine erste revolutionäre Tat zu tun: Die sechsunddreißig Hatzfeldt-Prozesse werden die Gerichte acht Jahre lang beschäftigen.

In dieser Phase des Zerwürfnisses kommt Lassalle und den beiden anderen »Musketieren« zu Ohren, die Baronin Meyendorff sei auf der Reise nach Köln. Lassalle, der mit der Sammlung von Beweisen gegen Edmund beschäftigt ist, gibt seinen Freunden den Auftrag, die Baronin zu »beschatten« – vielleicht hat sie Beweismaterial bei sich, sicherlich die wichtige Schenkungsurkunde. Es kommt zum sogenannten »Kassettendiebstahl«, der weite Beachtung findet und zeitlebens an Lassalles Namen geknüpft bleibt. Für geraume Zeit ist die Sache der Gräfin und ihres Anwalts gefährdet, da die Affäre beide in ein kriminelles Licht setzt.

Ob auf Lassalles ausdrücklichen Auftrag hin oder im Mißverstehen desselben, sei dahingestellt: Am 20. August 1846 sehen Oppenheim und Mendelssohn, die sich, wie die Baronin Meyendorff, im Kölner Gasthof »Zur Stadt Mainz« einquartiert haben, den günstigsten Zeitpunkt gekommen, um zuzugreifen. Sie entwenden aus dem Gepäck der Baronin und angeblichen russischen Spionin den Gegenstand, der als einziger das Aussehen hat, die bewußte Schenkungsurkunde in sich zu bergen, eine Holzkassette. Dann entfliehen sie Hals über Kopf.

Tragischerweise enthält die Kassette weder die Urkunde noch überhaupt ein »Beweisstück« gegen Edmund. Lassalle, Oppenheim und Mendelssohn werden vor Gericht gestellt. Der eigentliche Ausführende, Oppenheim, wird freigesprochen. Mendelssohn, der sich freiwillig gestellt hatte, wird verurteilt und hat sein Leben lang unter den Folgen zu leiden. Lassalle, der Anstifter, wandert am 11. Februar 1848 ebenfalls ins Gefängnis, zum ersten Mal: Auf fünf Jahre Zuchthaus lautet die Strafe, doch Lassalle gibt nicht auf und kann sich in der Berufung mit seiner Selbstverteidigung, der berühmt gewordenen Kassettenrede, am 11. August 1848 Freispruch und Freiheit erringen. Die nächsten drei Monate mischt er bei den Achtundvierzigern mit, bis er im November 1848 von neuem »einsitzt«, diesmal, wie in Zukunft immer, als »Politischer«. Sophie ist ob ihres fortgesetzten Verkehrs mit »jenen Menschen« nun für ihre Familie vollends zur Persona non grata geworden, und nach erfolglosen Versuchen ihrer Brüder, sie dazu zu bewegen, von Lassalle abzulassen, ist es Edmund, dem der Geduldsfaden reißt: Durch den bloßen Umstand, daß seine Gattin mit dem Juden Lassalle und dessen Anhang gemeinsame Sache macht, aufs äußerste in seiner Standesehre gekränkt, nun jedoch darüber hinaus in der glücklichen Lage, den Kassettendiebstahl für sich ausschlachten zu können, reicht er flugs im April 1847 die Scheidungsklage ein, in der es unter anderem heißt: »Sophie von Hatzfeld lernte im Jahre 1846 den Jakob (sic!) Lassalle, Sohn eines jüdischen Kaufmanns aus Breslau, kennen und gleichzeitig den Kammergerichtsassessor Oppenheim, Sohn eines jüdischen Bankiers, und den jüdischen Arzt Dr. Mendelssohn ... alle drei hatten ehebrecherischen Umgang mit der Gräfin. Vorzugsweise war dies aber der Fall mit Lassalle.« Damit nicht genug: Graf Edmund hatte offenbar beschlossen, alle künftigen Angriffe zu entschärfen, und bezeichnete seine Gattin erst einmal als Nymphomanin, doch seine Anschuldigungen blieben vage: »Es dauerte nicht lange, so wurde schon der Umgang der Gräfin mit fremden Männern zum öffentlichen Ärgernis der Bewohner von Kalkum; insbesondere traf sie mit einem gewissen Herrn sehr häufig des Morgens früh im nahe gelegenen Forstbusche zusammen. Ende der zwanziger Jahre knüpfte sie ein Verhältnis mit dem verstorbenen Grafen von Nesselrode an, welcher viele Nächte mit der Gräfin in deren Bette zubrachte.«

Es folgt ein »Schlüssellochbericht« über »einen Engländer«, ein Verhältnis mit dem »Holländer Westreen« wird zitiert sowie eines mit einem gemeinen Tafeldecker, durch das die Gräfin öffentliches Ärgernis erregt. In der Anklageschrift werden die fünf sieben bis elf Jahre alten Kinder Sophies als Zeugen für die amourösen Beziehungen der Mutter aufgeführt, die über dabei beobachtete Praktiken Auskunft geben sollen. Im Gegenzug reagierte Sophie mit der erwähnten Lassalleschen Scheidungsklage.

Von 1848 bis 1856 (lediglich von einigen Kur- oder Gefängnisaufenthalten unterbrochen) lebte Lassalle mit seiner Klientin in häuslicher Gemeinschaft in Düsseldorf.

War Sophie von Hatzfeldt vielleicht verdorben, freizügig geworden, nahm sie es mit der Treue nicht so genau und hatte wechselnde Liebschaften, deren eine Lassalle hieß? Offenkundig war in der Jugend ihre große Schönheit. Klugheit, Wärme und faszinierende Ausstrahlung besaß sie noch im hohen Alter. Sie hatte immer viele Verehrer. In Edmunds Replik auf die siebenundachtzig Seiten Lassalles ist nicht mehr die Rede von Engländern, Tafeldeckern und anderem Gelichter. Lediglich drei Anschuldigungen werden aufrechterhalten: erstens das die »Präsumtion des Ehebruchs begründende notorische Verhältnis des mit der Gräfin zusammenwohnenden Lassalle zu der letzteren«, zweitens der Ehebruch mit Herrn von Strantz, drittens der Ehebruch mit dem Grafen Bassenheim. Das 1841 begonnene Verhältnis mit Bassenheim war von Sophie nie bestritten worden, wohl aber die ersten beiden Punkte: Weder Lassalle noch Gräfin Sophie haben sich jemals über den Charakter ihres Verhältnisses Indiskretionen erlaubt. Sie haben darüber hinaus immer abgestritten, intime Beziehungen miteinander gehabt zu haben. Lassalle und Sophie liebten einander, gut, aber welcher Art war ihre Liebe?

Natürlich spielte auf Lassalles Seite das Motiv des Retters und Helfers eine Rolle, gleichzeitig mag die herausragende Stellung Sophies in der Welt und die politische Dimension des Prozesses Lassalles Wünschen nach Profilierung entsprochen haben. Es war wohl auch wichtig, daß sich hier zwei Individuen trafen, die ihre angestammte Rolle zu sprengen trachteten und ganz dem idealistischen Ideal der Freiheit verpflichtet waren. Zwei widersprüchliche, innerlich zerrissene Menschen trafen aufeinander: Sophie, die tiefverwurzelt in den Traditionen ihrer adligen Herkunft bleibt, sich den überkommenen Normen und Werten auch bis zu einem gewissen Grade immer verpflichtet fühlen wird, die aber in vielerlei Hinsicht ihrer Zeit voraus ist, sich »unweiblich« verhält, ihre Meinung ausspricht und gehört wissen will, die das unabhängige Leben praktiziert, Zigarren raucht und politisiert, »rote« Freunde hat, darunter sogar Juden. Lassalle, der Jude, der nichts so sehr haßt wie die Juden, der Schriftsteller, der auch gegen die Literaten immer ins Feld zieht, der Parvenu großen Zuschnitts, der Republikaner und Freund Bismarcks, der Arbeiterführer, der den Geruch der Arbeiter abscheulich findet, Lassalle, der zu seiner eigenen Mutter nie ein inniges Verhältnis gehabt hat und in Sophie auch so etwas wie die ideale Mutter erblickt, die ihn an der Hand nimmt und in die feine Lebensart einweiht, in die Geheimnisse des Geschmacks. Auch das mag den ehrgeizigen Lassalle bestrickt haben. Er beeinflußt, prägt und stärkt Sophie, umgekehrt wird er auch von Sophie beeinflußt, geprägt und gestärkt. So geht es in dieser Beziehung zum einen darum, Formen zu sprengen, Befreiung zu erreichen, zum anderen, sich Formen anzueignen, Regeln zu erstellen: Im Niemandsland der Ideale wollen zwei unbändig willensstarke Menschen die Welt neu bauen.

Es versteht sich von selbst, daß sie auch in Sachen Liebe der Freiheit anhängen, Schlegels Lucinde ist für sie ein nachahmenswertes Vorbild. Die Liste der Lassalleschen Geliebten ist lang. In dieser Hinsicht war er ziemlich wahllos. Seinem Gleichheitsideal gemäß machte er keine Unterschiede zwi-

schen kleinen Näherinnen, Verkäuferinnen und Fabrikarbeiterinnen oder aber glanzvollen Berühmtheiten. So hatte er mit der Tochter eines der berühmtesten Geheimagenten Europas, Agnes Street, geborene Klindworth, ein Kind. Dann wieder bezauberte ihn Ludmilla Assing, Varnhagens Nichte, so sehr, daß er sie Franz Liszt sofort ausspannen mußte. Er liebte Hedwig Dohm, Fanny Lewald und Lina Duncker, die Frau seines Verlegers, Freundes und Förderers – und viele mehr. Was Lassalles Beziehung zur Gräfin Hatzfeld jedoch immer von den zum Teil heftigen Affären unterscheidet und aus ihr »die einzig wahre Liebe« Lassalles macht, ist die unauflösliche Aneinanderkettung dieser beiden Außenseiter. Bei Sophie, die Mutter ist, dennoch nie viel Freude an ihren Kindern haben darf, da sie ihr entzogen sind, kommt hinzu, daß dieser junge Mann genau das tut, was bisher keines und später nur eins ihrer leiblichen Kinder, Paul, über kurze Zeit für sie getan hat: Er verteidigt sie, tritt ein für ihre Würde als Mensch und für ihre Freiheit. Zärtlich gibt sie ihrer mütterlichen Liebe in den Briefen Ausdruck und nennt Lassalle »mein liebes Kind«. Er wiederum bezeichnet die Gräfin als »meinen besten Freund« und begreift den Ehrentitel als über allen ephemeren »Freundinnen spezieller Art« stehend, unerreichbar für jede andere Frau. Böse Zeitgenossen haben von Ferdinand und Sophie als dem Messias und der Muttergottes gesprochen; noch durch den Spott hindurch wird das Charismatische, die flammende Ausstrahlung und Intensität des Paars sichtbar. So viele Anhänger, Verehrer, Fanatiker, Freunde sie sich auch gewannen, so viele Kritiker, Verächter, Feinde, so viel Gerede zogen sie auf sich. Besonders Marx, den mit Lassalle politisch vieles verband, auch wenn sie in eigentlich allen Einzelfragen unterschiedlicher Meinung waren, verfolgte ihn mit den bissigsten Bemerkungen, nannte ihn den »jüdischen Nigger«, den »Ephraim Gescheit«, den »Baron Itzig«. Heinrich Heine, der Lassalle zunächst als seinen besten »Trommler« gefördert und geschätzt hatte, schwenkte eines Tages um und nannte ihn dann einen der »furchtbarsten Bösewichter, der alles fähig ist, Mord, Fälschung und Diebstahl und eine an Irrsinn grenzende Willenszähigkeit besitzt«.

Auch Sophie von Hatzfeldt hat kein Gemüt, im Positiven wie im Negativen, kaltgelassen: Sie wurde »dämonisch« und »seltsam« genannt, »alte Hexe«, »Gespenst«, »listige Schlange« oder aber in schöner Abwechslung – wieder Karl Marx – »alte Hure Hatzfeldt« oder »alter Saumensch«.

Die Revolution von 1848 war gescheitert. Der noch anhängige und zunächst für Sophie eher positiv verlaufende Prozeß trat in eine neue Phase. Der Graf hatte nach der Niederschlagung der Revolution wieder Oberwasser und versuchte, die Scheidung ohne Weiterzahlung seiner Alimente für Sophie zu erreichen. Sie, die schon einen Teil ihres Schmucks verpfändet hatte, für sich und ihren Sohn Paul arbeitete, erhielt von Lassalles Vater und dem Grafen Westphalen finanzielle Zuwendungen, die sie über Wasser hielten. Dahin für immer der Luxus, der unbeschwerte Umgang mit dem Geld.

Der Mai 1849 sieht den Kampf der beiden Eheleute auf seinem Höhepunkt: Graf Hatzfeld setzt es durch, daß seine Frau verhaftet wird und für zwei Monate ins Kölner Frauengefängnis einrücken muß. Der Grund: Sie habe in ihrer Klageschrift zwei Düsseldorfer Schwestern beleidigt.

Mittlerweile hat auch der Graf von Westphalen den verlorenen Posten Sophie Hatz-

Schlimmes Ende: Der Liebe zur Gräfin von Hatzfeldt war kein Glück beschieden. Lassalle verlobte sich mit der jungen Helene von Dönniges, ihretwegen starb er im Duell.

feldt verlassen, allein Lassalle und Paul halten noch zu ihr. Edmund von Hatzfeldt läßt nicht locker, sein Ziel ist es, der Frau, der er bereits die älteren Kinder entfremdet hat, auch den jüngsten, den zwanzig Jahre alten Revolutionär Paul, zu entziehen. Er droht dem Sohn mit Enterbung. Paul ist inzwischen in dem Alter, wo seine Karriere beginnt, wo die Jugendideale bei den meisten verblassen und den kräftigen Brotfarben der Realität Platz machen. Er erkennt, daß sein Vater, sollte er sich nicht unterwerfen, alles tun wird, um ihm Steine in den Weg zu legen, und diese Erkenntnis trifft ihn. Das Unglaubliche geschieht: Aus dem verständnisvollsten, zärtlichsten Sohn, dem Bewunderer und Schüler Lassalles wird ein neuer Vasall des mächtigen Edmund. Die Mutter, warum macht sie immer noch Skandale, was soll dies Schauspiel, das einer gereiften Frau so wenig ansteht? – so mag er sich gefragt haben. Geschrieben hat er dies an Sophie: »Ich habe nicht Lust, es länger zu ertragen, daß die Leute mit Fingern auf mich zeigen und fragen: warum duldet der Sohn es, daß solche Leute seine Mutter irreführen? Denn das ist das Urteil der Welt... Vor allen Dingen muß daher den Prozessen ein Ende gemacht werden.«

Im Jahre 1854 wird die Scheidung endlich ausgesprochen. Graf Hatzfeldt muß sich in den für die Gräfin günstigen Vergleich fügen, doch fast scheint es, als könne sich das in all den Jahren des Kampfes gestählte Paar des Sieges so recht nicht freuen. Sophie, fast fünfzig Jahre alt, blickt auf die Scherben ihres Lebens, auf die drei ihr fremd gewordenen Kinder zurück, sie fühlt sich alt, krank und kraftlos. Häufig wiederkehrende Anfälle von Melancholie machen Lassalle das Zusammenleben mit ihr schwer. Er ist dreißig Jahre alt, es zieht ihn hinaus ins Weite, zu neuen Ufern seines Wirkens. Er möchte zurück nach Berlin, in die Stadt, wo er mit Hegel vertraut wurde, wo er vor der Begegnung mit der Gräfin Hatzfeldt sein Buch über »Herakleitos, den Dunklen von Ephesos« begonnen hatte. Diese Arbeit, mit der er sich seinen Eintritt in die Welt der großen Gelehrsamkeit verspricht, will er abschließen. Doch da gibt es Hindernisse. Als »Hauptleiter der Umsturzpartei im Rheinland« wird man ihm kein Aufenthaltsrecht in Berlin einräumen. Die Gräfin, die Lassalle gerne nach Berlin mitnähme, da er auf ihre Gegenwart trotz mannigfaltiger kleinerer und größerer Streitigkeiten nicht verzichten kann, scheut zudem den Kampf, den die Errichtung des Berliner Domizils auch für sie mit sich brächte. Lassalle wird ungeduldig, streitet mit Sophie, sie begütigt, hat aber Angst, ihn zu verlieren, und kennt doch die Realität: »Sie sind jung, ich bin alt!« In dem Wunsch, ihre Beziehung durch eine vorübergehende Trennung zu bessern, bricht Ferdinand Lassalle zu einer Reise in den Orient auf und schreibt vor der Abfahrt an Sophie: »Ich werde zurückkehren und ein neues Verhältnis mit Ihnen beginnen, bereichert um die Erfahrung von zehn Jahren!« Wenig später schreibt er ihr aus Italien zum Tode von Arnold Oppenheim: »Gräfin! Es lastet eine große Liebesschuld auf Ihnen. Mein Arnold ist tot! Sie müssen mir alles an Liebe und Freundschaft ersetzen, was ich durch seinen Untergang verloren habe. Wenn ich auch Sie einst verlieren sollte, wäre ich der steinunglücklichste aller Menschen.«

Lasalle, das ewige Kind: erringen, was ihm nicht geschenkt wird, achtlos wegwerfen, was ihm schenkend dargeboten wird. Sophie, die ewige Mutter: verzeihen, sich quälen lassen, weggestoßen werden,

sich wieder herbeirufen lassen von dem süßen dummen Kind, dem hochintelligenten Wunderknaben, der all die großen Männer in die Tasche steckt.

Von jetzt an fehlt es nicht an brieflichen und persönlichen Zerwürfnissen, Liebesschwüren, Versöhnungen, Versuchen, die alte Beziehung wiederaufleben zu lassen. Lassalle, der »formulierte Mensch«, schreibt: »Sie waren und sind immer die Erste in meinem Herzen!« Ein anderes Mal ärgert er sich gerade über Sophies inkonsequentes Verhalten den Kindern gegenüber: »Jedesmal, wenn Sie bei Ihrer Familie stecken, werden Sie ganz rätselhaft und unbegreiflich.« Der Ärger vermag sich auch zu steigern, das lautet dann so: »Ihre Augen sind ein Prisma, durch welches sich alles in falschen Farben bricht.« Es geht bergab mit Lassalles und Sophies Beziehung. Auch die Lockung Lassalles, er wolle Sophie einen ganz eigenen Zirkel ausgesuchter Freunde in Berlin gründen, in dem sie sich zu Hause fühlen könnte, sie möge nur kommen, so oft sie könne, hilft nichts. Immer wieder vertröstet Sophie Lassalle, verschiebt ihr Kommen.

Der Weihnachtsbrief Lassalles aus dem Jahre 1858 deutet einen »endgültigen« Bruch an: »Meine Seele ist matt geworden und sieht ein, daß es nicht mehr geht. Ich ergebe mich also in die Situation, die Sie nun einmal nicht anders wollen, daß unsere intensivere Beziehung, unser kameradschaftliches Verhältnis aufhört und wir in das gleichgültige befreundeter Personen zurücktreten. Schon als Sie voriges Jahr nach Berlin kommen sollten, ging es nicht, Pauls wegen. Nach Wildbad zu Ihnen konnte ich nicht, Pauls wegen. Nach Berlin wieder können Sie jetzt nicht, Pauls wegen. Es wird endlich zu viel Paul... Ich kann nicht einmal mehr etwas für Sie tun, Pauls wegen. Kann ich nichts für Sie tun, haben Sie für mich keine Zeit mehr übrig, Pauls wegen, so können wir uns auch nichts mehr sein.« Seine abschließende Drohung, nun nur noch alle drei oder vier Monate an Sophie zu schreiben, wie man es mit irgendwelchen tiefinnerlich gleichgültigen Freunden tut, hält er nicht aufrecht, denn schon am ersten Weihnachtsfeiertag kommt sein Antwortbrief auf Sophies offenbar verlorengegangenen postwendenden Versuch, das Unheil abzuwenden. Derartig Falsches, was da wieder von der Gräfin angehäuft wurde, kann Ferdinand nicht einfach unwidersprochen hinnehmen, aber er schreibt nach Richtigstellung aller Verdrehungen: »Jeder Mensch und darum auch ich braucht eine Person, die er liebt. Und wie sollte mir irgend jemand jemals die Ihrige ersetzen? Sie sind ein Stück Lebensgeschichte von mir geworden, Sie stellen meine besten zehn Jahre dar. Sie allein kennen mich ganz, verstehen mich ganz... Sie sind mein zehnjähriger Zelt- und Kriegskamerad gewesen, wir haben Unglück und Elend, unerhörte Situationen und unerhörte Prozessen gemeinschaftlich durchgemacht – wie soll ich von alledem nur den hunderttausendsten Teil bei andern Leuten wiederfinden?«

Einmal liest Sophie: »Also seien Sie keine Eule, leben Sie mit mir!«, dann wieder: »Sie haben ein furchtbares Ensemble von Fehlern, die sich sonst nie vereint finden!« Zwischen Hoch und Tief, Annäherung und Abstoßung schreiben sich Sophie und Lassalle noch eine ganze Zeitlang hin und her. Wohl wissen sie, daß der eine ohne den andern nicht leben kann, jedenfalls nicht auf Dauer, daß sie »einander für andere verdorben haben«. Wohl versuchen sie, voreinander zu fliehen, und der »Seitensprung« erscheint als ein probates Mittel zu die-

sem Zweck. Sophie versucht beispielsweise, über ein Jahr lang eine Beziehung mit dem Oberst Wilhelm Rüstow aufrechtzuerhalten, den sie auf einer Reise nach Italien in Zürich kennengelernt hat. Und Lassalle, der davon weiß, kann es nicht ändern, daß seine eigene Freundschaft zum Oberst Rüstow – über Fragen der Politik naturgemäß – zu Bruch geht.

Lassalle leidet an immer stärkeren syphilitischen Schmerzen. Aus der Aachener Kur im Sommer des Jahres 1860 kann er wieder an seinen »guten, lieben Engel« schreiben, und als er sich in Sophie Sontzeff, eine junge Russin, verliebt, zu der er sich immer im Rollstuhl fahren läßt, denn die Beine haben den Dienst versagt, schreibt er, von dieser Leidenschaft begeistert, an die Gräfin, ohne jedoch seine altbekannte Formel von der einzigen Liebe Sophie Hatzfeldt zu unterlassen: »Ach, die einzige Person, die ich je geliebt habe, sind doch Sie gewesen, und das habe ich besonders im Jahr 1848 in meiner Kölner Haft sehr deutlich gefühlt!«

Sophie Sontzeff lehnt Lassalles förmlichen Antrag ab, und dies trotz des langen, als »Seelenbeichte« in die Literatur eingegangenen Briefs, jenes funkelnden Pfeils der Liebe und Beredsamkeit, den Ferdinand auf sie abgeschossen hat. Er schreibt: »Sie haben gesehen, daß ich viel für diese Frau gekämpft habe. Jeder Kampf war mir immer angenehm, wenn es sich um sie handelte, und durch jeden Kampf, den ich für sie hatte, wurde sie mir immer teuerer.

Ich liebe sie auch mit der Liebe des zärtlichsten Sohnes, der je existiert hat; ich liebe sie wie meine Mutter, nein! ich liebe sie noch dreimal mehr als meine zärtlich geliebte Mutter... Ich liebe sie wie eine treue Waffengefährtin, die mit mir zehn Jahre des Kampfes und der Gefahren geteilt hat.

Ich liebe sie endlich mit philosophischer Liebe, d. h. ich liebe sie als den schönsten Typus des Menschengeschlechts, als den Typus der leidenden Menschheit, wie Christus in meinen Augen für die Sünde der Menschheit gekreuzigt worden ist, und den ich durch die Kraft meines Willens dem Kreuze wieder entrissen habe... Und also, Sophie, weil ich die Gräfin wie einen Sohn liebe, werden Sie, wenn Sie mich zum Manne nehmen, sie auch lieben müssen, wie meine wirkliche Mutter, mit der wahren Zärtlichkeit einer Tochter. Wenn nicht, so würde ich nicht glücklich sein. Ich hoffe, sie bestimmen zu können, bei uns zu wohnen, um alle drei glücklich und vereint zu leben...«

Vor diesem Hohelied mochte eine andere Beziehung wohl keine Chance gehabt haben, und vielleicht war auch die Vorstellung der Dreier-WG keine besonders angenehme für Sophie Sontzeff. Klar ist, daß diese Kur-Leidenschaft, die Lassalle so gern nach dem Modell der von ihm geschaffenen Dramenfiguren Hutten und Marie in seinem »Franz von Sickingen« realisiert hätte, diese Chimäre des Sommers 1860, nur von kurzer Dauer ist, daß Sophie von Hatzfeldt und Ferdinand Lassalle das gesamte Jahr 1861 gemeinsam verbringen, daß es gegen Ende dieser Zeit wieder zum Bruch kommt – Rüstow ist der Grund –, daß Sophie das Weihnachtsfest 1861 mit Rüstow unglücklich in Genua verlebt, daß sie sich mit Lassalle im August 1862 wieder aussöhnt und daß beide nach dem Tode Heyman Lassals Ende Oktober 1862, den beide mit großer Zärtlichkeit liebten, gebeutelt zwar, doch aneinandergeschweißt aus der Krise hervorgehen. Für Lassalle, den seine Anhänger immer noch, vielleicht jetzt, da er den Allgemeinen Deutschen Arbeiterverein gründet, mehr denn je umringen, wird immer deut-

licher, wie einsam er im Grunde ist, wie unverstanden im Innern. Wer ihm bleibt, wer ihn begreift, ist allein Sophie. Eines jedoch vermeiden die beiden von nun an: die gemeinsame Wohnung. Seit der Beziehung zu Sophie Sontzeff hat sich nämlich in Ferdinands Konzept »Ich und meine Beziehung zu den Frauen« ein neues Element als Idée fixe eingeschlichen: Neben seiner unüberbietbaren Liebe zu Sophie Hatzfeldt, neben den »speziellen Freundinnen« braucht er ein Eheweib.

Sommer 1864. Lassalle hat eine anstrengende Agitationsreise für den ADAV hinter sich und wendet gerade eine neuartige Molkenkur auf dem Rigi an. Natürlich – vor zwei Jahren haben sie einander kennengelernt, Ferdinand und die damals neunzehn Jahre alte Diplomatentochter Helene von Dönniges. Es kommt Ferdinand gerade so vor, als habe er seinen »Goldfuchs« die ganze Zeit nicht vergessen. Sogleich berichtet er der Gräfin in flammenden Briefen von ihr, und einige Tage später verlobt er sich mit ihr. Die sehr konventionell orientierten Eltern und eine seit frühen Jugendtagen bestehende Verlobung Helenes mit dem walachischen Studenten Janko von Racowitza stellen offenbar keinen Hinderungsgrund dar. Eine Entführung der zweifachen Braut wird ebenfalls ins Auge gefaßt, sollte Helenes Versuch, bei ihren Eltern die Erlaubnis zu dieser neuen Verbindung gütlich durchzusetzen, fehlschlagen. Helene reist nach Genf und erklärt der Mutter ihre Liebe zu Lassalle. Was? Den Roten, den Juden, den Kassettendieb? Unsere Familie! Deine Schwester – Braut eines Kayserlingk, und du?

Helene entflieht in die Genfer Pension Bovet – in die Arme Lassalles, so denkt sie. Dieser jedoch ist weit davon entfernt, die besprochene Nacht-und-Nebel-Aktion auszuführen. Er hat sich in den Kopf gesetzt, der freiwillig aufgenommene Schwiegersohn im Hause Dönniges zu werden. Und was er sich in den Kopf gesetzt hat, hat er noch allemal erlangt. Also: Depeschen, Briefe, Depeschen, Gespräche, die Gräfin wird eingeschaltet, Rüstow (alles Trennende ist vergessen), der Züricher Freund Herwegh, Richard Wagner, Bischof Ketteler, der König von Bayern (Dönniges sind Bayern). Lassalles Absicht ist, der inzwischen unter Kuratel stehenden Helene zu einer freien, nicht der Nötigung entsprungenen Willensäußerung in bezug auf ihn zu verhelfen. Dienstboten wollen beobachtet haben, wie Vater Dönniges seine Tochter an den Haaren über den Parkettboden schleifte, wie sie Lassalle abschwören mußte und der Vater ihr den Abschiedsbrief an Lassalle diktierte. Er rast, schäumt, kämpft, verfällt innerhalb eines Monats zusehends, und obwohl alle Hilfsaktionen planmäßig statthaben, endet Lassalles Handeln diesmal im Mißerfolg: Der Goldfuchs hat seine Meinung geändert. Helenens unermeßliche Liebe zu Lassalle ist unter der Wucht der väterlichen Autorität eingegangen. Sie lehnt jede Aussprache ab und fragt schnippisch: »Was will er noch?«

Eine solche Sinnesänderung war von Lassalle nicht einkalkuliert und macht ihn, so glaubt er, nach dem politisch-diplomatischen Budenzauber, den er veranstaltet hat, lächerlich. Er glaubt, nur noch im Duell Satisfaktion erlangen zu können, und also bezeichnet er Helene von Dönniges öffentlich als Dirne. Statt des alten Dönniges tritt der Schwiegersohn in spe, Janko von Racowitza, gegen Lassalle an. Kein Mensch, selbst die Gräfin nicht, kann Lassalle in diesen letzten Tagen mehr nahetreten, er verrät

ihr, deren Einwände er nicht mehr hören mag, auch nicht Ort und Zeitpunkt der Begegnung.

Racowitza schoß zuerst und verletzte Lassalle im Unterleib. »Ein Sauschuß«, sagte Rüstow. Lassalles Schuß fehlte. Nach drei Tagen der aufopferndsten Pflege durch die Gräfin, die die berühmtesten chirurgischen Kapazitäten an Lassalles Bett im Hotel Viktoria zitiert hat, verstirbt der Arbeiterführer am 31. August 1864. Am Ort des Duells in Carrouge bei Genf, heute ein Golfplatz, kündet ein Gedenkstein von Lassalles Ende.

Sophie von Hatzfeldt überlebte Ferdinand Lassalle um mehr als sechzehn Jahre. Sie, die sich immer gewünscht hatte, er möchte ihr dereinst die Augen zudrücken, hatte mitansehen müssen, wie sich »ihr liebes Kind« zugrunde richtete. Hatte sie zu Beginn der Helenen-Affäre die Beziehung gefördert, so sah sie im Augenblick von Helenes Sinneswandel ein, wie sehr sich Lassalle verrannt hatte. Mit Takt und Einfühlsamkeit versuchte sie bis zuletzt, ihn zu retten. Sophie von Hatzfeldt ist es auch, die auf ihre Kosten die Leiche einbalsamieren und Totenfeiern abhalten läßt. Sie verwaltet Lassalles »Erbe«, tritt für seine Prinzipien ein und setzt sich mit siebzig Jahren immer noch politischen Flügelkämpfen und Streitigkeiten um die Führung im ADAV aus. Sie bleibt, was sie seit 1846 gewesen war: die einzig wahre Lassalleanerin, Ferdinand Lassalles bester Freund. Sophie von Hatzfeldt stirbt am 25. Januar 1881 im Wiesbadener Hotel Adler an Lungenentzündung.

Ich habe nur rote Blutkörperchen vor lauter Liebe

Yvan und Claire Goll
Von Christina Hein

Liebes Susulein, freue mich sehr auf Mittwoch. Bring bitte 2 oder 3 Pakete Gauloises Bleues mit und französische Briefmarken zu 50 Centimes. Hier herrliches Wetter! Meer, Feigen, Trauben. Man vergißt alles. Ich erwarte Dich. P.S. Paula fährt Mittwoch ab.«

Yvan ist selig. Die idyllische Abgeschiedenheit an der Küste Liguriens erscheint ihm wie das Paradies. Der gehetzte Großstadtmensch schwelgt in dionysischen Genüssen, lernt wieder schmecken, riechen, fühlen. Nur seine Zigaretten vermißt er bei der Dolce vita auf dem Lande. Das Schreiben bereitet ihm neue Lust. Die Wörter müssen nicht mehr herausgepreßt werden, sie fließen unter der mediterranen Sonne aus der Feder. Schwärmerischer denn je sind seine Briefe nach Hause.

Claire, die er Susu nennt, hat derweil andere Sorgen. Das Leben besitzt auch eine profane Seite. Im schon herbstlich kalten Paris ist sie auf Wohnungssuche. Nüchtern schreibt sie ihrem Ehemann das Ergebnis: »3 Zimmer zu 5000 im Herzen von Paris, begehrteste Lage. Dazu kommen 18 000 Francs Kohle für den ganzen Winter.«

Auch in Italien wird der Sommer einmal vorbei sein, und dann, davon ist Claire überzeugt, wird ihr Mann wie ein streunender Kater an sein warmes Plätzchen am Ofen zurückkehren. Auf Paula, deren Abreise Yvan im Postscriptum so beiläufig erwähnt, geht Claire mit keiner Silbe ein. Paula ist Yvans Geliebte.

Claire und Yvan Goll waren einmal berühmt: ein Bohème-Paar, wie es sich kein Romanschriftsteller schillernder, dekadenter und exzentrischer ausdenken könnte.

In den Cafés am Montmartre und den Künstlerlokalen wie »La Coupole« oder »Closerie des Lilas« sind sie Stammgäste,

und in ihrer Wohnung am Seine-Ufer trifft sich in den zwanziger, dreißiger Jahren tout Paris. Beide schreiben, sind politisch engagiert und führen ein schillerndes Lotterleben. Ihr Bekanntheitsgrad ist entsprechend groß. Épatez les bourgeois, das Dogma der Dadaisten, brave Bürger zu schockieren – für Claire und Yvan ist es nicht nur Theorie. Lange bevor der Begriff modern wird, führen sie eine offene Ehe. (Aber nur, soweit sich das wilde Tier Eifersucht tatsächlich zähmen läßt.) Was beide fester aneinander bindet als jedes offizielle Dokument, ist ein romantischer Amour fou, eine wilde, irrationale Leidenschaft. Liebe und Treue betrachten die Golls als ihre private Angelegenheit, und deshalb zelebrieren sie am Abend des 19. Oktober 1917 ohne amtlichen Stempel oder kirchlichen Segen ihre ganz persönliche Hochzeitsfeier. »Ich werde Dich nie verlassen«, schwört die Braut. Der Bräutigam antwortet: »Ich will Dein Mann sein, weil ich an Dich glaube: Du tiefe, Du wahre, Du große Frau. Du Dichterin. Du Liebende.« Erst vier Jahre später gehen sie zum Standesamt.

Die surrealistische Avantgarde im Paris der zwanziger Jahre betete sehr reale Göttinnen an. Eine war die rote Claire. Ein Teufelsweib. Die »Hochgeliebte«, das »angebetete Kind«, der »zarte Schmetterlingsflügel« posiert nackt auf dem Balkon der Künstlerwohnung.

Claire und Yvan lieben einander. Wenn sie nur einen Tag getrennt sind, schreiben sie Briefe. Manchmal mehrere an einem Tag. Sie sind oft getrennt, und daher schreiben sie sich im Laufe ihres Lebens Tausende von Briefen. Geheimnisse gibt es keine zwischen ihnen. Der eine ist für den anderen ein aufgeschlagenes Buch. Minutiös geben sie einander Auskunft über sämtliche ihrer Gedanken, Seelenregungen und Sorgen. Zugfahrpläne wechseln sich mit schwülen Liebesbeteuerungen ab, Klagen über den chronischen Geldmangel reihen sich an kokette Verbalerotik und Vertrautheiten.

In Europa tobt der Antisemitismus. Die Golls, einst streitbare Pazifisten, verstummen mehr und mehr. Das Grauen, das aus Deutschland kommt, nimmt Yvan den Atem, erstickt seine politische Stimme, raubt ihm die Kraft zum Kämpfen. Mehr und mehr zieht er sich in das Schneckenhaus seiner Liebe zurück. Hier findet er in traumatischer Zeit künstlerische Inspiration und Resonanz. Er hat sich eine Göttin geschaffen, die er anbetet: Claire. Ihr widmet er Gedichte, sie zeichnet er, und auf dem schattigen Balkon ihrer Wohnung macht er Fotos von ihr. Sie posiert nackt, die langen Beine übereinandergeschlagen, räkelt sich lasziv auf einem Liegestuhl.

Zudem ist der überschwengliche Kult um eine Frau und Muse bei der Pariser Avantgarde gerade en vogue, und Yvan mit seinem unvergleichlichen Gespür für künstlerische Trends gehört wieder einmal dazu. In Frankreich vom deutschen Expressionisten zum französischen Surrealisten konvertiert, formuliert er inbrünstig Manifeste, in denen er die Magie der Über-Natur, die reine Kraft des »Sur-Réalisme«, beschwört. Ebenso wie Paul Éluard, Robert Desnos oder Salvador Dalí ist er von dem Gedanken besessen, in der Anbetung einer Geliebten den Höhepunkt seines persönlichen Ausdrucks zu finden.

Mit den Nazis rückt die Lebensbedrohung immer näher. Der Elsässer Goll ist Jude, und auch seine in Nürnberg geborene Frau kann keinen arischen Stammbaum nachweisen. Vor der Gefahr aus Deutschland flüchtet das Paar immer weiter nach Westen, doch es zögert bis zur letzten Minute, Europa zu verlassen. Das holländische Passagierschiff »Veendam« bringt Claire und Yvan schließlich Anfang September 1939 mit wenigen Habseligkeiten nach New York. An Bord erreicht sie die Nachricht vom Kriegsausbruch.

Bis zum Schluß hatten sie die Hoffnung, es könne noch ein Wunder geschehen. Auch ihre Briefe bleiben – wie aus Trotz gegen die Realität – ein Hort des privaten Friedens. Existentielle Sorgen oder Kritik an der Barbarei des Hitler-Regimes kommen fast gar nicht zur Sprache. Statt dessen konzentrieren sich ihre Aufmerksamkeit und ihr Mitleid auf die gegenseitigen Wehwehchen. »Liebling«, schreibt Claire im Januar 1939, »habe soeben Dein Kärtchen erhalten, auf dem vom Schnupfen keine Rede mehr ist. Das luxemburgische Klima wird Dich hoffentlich wieder ganz herstellen.« Am Ende des Briefs versäumt sie nicht, selbst ein wenig von ihrem »schwachen Herzen« zu klagen: »Muß immerzu Tropfen nehmen«, berichtet sie nicht ohne Effekt. Als Yvan Goll diese Zeilen liest, ist er tief besorgt. Sofort greift er zur Feder und antwortet: »Liebe Herzeleide, Dein Brief von heute früh hat mir das Herz versengt. O Du zarter Schmetterlingsflügel, der beim leisesten Atem erbebt, Zerbrechliches wie der Same der Butterblume. Wie will ich gut zu Dir sein.«

Mit Briefen nähren Claire und Yvan ihre Liebe. Und so hatte auch alles einmal begonnen: mit einem Brief.

Im Jahr 1916 heißt Claire noch Klara, geborene Aischmann, geschiedene Studer. Der fahnenflüchtige Franzose Isaak Lang hat in Lausanne eine juristische Dissertation über das Los lothringisch-elsässischer Heimarbeiterinnen verfaßt. Schon während seines Studiums veröffentlichte er unter dem Pseudonym Yvan Goll in literarischen Zeitschriften Gedichte und auch antimilitaristische Pamphlete.

Klara ist siebenundzwanzig, als sie von einem Tag auf den anderen einen Entschluß faßt, der ihr Leben verändert. Sie verläßt ihren Mann, den Schweizer Verleger Heinrich Studer, und die gemeinsame, fünf Jahre alte Tochter: Eine Hausfrau, die im grauen Alltag und im Zusammenleben mit einem Trinker zu ersticken droht, macht Tabula rasa. Sie flüchtet aus der ehelichen Wohnung und plant ein neues Leben als Künstlerin. Ihr Tatendrang ist noch nicht kanalisiert, da wecken die in der Schweiz international zusammengewürfelten Kriegsgegner um den Schriftsteller Romain Rolland ihre Aufmerksamkeit. Claire fängt an den revolutionären Verbrüderungsgedanken Feuer. Um ihren Idolen nah zu sein, zieht sie nach Genf, und mit zunehmender Begeisterung lauscht sie den pazifistischen Vorträgen, verschlingt sie deren Publikationen und Schriften. Schließlich verfaßt sie selber Essays für eine bessere, friedlichere Welt.

Eines Tages stößt Claire in der Zeitschrift »Demain« auf Yvan Golls Pamphlet gegen den Krieg, das »Requiem auf die Toten Europas«. Sie liest das Gedicht wie im Rausch, überwältigt von dem Gefühl einer intensiven Seelenverwandtschaft, die sie für den unbekannten Dichter empfindet. Wie ein Blitzschlag trifft sie ihre plötzliche Sympathie für den Verfasser des Gedichts. Es ist der Coup de foudre. Von einem ahnungsvollen Vorgefühl gepackt, zögert sie noch, diesem Dr. Goll, den sie sich alt und bärtig vorstellt, zu schreiben. Als sie ihre Scheu schließlich überwindet und zum Federhalter greift, hat die Liebesgeschichte bereits ihren Lauf genommen.

Goll, den parfümierten Brief voll glühender Komplimente lesend, fühlt sich ebenfalls sonderbar zu der Absenderin hingezogen. Er will die Verehrerin kennenlernen, unbedingt. Ein Rendezvous wird vereinbart, er sieht sie, fällt vor ihr auf die Knie und ruft: »Sie sind mein Schicksal.«

So jedenfalls lautet die Legende, die Claire im hohen Alter als Chronique scandaleuse ihres Lebens niederschreibt. Der Dichter, so scheint es, hat seine Muse gefunden. Von nun an wird er nicht mehr aufhören, sie in seinen Gedichten zu besingen. Er verfaßt täglich Briefe, Zeilen, die nach seinem Tod durch Blutkrebs einen beklemmend schicksalhaften Wert bekommen. »Ich habe nur rote Blutkörperchen vor lauter Liebe«, schreibt Yvan frisch verliebt und schiebt sein Billet doux unter Claires Tür.

Claire mag nach Yvans Tod den Mythos ihrer Ehe – wie böse Zungen behaupten – erst auf den Sockel gehievt haben. Doch ein unbestreitbares Zeugnis ihrer merkwürdigen Liebe ist der Briefwechsel des Paares. Der hinterläßt keine Zweifel.

»Mein gestern abend von grauen Regennägeln durchstoßenes Herz flattert Dir heute rot wie ein Vogel voran. Es wird dich innen und überall umschwirren. Hörst Du es singen?« schreibt Yvan im September 1917 aus Bern an Claire in Zürich. Im Laufe der Jahre gibt er ihr viele Kosenamen, nennt sie Liane, Zouzou, Hochgeliebte und Ange-

betetes Kind. Und Claire, ganz und gar von Golls expressionistischem Pathos mitgerissen, antwortet in stammelndem Stakkato: »O Geliebter. Dein Brief! Wie war ich ganz in Deinem Tag und in Deinem Herzen. O Du, wie ich Dich liebe! Nein wie ich Dich lieben will. Du, Du ich küsse Dich demütig.«

Fotos aus jener Zeit zeigen einen großen, hageren Mann mit kräftiger Nase und hoher Stirn; »glutäugig«, beschreibt ihn Claire, »gleich einem Mönch von Giorgione«. Sie dagegen: vor der Kamera stets in mondäner Geste, das rötliche Haar zum modischen Bubikopf geschnitten, die schmalen Lippen wie gelackt. Ihre großen Augen überstrahlen ein Gesicht, das mit seiner markanten Nase zwar nicht wohlgefällig ist, aber eine herbe Schönheit hat. Selten sind die Fotos, auf denen einer von beiden lächelt oder gar lacht.

Auf einer bekannten Fotografie sieht man das Ehepaar Goll zusammen mit ihren Freunden, Familie Chagall. Bella – einen Flatterschal um den Hals – neigt in graziler Anmut leicht den Kopf, so als sei sie gerade einem Bild ihres Mannes entstiegen. Auch Marcs Erscheinung weist auf eine Künstlerseele hin. Wilde Locken umgeben seinen Kopf wie eine Aureole, und die farbenfröhliche Poesie seiner Bilder verrät sein typisches, schelmisches Lachen.

Und die Golls? Yvan trägt einen Anzug mit weißem Hemd und korrekt gebundener Krawatte. Starr hat Claire die rechte Hand auf der Schulter ihres Gatten plaziert. Beide schauen kreuzbrav und mit ernster Miene in die Kamera. Keine Spur von den wilden Bohème-Allüren, dem ausschweifenden Liebesleben und selbstverliebten Kaprizen, die man sich von ihnen erzählt.

Sie muß ein Teufelsweib gewesen sein, diese rote Claire mit dem biegsamen, schlanken Körper einer Liane. In ihren Memoiren heißt es gleich auf Seite eins: »Ich habe große Männer gekannt, Joyce, Malraux, Saint-John Perse, Einstein, Henry Miller, Picasso, Chagall, Majakowski, Rilke, Montherlant, Cocteau, Dalí, C.G. Jung, Artaud, Lehmbruck, Brancusi. Ich habe einige Männer geliebt, und sehr viel mehr haben mich geliebt.«

Diejenigen, die wie der Pariser Dichter Henri Chopin die am 30. Mai 1977 in Paris verstorbene Claire Goll noch persönlich kannte, bekommen einen verklärten Blick bei der Erinnerung an sie. »Elle était un diable«, sagt Chopin, und es klingt wie das zärtlichste Kompliment.

Noch als betagte Dame inszeniert Claire ihre Auftritte als Femme fatale. So ordert sie bei Empfängen und Soirées vorher rote Rosen, die ihr dann von einem »Verehrer« überreicht werden müssen. Ihre Libido lebt sie auch noch im hohen Alter aus. Mit einem über fünfzig Jahre jüngeren Geliebten genießt sie zum ersten Mal – so steht es in ihren Memoiren – einen Orgasmus. Sie schreibt: »Ungeachtet meiner Abenteuer oder Liebschaften habe ich dieses Alter erreichen müssen, damit ein zwanzigjähriger Junge mich lehrt, daß eine Frau den Liebesakt auch auf andere als die unterwürfige Art erleben kann.«

Frauen kann Claire Goll nicht ausstehen. »Sie sind alle Dirnen«, sagt sie und nährt damit ihren Haß auf das eigene Geschlecht. Dagegen kennt ihre Sucht nach Männern keine Grenzen.

Beweise dafür liefert ihr Nachlaß. Er enthält eine geheime Sammlung ganz besonderer Art: beschriftete Fläschchen mit eingetrockneten Sperma-Resten verflossener Liebhaber. Mit Akribie und Sammellei-

denschaft hat Claire auch die zahllosen Präsente ihrer Verehrer gehortet und etikettiert. »Diese Kette schenkte mir Picasso«, weist etwa ein handbeschriebenes Schildchen eine Terrakotta-Arbeit des jungen Pablo Ruiz Picasso aus. Die meisten Liebhaber Claires sind namhafte Künstler. Ihr Bücherschrank enthält unzählige, von den Autoren signierte Bücher, viele mit der Widmung »Für Claire«. Auf ein zierliches Parfum-Flakon mit silbernem Verschluß ist Claire besonders stolz. Es ist ein Geschenk von Rainer Maria Rilke. Als einzigem von all ihren Geliebten wäre es ihm, dem Dichter und Schöngeist, beinahe gelungen, Claire von Yvan zu trennen.

Claire hat ihren ersten Gedichtband veröffentlicht. Voller Stolz schickt sie dem bedeutenden Schriftsteller, den sie seit ihrer Schulzeit verehrt, ein Exemplar zur Rezension. Wie einst Goll will auch Rilke die Absenderin persönlich kennenlernen. In manierierter Sprache formuliert der Dichter einen Brief: »Eine Begegnung mit Ihnen würde ich mit Freuden begrüßen.« Claire zögert nicht lange und sagt zu. Beim Besteigen des Zugs aber beschleicht sie eine Vorahnung: »Diese Begegnung könnte in Leidenschaft ausarten«, vertraut sie ihrem Tagebuch an.

Rilke läßt nicht viel Zeit verstreichen, seinem Ruf als Casanova nachzukommen. Schon bald geht er mit Madame eine heftige Liaison ein. Zwar gibt es in Rilkes Leben – im Gegensatz zu Claires – einen legalen Ehepartner, die Bildhauerin Clara Westhoff, doch Promiskuität ist für den Dichter ebensowenig ein Fremdwort wie für seine neue Geliebte. Claire kehrt gar nicht erst zu Yvan zurück. Als neue Adresse gibt sie bekannt: c/o R. M. Rilke, München, Ainmillerstraße 34.

Auch dieses Liebesabenteuer nimmt seinen Lauf: Claire wird des Dichters Muse. Der vergöttert sie, widmet ihr seine Gedichte, lehrt sie schreiben. Claires graziler Körper animiert auch Rilke zum Fotografieren. Doch im Gegensatz zu Goll lichtet er seine Gespielin nicht in aggressiver Nacktheit ab, sondern läßt sie – bekleidet mit einem Negligé – in kindlicher Verträumtheit am Fensterrahmen posieren. »Er wollte alle Grenzen sprengen, wollte der unendliche Liebhaber sein«, beschreibt Claire ihren berühmten Freund später. Von allen Liebesspielen schätzt es der Connaisseur Rilke besonders, wenn sich die Dame, vor ihm tanzend, nach und nach aller Hüllen entledigt. Ein Striptease also. Er hingegen nennt es »Schleiertanz«.

Dann passiert ein Malheur. Madame wird schwanger. Weder sie noch Rilke wollen das Kind. Claire läßt es abtreiben. Das luftige Gebäude ihrer Liebe gerät ins Wanken. Die Tage in München sind gezählt. Goll, der davon nichts ahnt, rast vor Eifersucht. Er schreibt flammende Briefe nach Deutschland, manchmal mehrere an einem Tag. »Rilke oder ich«, fordert er. Er übertreibt seine Rolle als Othello ein wenig, denn was ihn am meisten kränkt, ist die Tatsache, daß der Liebhaber seiner Frau ein so viel berühmterer Dichter als er selbst ist. Moralisch stört ihn der Fehltritt nicht. Schließlich beansprucht er für sich ebenfalls das Recht, mehrere Geliebte zu haben.

Folgenschwer ist Yvans Affäre mit der österreichischen Lyrikerin Paula Ludwig.

»Habe Paula Ludwig kennengelernt: seltsames Bauernmädel, Tochter eines Sargtischlers, ziemlich holzschnitthafter Kopf, aber eine feine Seele und wie bescheiden arm!« schildert Yvan in einem Brief vom 22. Februar 1931 an Claire die erste Begeg-

Der Dichter Yvan Goll, »glutäugig, gleich einem Mönch von Giorgione«, widmete seiner Femme fatale Gedichte, er zeichnete und fotografierte auch Claires grazilen Körper. Nicht nur er. Das Paar führte ein schillerndes Lotterleben, ehe es nach Amerika emigrieren mußte.

nung mit Paula. Er gibt vor, unbeteiligt zu sein. Im Brief lediglich durch einen Absatz getrennt, wechselt er übergangslos zu der unappetitlichen Schilderung einer Eiterbeule. »Merkst Du was an meiner Schrift? Ich schreibe mit Daumen und Mittelfinger, denn der rechte Zeigefinger ist schon wieder mal krank.«

Goll hält sich in Berlin auf, um an einem Filmprojekt mitzuarbeiten. Sein Erfolg als Schriftsteller will sich nicht einstellen. Goll ist unzufrieden. Er ist vierzig und in einem Alter, wo sich der Künstler von materiellen Sorgen befreien möchte. Aber weder Geld noch Ruhm lassen sich erzwingen. Claire hat Verständnis für Yvans Tief. Großmütig erklärt sie sich die Liebesabenteuer ihres Gatten als Kapriolen einer Krise in der Mitte des Lebens. Obgleich sie weiß, daß ihn seine Lebensgier auf alles schleudert, was nur über weibliche Reize verfügt, seien es Heilige oder Huren, erhebt sie keine Einwände gegen die Liebschaften ihres Mannes. Man soll den Männern nichts vorwerfen, sagt sie sich, sonst kommen sie sich wie Häftlinge vor und träumen von der Befreiung.

Diesesmal liegt Claire falsch in ihrer Einschätzung der Situation. Paula, die Sanfte, die Engelsgleiche, nimmt in Yvans Leben einen immer größer werdenden Platz ein. Doch Madame Goll wittert noch keine Gefahr.

Einen Monat nach der ersten Begegnung mit Paula fühlt sich Goll in deren Wohnung schon wie zu Hause. In ihrem Schrank hängen seine Anzüge, und auf Paulas Schreibtisch hat er sich mit seinen Büchern und Papieren breitgemacht. Vergnügt schreibt er nach Paris: »Bei der Ludwig bin ich sehr gut aufgehoben.« Paula ist Balsam für sein geschundenes Ego. Sie hegt und pflegt den Hypochonder mit ganzer Hingabe, aber vor allem himmelt sie ihn bedingungslos an. Yvan richtet sich auf einen längeren Aufenthalt in Deutschland ein.

Aus taktischen Gründen – Claire ist sich sicher, am längeren Hebel zu sitzen – gibt sie dem Seitensprung ihren Segen. Yvan versteht das als Freibrief. Er vermeidet es von nun an, wie üblich detailliert Auskunft über sein Liebesleben zu geben. Schließlich und endlich ist ja alles gesagt worden. Er ist davon überzeugt, mit offenen Karten zu spielen. An seine scheinbar verständnisvolle Ehefrau schreibt er: »Wir müssen unsere Liebe ja doch wieder ganz von vorne anfangen. Um so stärker wird sie werden.« In Paula sieht Yvan nur ein begrenztes Abenteuer mit der Möglichkeit, nach Beendigung desselben wieder nach Paris zu Claire zurückzukehren.

Doch Ende 1932 zieht Yvan ganz zu seiner Geliebten. Er hat eine neue poetische Sprache gefunden und schreibt wie in Trance. Es entstehen in dieser zärtlichen Künstler- und Liebesgemeinschaft mit Paula seine schönsten Gedichte, die Malaiischen Liebeslieder.

»Das zarte Schilf das ich im März zertrat/ Ist nun hoch über mich hinausgeschossen/ Es wuchs das kleine Gefühl des Frühlings/ Des ich nicht achtete/Und überwucherte mich ganz«. So lauten bezeichnende Verse, die seiner Liebe zu Paula entsprungen sind. Die Frau »mit der feinen Seele« gerät gegenüber Goll in eine tiefe Abhängigkeit. Sie verehrt ihn in ihren Gedichten als »dunklen Gott« und richtet ihr gesamtes Leben nach ihm aus. Von der offenherzigen Komplizenschaft zwischen Madame und Monsieur Goll weiß sie nichts.

Paula kann Claire nicht ersetzen, doch besitzt sie Eigenschaften, die jene entbehrt,

nämlich Unterwürfigkeit und Sanftmut, Häuslichkeit und Treue. Yvan Goll entdeckt unbekannte weibliche Qualitäten. Die unterschiedliche Bedeutung, die beide Frauen in seinem Leben einnehmen, bringt er in seinen Gedichten zum Ausdruck. Verse, in sinnlichem Taumel für Claire herausgestoßen, schildern Eros als Schmerz und Todesahnung: »Bacchantisch schäumt der rote Weinberg/Des Tales Trunksucht giert und wirbt/Rosenkokotten warfen ihre Herzen/An Bettelnde hin und starben dann«.

Wie anders, hell und leicht, klingen dagegen die Hymnen an Paula: »Über meine Äcker bist Du geschritten/Sie haben die Fröhlichkeit Deiner Füße vernommen/Du hast die Angst meiner Gräser gepflückt/Du hast die Wunden meiner Blumen verschüttet/Nun breitet mein Körper sich weit/Weit aus bis Sonnenaufgang«.

Claire ist sich des literarischen Werts der Malaiischen Liebeslieder wohl bewußt. Da sie nach dem Tode Yvans vor allem darauf bedacht ist, die eigene Bedeutung im Leben ihres Mannes herauszustreichen, behauptet sie kurzerhand, die Malaiischen Liebeslieder seien ihr gewidmet. Das ist sogar glaubwürdig, denn der Gedichtzyklus ist lange Zeit nur in der französischen Übersetzung bekannt. Wissenschaftler stützen Abhandlungen auf die Aussage der Witwe. Fast ist es amtlich, da finden sich Ende der fünfziger Jahre die deutschen Originale wieder. Überschrieben sind sie deutlich in der Handschrift des Dichters »Für Paula«.

Golls Beziehung zu Paula dauert länger, als es Claire recht ist. »Ich brauche ihre Ausgeglichenheit und Trägheit, das beruhigt und tröstet mich«, meldet Yvan in einem der regelmäßig in Paris eintreffenden Lageberichte. Schließlich kommt er selbst angereist. Im Schlepptau hat er Paula. Jetzt, da die Rivalin räumlich so nah gerückt ist, beginnt sich die Situation in der Ménage à trois zuzuspitzen. Claire will nicht mehr mitspielen. Und eines Tages stellt sie Yvan vor die Wahl: Entweder sie oder ich.

Goll zieht alle Register, um seine Frau zu besänftigen. »Ich brauche nur noch etwas Zeit, um mit Paula zu brechen«, fleht er. »Ich habe genug von ihrer Temperamentlosigkeit. Lebendig fühle ich mich nur an Deiner Seite«, versucht er ihr zu schmeicheln. Doch Goll, seiner eigenen Leidenschaft gegenüber ausgeliefert, kann sich zwischen den beiden Frauen nicht entscheiden. Deshalb ist es Claire, die im Juli 1938 eine Entscheidung fällt. Sie beschließt zu gehen, und zwar aus dem Leben.

Das Veronal-Pulver und ein Glas Wasser stehen griffbereit, als sie ihren Abschiedsbrief an Yvan formuliert. Sorgfältig feilt sie an jedem Wort. Jede Silbe soll sich ihm wie eine Wunde ins Herz einbrennen. Gefaßt schreibt sie: »In diesem Augenblick, da ich Rechenschaft ablegen muß, spüre ich stärker denn je wie ich mich nicht gewandelt habe und Dich immer noch liebe.«

Das klingt sanft und versöhnlich, doch weit gefehlt. Claire räumt das Feld nicht, ohne Paula einen letzten Denkzettel verpaßt zu haben. In einem Gefühl zwischen Selbstmitleid und Zorn fährt sie fort: »Rücksichtslos hat eine Dritte einen Keil zwischen uns und mich damit in den Tod getrieben. Wenn ich auch in diesen Minuten alles verzeihe, habe ich noch eine heilige Bitte an Dich: Lebe nicht mit Paula L.«

Nur zu gut kennt Claire Yvans Respekt vor dem Tod. Sie weiß, daß er nicht anders kann, als ihr diesen Wunsch zu erfüllen.

Was Claire nicht ahnt: Yvan war endlich aktiv geworden. Er hatte einen letzten Versuch unternommen, sich von beiden

Frauen, die sein Schicksal sind, gleichzeitig loszureißen. Wahllos hatte er in einem Café eine junge Frau angesprochen. Er, der Künstler, imponierte dem schlichten Mädchen enorm. Es war nicht schwer gewesen, sie verliebt zu machen. Schon vor Monaten hatte er für die Fremde auf der Seine-Insel St. Louis heimlich ein billiges Zimmer gemietet. Vor zwei Tagen war auch er dort eingezogen. Seine Frau hatte er in dem Glauben gelassen, er würde gemeinsam mit Paula Frankreich verlassen. Das hatte so endgültig geklungen, daß Claire zum letzten Mittel greifen mußte, um Yvan zurückzugewinnen.

Als Goll möglichst unbemerkt in der gemeinsamen Wohnung in der Rue Condé nach Post schauen will, spricht ihn im Hausflur aufgeregt die Concierge an: Madame habe sich in letzter Zeit so komisch verhalten, so nervös. Sie mache sich Sorgen um Madame. Ob denn auch alles in Ordnung sei mit Madame?

Yvan stürmt die Treppen hinauf und stürzt in die Wohnung. Auf dem Divan im Arbeitszimmer findet er seine Frau bewußtlos.

Claire wird gerettet. Sie hat hoch gepokert, nun bekommt sie ihren Einsatz zurück und noch viel mehr. Yvan ist ein wandelndes schlechtes Gewissen. Hatte er Claire nicht geschworen, sie niemals zu verlassen? »Ich bin dein, auch wenn ich gestorben bin«, erinnert er sich an seine Worte. Er überhäuft sich mit Schuldgefühlen. Im Krankenhaus läuft er den Flur auf und ab. Die gerade ins Leben Zurückgeholte darf er noch nicht sprechen. Da besinnt er sich auf ein erprobtes Aphrodisiakum. Er schreibt einen Brief: »Nur ein paar Stunden Geduld und ich halte wieder Deine Hände.«

Im folgenden Jahr widmet sich Goll einzig und allein Claire. Bald dichten, musizieren, lachen sie wieder gemeinsam. Die zerbrochene Ehe ist gekittet, besser noch: Der reparierte Bruch hat das Paar enger zusammengefügt, als es jemals war. Gefahr existiert jetzt nur noch außerhalb ihres Ehe-Kokons.

Immer bedrohlicher werden für die beiden Liebenden die Pogrome der Nazi-Schergen. Als sie schließlich in die Vereinigten Staaten emigrieren, hat auch Paula Ludwig Europa verlassen. Sie ist nach Südamerika gegangen. Ihren »dunklen Gott« sieht sie niemals wieder.

Die Zeit der zahllosen Briefe ist vorbei. Von nun an werden die Golls sich keine hundert Meter mehr voneinander trennen. Die Fremde, in der sie sich heimatloser denn je fühlen, schweißt sie fest zusammen. Sie leben in einem gemeinsamen Domizil, verbringen die Ferien zusammen und teilen sich alles und zu jeder Zeit mündlich mit. Ihre Korrespondenz erschöpft sich in Notizen mit Alltagsmitteilungen.

Die räumliche Nähe tut ihrer Liebe indes keinen Abbruch. Im Gegenteil. In jugendlicher Ausgelassenheit finden sie sogar wieder zu dem liebevollen Ton ihrer ersten Jahre zurück. »Liebes Kindchen, ich sehne mich nach Dir. Wir sehen uns beim Tanz«, schreibt Yvan einmal in einem Briefchen, das er beim Verlassen der Wohnung für Claire hinterläßt. Da ist seine Angebetete schon fünfzig Jahre alt.

Die Golls leben in Amerika wie Studenten. Sie haben weder Geld noch begüterte Freunde wie andere Emigranten aus Europa. Dennoch klingen Claires Erinnerungen nach einem zweiten Frühling. Manche Parties der Exilkünstler beschreibt sie in ihren Memoiren als »wahre Orgien, die oftmals in sexueller Raserei« gipfeln. Für die

beiden Staatenlosen Claire und Yvan Goll ist es ein Tanz auf dem Vulkan. Seit dreißig Jahren sind sie ein Paar, und noch immer sucht Yvan nach neuen Worten, um seiner Liebe zu Claire Ausdruck zu verleihen. »Zehntausend Morgenröten, mein Engel, zehntausend Morgenröten / Zehntausend Mal hat das Auge der Sonne / Unsre Lider geöffnet / Wie viele Monde sind vorbeigezogen / Zuweilen zerflossen zuweilen traurig / Um über uns die Ekstase des Schnees zu bereiten«, dichtet er am 10. Februar 1947 anläßlich des Jahrestags ihrer Begegnung. Solche Zeilen sind selten geworden, denn der zweisprachige Elsässer Goll schreibt aus Ekel vor Hitler so gut wie gar nicht mehr in deutscher Sprache. Er nimmt Sprachunterricht und bemüht sich verbissen, sein Englisch zu perfektionieren. 1945 wird Yvan Goll amerikanischer Staatsbürger. Kurze Zeit darauf diagnostizieren New Yorker Ärzte bei ihm Leukämie. Auch Rilke war dieser Krankheit zum Opfer gefallen.

Claire, die ständig Kränkelnde, die wegen diverser Schwächen und Unpäßlichkeiten viele Monate ihres Lebens in Kurheimen verbracht hatte, kann zunächst nur einen Gedanken fassen: »Ich werde auch sterben«, geht es ihr durch den Kopf, und diese Idee tröstet sie. Beinahe euphorisch malt sie sich aus, Yvan ins Grab vorauszugehen. »Er wird mich lieben, er wird sich kümmern um mich, ich werde das Bett nicht mehr verlassen und dann gehen wir zusammen.« Der Überlebende, so ihr Plan, solle neben der Leiche des Geliebten Selbstmord begehen.

Aber dann besinnt sich Claire anders. Sie erkennt ihre Lebensaufgabe darin, den Sterbenskranken bis zu seinem Tod zu pflegen, zu schützen und ihm das Leben angenehm zu gestalten. In Gedanken bereitet sie sich schon auf ihre Rolle als Witwe und erbitterte Nachlaßverwalterin vor.

Seit Goll weiß, daß sein Leben zu Ende geht, ist er nur von einem Gedanken erfüllt: nicht in der Fremde sterben zu müssen. Als die französischen Emigranten in Amerika die Nachricht von der Befreiung ihrer Heimat erreicht, schöpft auch Goll Hoffnung. La douce France wird zum Land seiner Sehnsucht. Zunehmend unruhig und krank, fiebert er seiner Rückkehr entgegen. Wiedersehen wird er Frankreich erst im Juni 1947. Doch im existentialistischen Nachkriegs-Paris kennt die Golls keiner mehr. Sie sind nur zwei altmodische, müde Menschen unter vielen. Trümmer überall, nichts ist mehr, wie es war. Keiner spricht noch von Expressionismus, Kubismus, Surrealismus. Und trotzdem ist Yvan glücklich. »Paris ist herrlich, o wie beruhigend und beseligend«, schreibt Yvan Goll im Juni 1947 an einen Freund in New York.

Seine Krankheit schreitet unaufhaltsam fort. »Krank und unbemerkt, noch nicht im Reich der Schatten, gehört er schon nicht mehr ins Reich der Lebenden«, schildert Claire Yvans Zustand Freunden in Amerika. Hinzu kommen finanzielle Sorgen und eine unwürdige Wohnsituation. Einmal reißt Yvan beim tagtäglichen Blick auf den Hinterhof eines schäbigen Hotels der Geduldsfaden. »Ich will nicht mit der Aussicht auf ein Pissoir krepieren«, schreit er sich die Verzweiflung über seine Situation vom Leib. Claire sorgt für Abhilfe und organisiert eine neue Bleibe in dem ehemals prächtigen Hôtel d'Orsay mit Panoramablick vom Panthéon bis zum Eiffelturm. Hier fristen die Golls bis zuletzt ein armseliges Dasein mit belegten Broten und heimlich auf dem Zimmer gewaschener Wäsche. Doch die materielle Not tut ihrer Liebe keinen Ab-

bruch. In einem der letzten Briefe, die Claire Yvan ins Krankenhaus schreibt, klingt unvermindert der zärtliche Ton an, der bezeichnend ist für ihre gesamte Korrespondenz: »Mein tapferes Yvanlein, schlaf wohl, Liebling«, heißt es darin, »eine Amsel und ein Fink waren heute im Garten, träumen wir von ihnen.«

Auf dem Totenbett nimmt Yvan Claire das Versprechen ab, für sein Werk weiterzuleben. Er stirbt am 27. Februar 1950. Claire folgt ihm erst siebenundzwanzig Jahre später in das gemeinsame Grab auf dem Pariser Friedhof Père Lachaise.

Ihre letzte Ruhestätte ziert ein Doppelporträt, ein schlichtes Relief nach einer Zeichnung von Marc Chagall, entstanden in der Zeit der großen Liebe.

Noch in Golls letztem Werk, dem Gedichtzyklus Traumkraut, den er im Fiebertaumel im Krankenhaus aus sich herausgeschleudert hat, versucht Yvan dem Rätsel seiner Liebe zu Claire auf den Grund zu kommen: »Wozu drang ich hinab in deine Feuerberge? / Ich habe längst vergessen, was ich heischte / Die Liebe oder die Erkenntnis«.

Kratz mich, beiß mich, sag Iltis zu mir!

Valeska Gert und Sergej Eisenstein
Von Dorothea Friedrich

Sie mochte nur bleiche und dickliche Männer. Ob er Männer mochte, weiß keiner ganz genau. Er hat jedenfalls keinen Gebrauch davon gemacht. Von Frauen aber auch nicht in dem Maße, wie sie es gewünscht hatten. Diese eine war die Ausnahme. Die deutsche Tänzerin Valeska Gert und der russische Regisseur Sergej Eisenstein fanden zusammen. Wie eng, wird keiner je erfahren, der nicht das Bett mit ihnen geteilt hat.

Der Schriftsteller Hans Sahl war nahe dran. Wenn auch nur in der untadeligen Rolle des Go between oder besser des Postillon d'amour, denn die Sache nahm in Paris ihren Lauf. Die Verliebten lagen, nur Straßen voneinander entfernt, in ihren Hotelbetten und klagten ihren Liebeskummer. Später zogen sie durch die Tanzlokale, sie hing an seinem Halse, biß ihn ab und zu zärtlich ins Ohr, er litt es gern. Doch eigentlich war es in dieser Geschichte die Frau, die litt. Wie banal. Aber es war doch etwas anders als sonst.

Sie hatte nämlich nicht damit gerechnet. Eisenstein war ein schwieriger Fall. Sie schätzte ihn falsch ein. Ihrer ersten Überprüfung hatte er noch problemlos standhalten können. Als sie ihm endlich in Moskau Auge in Auge gegenüberstand, stellte sie zufrieden fest: Er war ein dicklicher Mann. »Es war fast sofort Liebe.« Der Anstoß dazu war von ihm ausgegangen. Er hatte den Komponisten Hanns Eisler bei dessen Besuch in Moskau um das Buch gebeten, das der Feuilletonchef des Berliner Tageblatts, Fred Hildenbrandt, über die Avantgardistin Valeska Gert geschrieben hatte. Valeska Gert war eine Berühmtheit. Wo immer sie auftrat, knallte es. In Paris mischte sie in der Comédie des Champs-Elysées die rivalisierenden Surrealisten Goll und Bre-

ton auf, Brecht war platt, weil sie bereits etwas machte, worauf er erst hinauswollte, und ganz nebenbei half sie Erik Charell in Bukarest auf die Beine.

Bei der Lektüre von Hildenbrandts Buch wurde Eisenstein etwas mulmig. Er kannte Valeska Gerts Pläne, in der Sowjetunion eine Tournee zu veranstalten, und fürchtete sich vor so manchem Tanz. Valeska Gert tröstete ihn: »Die paar Tänze, die das Laster zeigen, lasse ich dann weg. Es sind noch genug übrig, die auch die Prüdesten sehen können.« Das scheint ihn beruhigt zu haben, denn er setzte sich für sie ein. Für den gefeierten Regisseur des »Panzerkreuzer Potemkin« beschleunigte sogar die sowjetische Bürokratie das Tempo. Im Februar 1929 fuhr sie nach Moskau. Sie war voller Erwartungen. Der Name Eisenstein kam ihr äußerst martialisch vor, doch sein Brief war ihr wie der eines Rokokomenschen erschienen, zart, charmant und elegant. Auch Eisenstein war von Neugier geplagt. Und er war sehr vorsichtig. Nachdem er sie von einem Chauffeur ins Filmstudio hatte holen lassen, gestand er ihr, heimlich in ihrer Probe im Stanislawski-Theater gewesen zu sein.

Wo immer Valeska Gert auftritt, knallt es. Die Tanzleidenschaft reite ihren Körper wie ein Mann sein Pferd, schwärmt man in Moskau. In den Filmregisseur Sergej Eisenstein verliebt sie sich, weil er ihr zarte Briefe schreibt.

Sie war siebenunddreißig Jahre alt, Eisenstein sechs Jahre jünger. Sie war verheiratet, weil sie ihrer Mutter nicht hatte zumuten wollen, die Tochter in wilder Ehe leben zu sehen. Ihr Mann hieß Helmuth von Krause. Er war Sanskritforscher. Die erste Begegnung fand in Valeska Gerts Garderobe statt, wo sie gerade tief befriedigt heiße Schokolade trank. Die hatte sie im Vertrag. Sie tanzte als Pausenfüller zwischen zwei Filmen für die Ufa im Theater am Nollendorfplatz. »So tanzt man wohl in Paris?« versuchte er zu schmeicheln. »Nur ich tanze so«, sagte sie grob. Dann fand er das richtige Wort: »Sie sehen wie ein seltsames Tier aus.«

Von da an durfte er sie umwerben. Ihr Zwischenspiel im Kino wurde von der Ufa abgebrochen; es war zu wild. Kurt Tucholsky beschrieb den Tanz »Canaille« so: »In den Lichtbogen schlurft eine Schlampe in Schwarz. Wer ist das? Die ›Vorstadtdirne‹ von Toulouse-Lautrec ist eine Gräfin gegen diese Nutte. Gleichgültig schiebt sich das gemietete Stück Fleisch durch die Straße. Und wird von einem Kerl ergriffen – und produziert das Frechste, was wohl je auf einer Bühne gemacht worden ist. Die Beine öffnen und schließen sich. Und Gleichgültigkeit, Krampf – dennoch Krampf! – und Geldgier schütteln den ausgelaugten Körper.« Tucholsky verstand zum erstenmal, wie »Lust und Qual auf demselben Loch gepfiffen werden«.

Mit ihrem Krause hatte Valeska Gert es nicht eilig. 1916 ging sie nach München, wo sie eine Spielzeit lang an den Münchner Kammerspielen debütierte. Wie bei jeder Anfängerin waren ihre Auftritte eher Nebenrollen, doch selbst als Statistin stritt sie sich sofort und täglich mit Wedekind. Im Privatleben ließ sie mit sich experimentieren. Der Komponist Walter soll ihr die Musik für einen neuen Tanz schreiben. Er knüpft das an eine Bedingung. Er schreibe ein Buch über den Ausdruck des menschlichen Körpers; sie möge ihm nackt ihre Tänze vortanzen. Valeska Gert ist verdutzt. Sie fand es zwar delikat, an der Ostsee nackt durch den Wald zu spazieren, aber sie war doch so konventionell, zuerst über die Frage der Schönheit und erst dann über die Schicklichkeit des Ansinnens nachzudenken: »Nackt? Bin ich denn hübsch genug?«

Der Komponist fand sie sogar schön. Sie tanzte ihm so oft nackt vor, daß sie schließlich meinte, verliebt zu sein, und über ihn herfiel. Er wies sie ab. Sie sei noch nicht reif genug. Da hatte er recht, denn er besaß nur einen Arm und ein Bein. Daran hatte sie sich wirklich noch immer nicht gewöhnt. Als es soweit war, ärgerte sie sich. »Er war gar nicht sensibel und intensiv und nur so eine Art richtiger Mann.« In der Liebe sind Frauen allzu berechnend. Wenn sie aus Mitleid lieben, meinen sie, dafür Anspruch auf etwas ganz Besonderes zu haben. Das klappt fast nie. So ging es ganz gewöhnlich weiter und zu Ende. Man betrog einander und versöhnte sich ohne größere innere Qualen. Zwischendurch erhält sie Besuch von Herrn von Krause und läßt sich auf eine Lustfahrt nach Berchtesgaden ein, die ihr der Komponist mit der Auflage gestattet, ihm treu zu bleiben. Ihre Spielzeit im Theater wird nicht verlängert. Zwei Tage nach ihrer Rückkehr nach Berlin heiratet sie Helmuth von Krause.

Sieben Jahre lang bleibt sie ihm treu. Mehr oder weniger. Valeska Gert hat einige Bücher und Aufsätze über ihr Leben geschrieben. Viele Episoden wiederholen sich, und jede Version ist glaubwürdig. Doch nur

in der letzten ihrer vier Autobiographien, »Katze von Kampen«, findet sich die Geschichte einer Abtreibung. Vielleicht weil es 1973 en vogue war, sich zu solchem Tun öffentlich zu bekennen. Oder weil sie nicht gewillt war, mit einundachtzig Jahren noch mit irgend etwas hinter dem Berg zu halten. Im selben Buch behauptet sie auch, ihren Mann in den allein verbrachten Flitterwochen betrogen zu haben. Das Telegramm mit seiner Erlaubnis dazu – »Tu, was du für richtig hältst« – überschneidet sich mit diesem ersten Ehebruch. Schwanger wird sie von Bubi, einem Gauner und Betrüger, mit dem sie während einer ihrer Tourneen ein Verhältnis hat. Ihr Mann nimmt ihr auch das nicht weiter übel, doch von einer Ménage à trois will er nichts wissen: »Und ich kann es wohl spazierenfahren und trockenlegen! Eine Amme kommt nicht ins Haus. Laß es abtreiben.« Er ruft einen befreundeten Arzt an, Valeska Gert nennt ihn einen Talmidoktor. Es folgt eine ganz normale Hausabtreibung der zwanziger Jahre: Auch die Frau kommt beinahe ums Leben. »Ich dachte nicht, daß es so fest sitzt«, sagt danach der Arzt ganz lässig zu ihr.

Aber damals weiß von ihrem Privatleben natürlich keiner etwas. Doch ihre Tänze haben Valeska Gert einen so ungestümen Ruf eingetragen, daß an ihre Tugend keiner glauben mag. Sie lernt Aribert Wäscher kennen. Wäscher war Schauspieler und Kabarettist. In Valeska Gerts späterem Kabarett »Kohlkopp« hatte er seinen festen Platz. Für die wüste Nummer »Hochzeitsnacht« war er wie geschaffen. Er spielte mit Else Ehser, und sie machten den Aufschrei einer sächsischen Masochistin sprichwörtlich: »Gratz mich, schlaach mich, beiß mich – saach Iltis zu mir!« Das erste, was Valeska Gert an Aribert Wäscher gefiel, war sein völlig abgerissenes Aussehen. Sein Mäntelchen war so lächerlich, daß er in manche Lokale gar nicht erst hineingelassen wurde. Und er war schon eher dick als dicklich, ein bitterarmer Vielfraß. »Sie gelten als personifiziertes Laster und sind eine Nonne«, sagte er erstaunt zu Valeska Gert, denn sie trank nicht und rauchte nicht und ging lange vor Mitternacht zu Bett.

Das kommt ihm später sehr zupaß. Um elf liefert er sie bei Krause ab und widmet sich allein dem Trunk, den Frauen und dem Kartenspiel. Mit Valeska Gert soupiert er gern. Die Zeche zahlt immer sie. Auf Sylt machen die beiden Furore. In dieser Hochburg der Berliner Künstler vor dem Krieg laufen zwar alle ziemlich exotisch herum, in Trainingsanzügen, mit grellen Shawls und skurrilen Mützen. Doch Hubert von Meyerinck bezeugt, Valeska Gert und Aribert Wäscher hätten alle anderen übertroffen und ausgesehen wie zwei Strauchdiebe.

Mit neunzehn Jahren hatte Sergej Eisenstein immer noch kein Mädchen geküßt. Höchste Zeit für die Oktoberrevolution. Die befreite ihn dann zwar von seinen Eltern, aber nicht von sich selbst. Er hatte eine unglückliche Jugend in einem großbürgerlichen Elternhaus verbracht. Elternhaus? Genau das war es nicht. Seine Eltern stritten beinahe ununterbrochen. Seine Mutter nannte seinen Vater einen Dieb, sein Vater nannte seine Mutter eine Dirne. Die Mutter war wohlhabend und untreu. Beide Vorwürfe hatten also eine ganz gesunde Grundlage. Vor dem nächtlichen Lärm floh das Kind zur Gouvernante und vergrub den Kopf in ihren Kissen. Kaum war der Junge eingeschlafen, rissen ihn die Eltern reuevoll wieder hoch und trugen ihn in sein eigenes Bett. Als die Mutter 1909 nach Sankt Petersburg zog, hinterließ sie eine leere Woh-

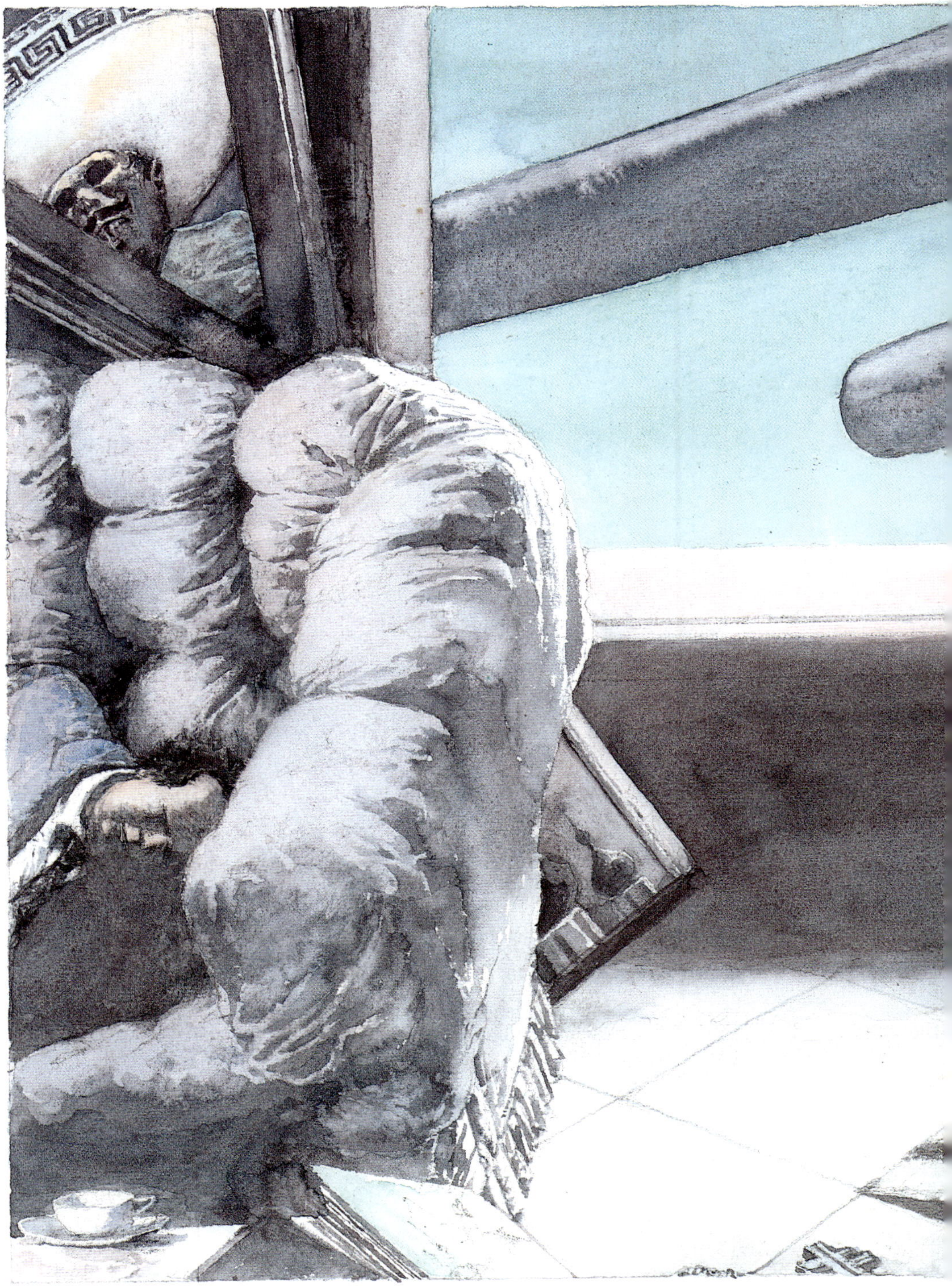

Was immer Sergej Eisenstein träumt, von Frauen ist nie die Rede. Er träumt Filme wie den »Panzerkreuzer Potemkin« zum Beispiel, der ihn berühmt gemacht hat, oder wie den großen Hymnus auf Mexiko, der zum Debakel seines Lebens gerät.

nung, doch ihr Sohn, der beim Vater in Riga blieb, konnte endlich wieder ruhig schlafen. Drei Jahre später wurde die Ehe der Eltern endgültig geschieden wegen Treuebruchs der Frau. In seinen Memoiren schreibt Eisenstein von der »divorce of pop and mom«, weicht kindisch in eine fremde Sprache aus. Und fügt hinzu, eigentlich gehe sein Privatleben niemanden etwas an. Über die Frauen seines Lebens schreibt er nicht ein Sterbenswort. Mit einer Ausnahme aus der Zeit der Pubertät: »Verliebt aber bin ich, und zwar ganz wahnsinnig, in die unerreichbaren Geschwister Amelang. In beide zugleich. Zumal sie Zwillinge sind.« Unerreichbar und Zwillinge und viel älter als er – er ist auf Nummer Sicher gegangen. Die erste Sehnsucht sollte auf keinen Fall gestillt werden. Symptomatisch ist es auch, daß er gerade und nur diese Verliebtheit eingesteht. Er verrät das Kind, das er war. Nur ein Indiz für den Selbsthaß, den er nach der Trennung von der Mutter zu kultivieren begann.

Eisensteins Verhältnis zu seiner Mutter ist zwiespältig. Einmal sandte sie ihm ein Geschenk, drei Rubel und eine Fotografie seines Vaters, wie sie meinte. Eisenstein zeichnete eine Antwort: Ein schäbiger Jude verbeugt sich vor einem fetten, mit Edelsteinen aufgeputzten Mann, neben dem ein schwarzer Page ein Schild hochhält: »Merci!« Der vierzehnjährige Sergej schreibt noch ein paar Zeilen dazu und bemerkt kühl: »Der Mann auf dem Foto ist nicht Vater.« Doch weder die Karikatur noch der kleine Brief werden abgeschickt. Dafür ein anderer Brief: »Ich küsse dich heftig. So heftig, daß es unbedingt ein Loch geben wird. Dein dich aufrichtig liebendes Katerchen.«

Eisensteins Biographin Marie Seton berichtet, Eisenstein habe seine Mutter gehaßt. Nach der Revolution war sie verarmt und wollte mit ihrem Sohn zusammenleben, der inzwischen in Moskau studierte; der Vater hatte auf seiten der Weißen Armee gekämpft und war nach deren Niederlage nach Berlin gegangen, wo er in den zwanziger Jahren starb. Doch Eisenstein wollte seine Mutter nicht bei sich haben. Er fühlte sich ohnehin von allen kontrolliert. Seine Weggenossen mochten nicht glauben, was sie sahen: Eisenstein beteiligte sich nicht an der Libertinage der Revolutionswirren.

Seine Mutter wußte nicht, was sie mehr verabscheuen sollte, seine Wollust, die sie zunächst vermutet hatte, oder seine unnatürliche Askese. An Spekulationen über das Sexualleben ihres Sohnes nahm sie lebhaften Anteil, denn bald mochte niemand mehr an seine Keuschheit glauben. Es hieß, er sei nur an Orgien mit seltsamen Praktiken interessiert. Kurz bevor Eisenstein seinen Ruhm als Regisseur mit dem »Panzerkreuzer Potemkin« begründete, wollten seine Freunde es genau wissen und legten ihm eine Prostituierte ins Bett. Aber nicht die Frau, sondern Eisenstein verließ mit allen Zeichen des Entsetzens das Zimmer. Seine Versucher waren so schlau wie zuvor.

In seiner Autobiographie verwischt Sergej Eisenstein mit allerlei Konfessionen seine Spuren. Er streute gern die Erinnerung an eine Filmszene unters Volk, die er in seiner Jugend gesehen habe: Ein Schmied ertappt seine Frau mit einem Sergeanten, wirft den Nebenbuhler auf den Heuboden und brennt ihm ein Sträflingszeichen ein. Später rettet der Gezeichnete die Frau des Schmieds aus einer Feuersbrunst, und in den neuen Brandwunden verschmelzen die alten. Sergej Eisenstein will nach diesem Kinoerlebnis von Alpträumen heimgesucht

worden sein und identifiziert sich mit beiden Männern. »Ich wußte nicht mehr, wer wen brandmarkt.«

Die Frau spielt keine Rolle in diesen Träumen. Seine Biographin und Freundin Marie Seton fütterte er mit Theorien und Gedanken über seine Sexualität. Sie schnappte gierig danach. Eisenstein rezitierte für sie ein Leseerlebnis, Leonardo da Vincis Kindheitserinnerungen: »Es schien mir, während ich in der Wiege lag, als sei ein Geier auf mich herabgestoßen, habe meinen Mund mit seinem Schwanz geöffnet und mich einige Male zwischen die Lippen gestoßen.« Auch anderen Journalisten erzählte er davon und von Freuds Studie über die Künstler, die ihn wie eine Erleuchtung getroffen habe. Eisenstein sieht sich geradezu als Reinkarnation Leonardos. In seiner Verwirrung darüber, mit keiner Frau eine normale Beziehung aufbauen zu können, hilft ihm das wenig. Und er kommt zu dem Schluß: »Daher auch weiterhin – Ratio kommt vor Sex.« Und fürchtete doch, sich mit seiner Paarungswilligkeit auf dem direkten Weg in die Hölle der Perversion zu befinden. »Wären da nicht Leonardo, Marx, Lenin, Freud und das Kino gewesen, so wäre ich aller Wahrscheinlichkeit nach ein zweiter Oscar Wilde geworden.« With a little help from my friends. Vielleicht hat Eisenstein wirklich sein Leben lang nicht herausgefunden, ob er homosexuell hätte sein können oder nicht, aber er stand unter einem Druck, den man heute kaum nachvollziehen kann, wo mit jedem neuen Coming out die Frage der Homosexualität belangloser wird. »Übrigens«, fragt er einmal den Leser seiner Erinnerungen, »wußten Sie, daß man etwas am besten dadurch verbirgt, daß man es restlos aufdeckt?!«

Dann kam Pera. Pera Attaschewa, die eigentlich Fogelman hieß und für lange Zeit seine wichtigste Mitarbeiterin und Vertraute war. Sie lernten sich nach seinem ersten großen Erfolg kennen und stritten sogleich um die deutschen Rezensionen des »Panzerkreuzer Potemkin«. Sie gewann und ließ ihn warten, denn sie empfand ihn als den arrogantesten Mann, der ihr je begegnet war. Als sie ihn anrief, um ihm zu sagen, er könne die Unterlagen nun abholen, war er krank. Sie ging also zu ihm. Er war vergrippt und einsam und tat ihr leid. So fing sie an, ihn zu umsorgen. Schließlich wurde sie unter der Bedingung, dennoch auch für ihre eigene filmwissenschaftliche Arbeit Zeit zu haben, seine Sekretärin.

Dummerweise machte sie sich nicht nur unentbehrlich, sondern verliebte sich auch noch in ihn. Ihr Freund, ihre Mutter, ihre Schwester beschworen sie, die Finger von ihm zu lassen, doch Pera ließ ihn nicht mehr im Stich. Glücklich ist sie nicht geworden. Nur Frau Eisenstein. Lotte Eisner berichtet, Pera Attaschewa habe ihr bei einer Begegnung nach Eisensteins Tod erzählt, Eisenstein habe nie sexuelle Beziehungen zu ihr gehabt. Das Paar wohnte auch nie zusammen. Nur wenige wußten gewiß, daß sie überhaupt verheiratet waren. Die Ehe war am 27. Oktober 1934 geschlossen worden.

Pera Attaschewa verteidigte Eisenstein gegen Angriffe von außen. Valeska Gert verteidigte Eisenstein vor Eisenstein, bevor sie ihn überhaupt persönlich kannte. In der »Weltbühne« reagiert sie auf seine These, an einen Film müsse man auf dieselbe Art und Weise herangehen wie an den Aufbau einer Hühnerfarm oder die Installation einer Wasserleitung: »Glaubt Herr Eisenstein wirklich, daß er seinen wunderbaren Potemkinfilm ohne Intuition gemacht hat?

Vielleicht aber ist Eisenstein ein ungenauer Propagandist seiner Absichten.« Ob dieser Artikel schon unter den Rezensionen war, um die sich Eisenstein mit Pera Attaschewa stritt, ist nicht bekannt.

Im September 1929 treffen sich Valeska Gert und Sergej Eisenstein in Berlin wieder. Mit einer Handvoll Dollar in der Tasche dürfen er und seine Mitarbeiter Alexandrow und Tisse in die Vereinigten Staaten fahren; Eisenstein ist eingeladen von Mary Pickford und Douglas Fairbanks. Doch zunächst fahren die Russen in die Schweiz. Eisenstein erhält das Angebot, einen Film über eine Abtreibung zu drehen, und lehnt ab. Er war nicht immer so zurückhaltend. Es gibt ein Foto, das einen lachenden Eisenstein zeigt, der in das Skelett eines Fötus beißt. Nach einem seiner Vorträge in einem Züricher Arbeiterviertel weisen ihn die Schweizer schleunigst aus. Ein paar Monate später schreibt Valeska Gert aus Klosters in der Schweiz an Eisenstein: »Genau die Gebirgsdorfluft, die ich immer ergiere. Schnee, Sonne, Holz, Dung, aber seit ich hier bin, sind schon drei Dorfbewohner gestorben.«

Eisenstein fährt nach Berlin. Dort verhalten sich die beiden Verliebten eher bizarr. Valeska erinnert sich. »Ich war wie gelähmt vor Leidenschaft zu ihm und konnte in seiner Gegenwart kaum sprechen. Ihm ging es ebenso. Manchmal lag er in meinem Arm auf der Couch, wir waren stumm und konnten vor Lähmung nichts tun.«

Tagsüber besucht Eisenstein das Magnus-Hirschfeld-Institut und studiert die Homosexualität. Er kam zu dem Ergebnis, Homosexualität solle man lieber nicht praktizieren, da sonst der Quell der Kreativität versiege. Fünf Jahre später hat er mehr Abstand gewonnen und schreibt an Wilhelm Reich: »In der Psychoanalyse wird das rein Sexuelle viel zu stark betont. Der sexuelle Orgasmus als solcher ist bloß eine Einzelerscheinungsform des Ekstatischen.« Vorläufig aber fährt er nach Paris. Valeska Gert hat auch dort zu tun. Er wohnt im Hotel des Etats Unis, sie im De la Grande Chaumière. Er schickt ihr rote Rosen. Sie gehen zum Magic-City-Ball, dem Ball der Pariser Schwulen und Transvestiten. Dann besuchen sie die Bals musettes in der Rue de Lappe, wo sich die kleinen Leute amüsieren. Valeska Gert weist einen ihrer Tänzer auf Eisenstein hin. »Sehen Sie den kleinen Mann da, meinen Freund. Morgen fährt er nach Hollywood.« Eisenstein scheint nicht besonders seriös ausgesehen zu haben. »Ah, Erdnüsse verkaufen«, sagt Valeskas Tänzer. Marie Seton weiß von Eisenstein, daß er durch Valeska Gert dem normalen Leben näher gebracht worden sei. Eisenstein sieht einmal in Paris eine Bekannte Valeskas allzu lange an. »Sie sollen sie nicht ansehen«, faucht Valeska Gert eifersüchtig. Eisenstein hat sogar gelächelt. »Es ist nur optisch«, beschwichtigt er sie.

Und doch. Nachts, erzählt Valeska Gert, kam Eisenstein in ihr Hotelzimmer und mimte den Fetischisten. »Er schnüffelte an meinen Sachen, faßte Strümpfe, Hosen und alles, was da so rumlag, an und stürzte aus dem Zimmer. Vielleicht hatte er erwartet, daß ich ihn vergewaltige, aber ich bin gar nicht auf die Idee gekommen und dachte nur: ›Na, tut er nichts?‹« So stellt sie es 1968 dar. Nicht alle Nächte waren gleich. Nach einer anderen gab es für sie Anlaß, folgenden Brief zu schreiben: »Lieber E, Ihre wahrhaft kollektivistische Seele hat etwas Rührendes für mich. Ich, die ich eine krasse Individualistin bin, habe Sie aus einem leidenschaftlichen Bedürfnis nach Kamerad-

schaftlichkeit gesucht. Was Sie aus einer Instinktlosigkeit gegen Frauen für etwas ganz anderes gehalten haben, nämlich Geilheit und Interesse an dem *Mann* Eisenstein, und mich dementsprechend behandelt haben. Die Sicherheit Ihrer falschen Meinung über meine Einstellung wirkte lähmend und quälend auf mich. Glauben Sie vielleicht, nur Sie können monoman sein?«

Sie ist tief enttäuscht, daß er ihren Tanzabend in der Salle d'Iéna nicht besucht, sich auch nicht nach dem Gelingen erkundigt hat. »Soviel Egoismus gegen jemand, den Sie als gleichgerichteter als sonst jemanden empfinden müssen, beginnt eine ziemlich eisige Kälte in mir zu entwickeln, worauf ich Sie in letzter Minute aufmerksam mache.« Die Warnung hat geholfen. Als Sergej Eisenstein in Paris endlich sein Visum für den Aufenthalt in Hollywood bekommt, schickt sie ihm einen Abschiedsgruß: »Bon voyage und sehr viel Glück! Valeska«, geschrieben in großen, gelösten Buchstaben.

Eisenstein hat kein Glück in den Vereinigten Staaten. Er soll einen Film in Mexiko drehen. Upton Sinclair und seine Frau finanzieren das Unternehmen. Sie verlieren die Nerven, als Eisensteins Aufenthalt immer länger und teurer wird. Wieder einmal wird er von Gerüchten umschwirrt. Er sitze nur auf der Terrasse seiner Hazienda und vertrödle seine Zeit mit schwulen Trotzkisten, heißt es.

Die Schriftstellerin Katherine Anne Porter besuchte die Dreharbeiten in Mexiko und schrieb darüber. Eisenstein heißt bei ihr Uspenski, kleidet sich in eine Art Affenkostüm und läßt Schauspieler in mexikanischer Tracht alte russische Bauernkomödien aufführen. »Bei solchen Aufführungen deklamierte er dann immer lauthals und derb seinen Text und war bester Laune, dieweil er das Hinterteil eines geduldigen Esels, der Kummer und unwürdige Behandlung gewöhnt war, mit einem phallusförmigen Kürbis traktierte.«

Eisenstein neigte zu rüden Scherzen; als er während der Dreharbeiten zum »Panzerkreuzer Potemkin« im Winterpalast den Zarennachttopf fand, geriet er in einen wahren Rausch ordinärer Späße. Ein anderer Spaß kann ihn endgültig seinen großen Mexiko-Film gekostet haben; er hing mit seinen berüchtigten Zeichnungen zusammen. Eisenstein war ein wahrlich begnadeter Zeichner, der sein Talent vor allem zur Schaffung obszöner Meisterwerke nutzte. Josef von Sternberg genoß das Privileg, einige sehen zu dürfen. Rückblickend findet er, sie hätten wohl eigentlich in Professor Kinseys Ressort gehört. Eisenstein selbst kokettiert gehörig mit den Motiven seiner Bilder: Die seien nun wirklich eine Analyse wert! »Die charakteristischsten und ungeheuchelt freimütigen wurden rücksichtslos fast sofort zerrissen – schade, denn sie kennzeichneten nahezu einen Automatismus der Schrift. Aber mein Gott! Wie maßlos obszön waren sie!«

Er zeichnete auch sich selbst: im Affenkostüm ans Kreuz geschlagen. Obwohl er sich zum Atheisten erklärte, konnte er sich von der Faszination nicht freimachen, die die orthodoxe Kirche und ihre Rituale auf ihn ausübten. Dem ohnehin verdorbenen Verhältnis zu Upton Sinclair gab er den Rest, als er diesem einen Schrankkoffer mit in Mexiko nicht mehr benötigten Dingen schickte. Sinclair mußte das Frachtgut beim amerikanischen Zoll öffnen: Obenauf lagen die Zeichnungen. Sinclair tobte: Die reine Pornographie! Und er hatte auch noch die Spesen gezahlt! Eisenstein hielt nie in sei-

nem Leben auch nur einen Meter seines Mexiko-Films in Händen. Mexiko wurde das Trauma seines Lebens. Aus dem Material wurden drei Filme zusammengeschnitten, kein einziger von ihm selbst montiert.

Doch als Eisenstein am 24. April wieder in Cherbourg eintraf, hoffte er immer noch, man werde ihm die Filmrollen doch in die Sowjetunion nachsenden. Er schwankte zwischen Euphorie und Verzweiflung. Valeska Gert erhielt ein Telegramm von ihm, er müsse sie unbedingt sehen. Werner Höfer, mit dem Valeska Gert in ihren letzten Jahren befreundet war, gehörte zum vertrauten Kreise, in dem sie gelegentlich von einer Schlafwagenfahrt zwischen Cherbourg und Paris erzählte – heißersehntes Wiedersehen, das zum spontanen Liebesfest hatte werden sollen und diesmal nur noch zum stilisierten Taumel geriet.

In ihrem Buch »Ich bin eine Hexe« schildert sie es – wieder einmal – anders: Eisenstein habe sie erst in Berlin wiedergetroffen, wo er sie todmüde und schmutzig im Kabarett »Kohlkopp« aufgesucht habe. »Er war ein bißchen zu lange weg gewesen.« Er will sie nach Hause begleiten. »Mein Mann ist da, es geht nicht.« Er besteht darauf. »Wäscher weinte, als ich mit ihm loszog. Im Wohnzimmer lag ernst und streng mein Mann auf der Couch aufgebahrt, ein Buch in den Händen. Durch die Brille musterte er Eisenstein kühl.« Den Schnaps, den ihm der Aufgebahrte anbietet, lehnt Eisenstein ab. Doch er nimmt die Kopie eines kleinen Films von Suse Byk über Valeska mit und verläßt die Wohnung. Valeska hat ihn nie wiedergesehen.

Ab 1933 nimmt ihr Unglück andere Dimensionen an. Während des Dritten Reichs werden die meisten ihrer Verwandten ermordet. Ihr Mann läßt sich von ihr scheiden, Aribert Wäscher distanziert sich, weil das, was sie trieben, Rassenschande gewesen sei, sagt Valeska Gert. Sie heiratet einen jungen homosexuellen Engländer, um einen englischen Paß zu erhalten. Es fällt ihr wahnsinnig schwer, Deutschland endgültig zu verlassen. Immer wieder mutet sie sich den Schmerz zu, an den Ort zurückzukehren, wo ihre private und berufliche Existenz zerstört worden ist. Sie fährt ein erstes Mal nach New York, verpatzt unter dem Druck ihrer Sorgen den Auftritt und wird von Klaus Mann dümmlich kritisiert. Sie sei aber zu starr gewesen, ihm zu erklären, daß es früher ja Hitler nicht gegeben habe. Aus seinem Buch streicht Mann sie in der zweiten Auflage. 1939 geht sie ins Exil.

Dringend bittet sie Eisenstein um ein Empfehlungsschreiben an Charlie Chaplin. Doch in Hollywood scheitert sie. In und um New York gründet sie verschiedene Lokale und Kabaretts, eine tragikomische Existenz mit einem unbedingten Überlebenswillen. Sobald es geht, kehrt sie nach Kriegsende nach Europa zurück. Kabarett in Zürich, Kabarett sogar in Berlin, schließlich der »Ziegenstall« auf Sylt. Bei Fellini und Faßbinder spielt sie kleine Rollen. Im März 1978 stirbt sie in Kampen.

Bald nach seiner Rückkehr in die Sowjetunion erfährt Eisenstein, daß er seinen Mexiko-Film niemals fertigstellen wird. Pera und seine Freunde fürchten wochenlang um sein Leben. Politische Intrigen und Machenschaften von Kollegen werden ihm den Rest seiner Laufbahn zu schaffen machen. Für einen seiner Filme muß er sich öffentlich entschuldigen. Sein Verhältnis zu Frauen bleibt unbefriedigend. Seit dem Mai 1935 nimmt die Schauspielerin Jelisaweta Teleschawa den Platz Pera Attaschewas ein.

Viele glauben, er sei mit ihr verheiratet. Sie ist eine große Frau, die Eisenstein für offizielle Anlässe zu sich zu zitieren pflegt und im Lauf der Jahre immer skrupelloser dominiert. Er sucht bei Pera Trost, doch das Verhältnis ist irreparabel zerstört. Eisenstein und die Teleschawa trennen sich 1943.

Sergej Eisenstein erleidet im Februar 1946 einen Herzinfarkt. Er kann nicht mehr filmen, schreibt aber seine Memoiren und Aufsätze zur Filmtheorie. Am 11. Februar 1948 stirbt er in seiner Datscha. Pera Attaschewa legt ihre Heiratsurkunde vor und erhält den Nachlaß. In ihm findet sich ein unvollendeter Aufsatz über Valeska Gert, all ihre Briefe, kurz hingekritzelte Nachrichten und Telegramme eingeschlossen. Seine Briefe an Valeska Gert sind verloren.

Beide liebten übrigens Oscar Wildes Salomé, aber jeder liebte sie anders. Eisenstein zeichnete sie, wie sie genußvoll mit einem Strohhalm aus dem Mund des abgeschlagenen Kopfes Johannes des Täufers schlürft. Valeska Gert inszenierte. Den abgeschlagenen Kopf ließ sie von einem in ein schwarzes Hemd gekleideten Mädchen bringen, das so suggestiv spielte, daß niemand den Kopf vermißte.

Er ist besessen von prallen Frauen, sie ist zierlich und treu

Federico Fellini und Giulietta Masina
Von Annette Seemann

Fünfzig Jahre lang sollten der Regisseur und die Schauspielerin ein Paar bleiben. Giulietta inspirierte Federico, entfachte seine Kräfte, war sein Jungbrunnen. »Meine Filme sind unsere Kinder«, pflegte er zu sagen und ließ die Puppen tanzen.

TEL. 586

Rom 1938. Ein junger Mann, dem die Mitschüler, weil er so mager ist, den Spitznamen »Gandhi« gegeben haben, kommt in die Hauptstadt. Er stammt aus Rimini, ist Sohn eines Handelsvertreters und hat sich schon als Karikaturist hervorgetan. »Ich war sehr bleich und romantisch. Mein Hemd war immer geschmutzig und mein Haar lang. Ich arbeitete als Sekretär bei ›Il Popolo di Roma‹, machte die Post auf und erledigte Botengänge.« Nebenbei zeichnet er Karikaturen für ein Dutzend Zeitungen und Zeitschriften, schreibt Sketche und Varieté-Lieder, Werbetexte und Kurzhörspiele fürs Radio. In der Nähe des Bahnhofs hat er sein möbliertes Zimmer, inmitten von chinesischen Krawattenverkäufern, Gaunern und Nutten. Zwischen 1939 und 1942 veröffentlicht er siebenhundert Artikel in dem populär-humoristischen Blatt »Marc Aurelio«, das für seine subtilen Spitzen gegen das faschistische Regime bekannt ist. Er macht sich hier einen guten Namen, der ihm bald auch Rundfunk- und später Drehbuchaufträge einbringt.

Herbst 1942. Ein einundzwanzig Jahre altes Mädchen, Studentin der Archäologie und im Nebenberuf Schauspielerin, klein, etwa zweiundvierzig Kilo schwer, vom androgynen Typus, ein Mädchen mit eindrucksvollen großen Augen, ein Mädchen, das Sängerin hatte werden wollen, aber irgendwann hatte einsehen müssen, daß das Stimmvolumen dafür nicht ausreicht, ein Mädchen, das auch sehr schön Klavier spielte, dessen Hände jedoch zu klein waren für die großen Griffe und die Pianistenlaufbahn, ein Mädchen, das selbst für den professionellen klassischen Tanz, den es ebenfalls gut beherrscht, leider zu klein war, ein Mädchen aus gutbürgerlicher Familie, das vielfältig musisch begabt ist und sich daher der vieles vereinigenden Schauspielkunst verschrieben hat, ein Mädchen, das von seiner Tante, bei der es lebt, streng behütet wird, denn die Doktorarbeit soll trotz des Studententheaters abgeschlossen werden, dieses Mädchen, das beim Rundfunk als Sprecherin sein erstes Geld zu verdienen gedenkt, trifft im Büro seines Redakteurs auf den damals noch rechtmäßig den Namen »Gandhi« führenden Fellini. Das Mädchen, es heißt Giulia Masina, sieht einen hageren, großgewachsenen, freundlichen jungen Mann. Und damit hat es sich.

Einige Tage später. »Gandhi« ruft Signorina Masina an. Er möchte einen Film drehen, die Geschichte eines jungverheirateten Paares, da könnte eine Rolle für die »Duse des Uni-Theaters« dabeisein. Er braucht ihr Foto. Dringend!

Tags darauf. Man hat sich für halb zwei Uhr vor dem Portal des Rundfunks verabredet. Signorina Masina hat sich einverstanden erklärt, mit »dem vom Film« zu Mittag zu essen, aber die Tante darf nichts wissen, und daher muß die Signorina an diesem Tag zweimal zu Mittag essen: einmal bei der Tante zu Hause und einmal mit »Gandhi« im Luxusrestaurant. Der im übrigen hineinhaut, daß es die Signorina mit der Angst zu tun bekommt. Ob das denn alles stimmt, ob der genug Geld dabeihat? Oder ob dann am Ende sie die Rechnung...? Sie ißt jedenfalls nur eine Minestrone. Als die Rechnung kommt, zieht »Gandhi« lässig ein Bündel Banknoten hervor. Niemals später, beteuert Giulietta Masina, habe sie ihn mit so viel Geld in der Tasche gesehen.

Acht Monate später. Es hat gefunkt zwischen »Gandhi« und der Signorina Masina, dem Großen und der Kleinen. Im Rückblick sieht »Fefe«, wie seine Freunde Fellini

später nennen, die Zeit der ersten Liebe mit Giulietta so: »Giulietta und ich waren gemeinsam jung. Zusammen entdeckten wir das Leben. Ich führte sie in die Liebe ein. Keiner von uns hatte schon sehr viele Erfahrungen im Leben, in der Liebe gemacht. Ich mehr als sie...« Aus dem Film ist nichts geworden, denn es ist ja Krieg. Eigentlich will Fellini die junge Giulietta auch nicht heiraten, aber es ist ja Krieg. Und da empfinden die Menschen stärker, da beschleunigen sich die Vorgänge. Fellini meint andererseits, er habe noch lange nicht genügend Erfahrungen gesammelt. Er fühlt sich unreif für eine Ehe, doch er liebt Giulietta. Aber in seinem Kopf schwirren diese Bilder herum, Frauen, schöne Frauen, dicke Frauen, gewaltige Hinterteile, enorme Busen, kurz: Sex, Sex, Sex. Und Giulietta ist so anders: »Sie war so zierlich und brauchte meinen Schutz. Sie war so lieb, so unschuldig, so gutherzig, so vertrauensvoll. Ich überragte sie. Sie blickte in jeder Weise zu mir auf, nicht nur in körperlicher Hinsicht. Sie war sehr beeindruckt von mir.« Für Giulietta stellt sich, so meint jedenfalls Fellini, die Sache weitaus einfacher dar: Sie ist eine Frau, die sich einmal für einen Mann entschieden hat und deren Universum von diesem Augenblick an um diesen Mann kreist. Einfacher? Wenn der Auserkorene Fellini heißt? »Für den Mann ist die Ehe ein unnatürlicher Zustand. Er empfindet sie als Willkür und akzeptiert sie nur, weil man ihm das von Kindheit an so eingetrichtert hat. Jahrelang habe ich das Giulietta zu erklären versucht, aber ihre Meinung zu diesem Thema steht in krassem Gegensatz zu der meinen, und sie ist genauso starrköpfig wie ich.«

Die Zeiten sind nicht gemütlich, rein äußerlich nicht, und im Inneren herrscht, wie es scheint, auch nicht eitel Harmonie. Aber es wird geheiratet. Federico Fellini verschickt jedenfalls eine von ihm selbst gezeichnete Anzeige, die ihn mit seiner Braut zeigt, wie sie in der Kirchenbank knien, während sich ein über dem Paar im Himmel spielender Engel zum Abflug nach unten in das neuerrichtete Heim aufmacht, ein zarter Hinweis auf das Baby, das unterwegs ist. Aus Sicherheitsgründen findet die Trauung allerdings nicht in der Kirche statt, sondern zu Hause, wo glücklicherweise auf demselben Stockwerk Monsignore Cornaggia de' Medici wohnt, der die Dispens hat, die Messe auch außerhalb der Kirche zu lesen. Federicos Bruder Riccardo singt das Avemaria dazu, die Gäste sind nicht gerade zahlreich, nicht einmal die Eltern der Brautleute erhielten die hübsche Anzeige, denn die Telefon- und Postverbindungen sind massiv gestört. Fellinis Eltern in Rimini erfahren erst später über das Rote Kreuz von der Hochzeit ihres Sohnes.

März 1945. Überglücklich ist Federico Fellini. Er ist Vater geworden! Nachdem Giulietta wenige Monate nach der Hochzeit einen Treppensturz und dadurch verursacht eine Fehlgeburt erlitt, hat sie die zweite Schwangerschaft austragen können und jetzt den kleinen Federico pünktlich zur Befreiung Roms zur Welt gebracht. Ostern 1945. Federico trauert. Giulietta liegt am Kindbettfieber darnieder. Der kleine Federico ist gestorben. Giulietta wird noch einige Jahre mit ihrer angeschlagenen Gesundheit kämpfen müssen, und immer bleibt da die Wunde: kein Kind zu haben.

»Meine Filme sind unsere Kinder!« sagt Fellini immer trotzig, wenn die Rede auf den großen Schmerz, die Tragik ihrer Beziehung zu sprechen kommt. Das ist, wie der an der Psychoanalyse geschulte Regisseur weiß, auch eine Form der Distanzierung.

Die Qualen der Liebe lebte das ungleiche Paar Fellini/Masina in Filmen aus; mit Anthony Quinn als Zampano in »La Strada«, mit Marcello Mastroianni in »La Dolce Vita«, mit dem Akkordeonspieler in »Amarcord«. Und in allen Filmen spielen Frauen mit gewaltigen Busen und Hinterteilen kleine Rollen.

CINE

Und doch ist in seinem und Giuliettas Fall etwas Wahres daran über die banale Weisheit hinaus, daß ein Kunstwerk oft unter Schmerzen von seinem Schöpfer erzeugt wird und daß er es liebt.

Fellini entdeckt das Filmen als seine Ausdrucksform, als eine Art optimiertes Karikaturenzeichnen und als Mittel der erinnernden Selbstanalyse. Für Giulietta und oft mit ihr macht er seine Filme; aber insbesondere zwei tragen den ganzen Bogen seiner Arbeit wie gewaltige Brückenpfeiler am Beginn und am Ende des Wegs: »La Strada« und »Ginger und Fred«. In der Beziehung zwischen Giulietta Masina und Federico Fellini ereignet sich das, was sich die meisten Menschen wünschen, was jedoch den wenigsten gewährt wird: Zwei Menschen werden durch ihre Liebe, die an der Trauer zunächst und dann am gemeinsamen Schaffen wächst, zu einer höheren Einheit. Tatsächlich sprach nichts für eine lange Beziehung zwischen Giulietta und Federico: Er ist sexbesessen, sie ist treu. Sie liebt die Gesellschaft, er nicht. Sie reist gern, er nicht. Und so weiter – fast scheint es, als hätten sie keinerlei Gemeinsamkeiten. Unerklärlicherweise bleiben sie trotzdem beieinander, brauchen einander wie das tägliche Brot, telefonieren wohl zehnmal am Tag, wenn sie sich nicht sehen können. Und eine Form ihres immer wieder neu vollzogenen Liebesaktes ist der Film: Ich sehe dich, wie du nicht bist, aber sein könntest; ich stülpe das Allerinnerste nach außen, stelle mich als seelenlosen Tiermenschen dar, der dich zugrunde richtet, der dich verbraucht. Ich zeige dir etwas von mir und frage dich, ob du, wenn auch ich so wäre, immer noch zu mir hieltest. Ich bin Zampano, und du bist Gelsomina, die holde Einfalt, die Clownin, die aufbegehrt und es dennoch nicht schafft, sich von mir zu lösen. Ich bin der starke Riese, und du bist der häßliche, dumme Zwerg. Mein Film ist meine Forderung an dich, meine Bitte, meine Liebeserklärung.

Giulietta und Federico können die Qualen ihrer Liebe filmisch ausleben. Sie können die Eifersucht, ein beherrschendes Thema ihrer Beziehung, darstellen. Das unterscheidet sie von uns, aber es erklärt auch den überragenden Erfolg der Filme von ihrer Liebe und der Unmöglichkeit ihrer Liebe. »La Strada« wäre also das Beispiel für eine Liebe und einen Film, in denen sich Realität und Schein, Analyse und Aktion, Projekt und Sehnsucht, Schmerz und Gelingen, Liebesarbeit und Dreharbeit spiegeln, erklären, überlagern, vermischen, wie es nur bei diesem Paar sein konnte.

Die Skizze für das Drehbuch ist bereits seit 1949 fertig. Fellini findet keinen Produzenten für den Film, weil er die Hauptrollen mit zwei unbekannten Schauspielern besetzen will, einem gewissen Anthony Quinn und mit Giulietta Masina. Sehr viel später hat Fellini über den Entstehungsprozeß von »La Strada« geschrieben: »Die Geschichte stand in ihren Figuren, im Ton, im Kolorit ihrer Abenteuer schon so fest, daß man denken konnte, sie sei vielleicht schon vor langem entstanden und habe nur darauf gewartet, wiedergefunden zu werden. Aber was war es denn, was sie mich hat wiederfinden lassen? Vor allem, glaube ich, war es Giulietta. Ich wollte schon eine ganze Zeit einen Film für Giulietta machen.«

Merkwürdig, daß ein junger Regisseur, der die Chance hat, einen internationalen Film zu drehen, auf so »dummen« Forderungen besteht, die die ganze Sache um Jahre verzögern. »La Strada« jedenfalls ist erst 1953 fertig, denn so lange dauert es, einen Produzenten zu finden, der das Wag-

nis eingeht, mit der Masina zu drehen. Zur Belohnung wird dann alles glorios: dreißig internationale Preise, darunter der Oscar. Giulietta erhält »tausend« Briefe von dankbaren Frauen: Ihre Männer hatten sie verlassen, waren aber, nachdem sie »La Strada« gesehen hatten, zu ihnen zurückgekehrt. In Amerika nennt man Fellini bei der Oscar-Verleihung »Mr. Masina«, so überstrahlt Gelsomina-Giuliettas Ruhm den ihres Schöpfers. Die anstrengenden Dreharbeiten, den Kampf um die Rollenauffassung der Gelsomina, den Giulietta mit Federico ausgefochten hat und der ein Kampf um die Rollen in ihrem eigenen Liebesfilm ist, all das spüren die Zuschauer und bewundern es. Giulietta will mehr das prädestinierte Opfer, das Aschenputtel an Gelsomina hervorarbeiten, während Federico in ihr ein zwiespältiges Wesen sieht, das von jeher in Giulietta selbst schlummerte. Ende 1953 war das Team losgezogen und hatte mit einigen Unterbrechungen bis zum Ende des folgenden Frühjahrs fast ausschließlich im Freien gedreht. Die Temperaturen bewegten sich immer um null Grad, kein Komfort begleitete die Truppe. Giulietta verstaucht sich den Knöchel. Sie soll gemäß dem Befehl des Produzenten umbesetzt werden. Fellini kämpft für sie, sie bleibt. Dann sind nur noch drei Wochen zu drehen. Die Crew ist glücklich, nur Fellini wirkt auf einmal müde und abgespannt, lustlos, er verkriecht sich in das Hotelbett, schlaflos. Er versucht, seinen totalen psychischen Zusammenbruch, den er später einmal als »eine Art Tschernobyl der Psyche« bezeichnet hat, selbst vor Giulietta zu verheimlichen. Er hält die mörderische Sublimation der Ängste, die er als Kind empfunden hat, nicht mehr aus. Aber Giulietta versteht, ohne daß er sprechen muß, und sie handelt. Sie schickt ihn in die psychoanalytische Behandlung Emilio Servadios, eines Jung-Schülers. Fellini taucht in die Welt der Analyse ein, die Begegnung mit der Welt seiner Kindheit beginnt. Deutlicher kann nicht werden, daß Giulietta und Federico innerhalb ihrer Arbeit an »La Strada« an eine Grenze geraten sind, auf einen schmalen Grat zwischen Normalität und Wahn, Glück und Depression. Die Geschichte von der Unmöglichkeit einer Liebe, ihrer Liebe erzählt zu haben, ist im nachhinein der Beginn einer neuen, tieferen Liebe.

Andererseits hat Fellini, indem er aus Giulietta Gelsomina gemacht hat, seine Frau sakrosankt gemacht. Einer Frau, die diesen mythengleichen Erfolg im Rücken hat, kann kein Regisseur mehr irgendeine Rolle anbieten. Sie selbst findet an dem wenigen, was da jetzt noch kommt, immer etwas auszusetzen. Nichts hält dem Vergleich mit »La Strada« stand, kein Mann dem mit Fellini. Auch wenn Giulietta ihren Mann nicht direkt zu einem Film inspiriert wie in »La Strada«, wie in »Die Nächte der Cabiria«, wie in »Giulietta und die Geister«, wie zuletzt in »Ginger und Fred«, speist seine mit ihr gewonnene Erfahrung all seine Filme: Die Welt dieser Frau ist geheimnisvoll, unergründlich, sie kommuniziert mit geheimnisvollen Kräften, sie ist ein Rätsel. Jeder Kontakt mit ihr entfacht seine Lebens- und Arbeitskräfte. Sie ist sein Jungbrunnen. Einmal, Federico ist auf Reisen und ruft Giulietta zu Hause an, ist sie nicht da. Sie meldet sich einfach nicht: »Auch nicht sehr spät am Abend. Ich stellte mir die fürchterlichsten Sachen vor, die ihr passiert sein konnten. Ich gelobte mir selbst – und Gott –, daß ich von nun an ein perfekter Ehemann sein würde, wenn ich sie nur gesund und wohlbehalten wiederfände. Sie kam nach Hause und meldete sich am Telefon. Da-

nach war ich immer noch kein perfekter Ehemann, aber ich glaube, ein guter.«

Giulietta läßt ihren Federico auch, wenn sie selbst nicht mitwirkt in einem Film, aufbrechen, entweichen in die Welt von Cinecittà, Studio 5, den mittlerweile zum Mythos gewordenen Ort, wo Fefe die Gestalten seiner Phantasie erst aufs Papier kritzelt und dann wie der Prinz im Märchen Boten ausschickt, die »allüberall im Lande« nach ihnen suchen und sie herbeischaffen, die Riesen mit der platten Nase, die Kuh mit den achtzehn Zitzen, die Doppelgänger von Proust und Kafka, die Combo von achtzehn tanzenden und musizierenden Liliputanern und die Frauen, die schönen und schönsten Frauen, die begehrenswertesten Frauen.

»Die Beziehung zum anderen Geschlecht war für mich immer ein Problem. So ist es merkwürdig, wenn ich eine Frau wiedertreffe, mit der ich vor zwanzig, dreißig oder vierzig Jahren eine kurze Affäre hatte. Sie meint, ich würde ihr etwas schulden. Vielleicht schulde ich ihr, daß ich mich daran erinnere, aber manchmal weiß ich es einfach nicht mehr. Giulietta hat solche Dinge sehr viel genauer im Gedächtnis als ich. Manchmal erinnert sie sich sogar an Dinge, die nie geschehen sind. Ich glaube, ein Mann hat mehr das Ganze, das Gesamtbild im Blick. Eine Frau sieht vor allem die kleinen Dinge.«

Mit »La Strada« kam der erste Welterfolg ihres Liebesfilms. Hand in Hand damit wurde aber auch Giulietta und Federicos Liebe, ihre Ehe, in das Licht der Öffentlichkeit gerückt und entsprechend idealisiert oder in Krisen geredet. Wie, so fragen die sensationslüsternen Journalisten im Laufe der Jahre immer bohrender, geht es an, daß dieser Regisseur, dessen Leidenschaft offensichtlich, wie schon erwähnt, Riesenbusen, die Kleidung sprengende weibliche Hinterteile sind, glücklich leben kann mit einer Frau, die ihm das jedenfalls nicht bietet? Während der fünfzig Jahre dauernden »unmöglichen« Beziehung von Fefe und Giulietta finden böse Zungen oft genug Gelegenheit zu Schmähreden: Anita Ekberg, Claudia Cardinale, Sandra Milo – alle sind sie natürlich Fellinis Geliebte. Und ebenso natürlich stimmt das nicht, auch wenn es Seitensprünge gab. Fellini wischte deren Bedeutung am liebsten ganz beiseite.

Wenn überhaupt, dann war es die Liaison mit Sandra Milo während der Dreharbeiten zu »8½«, die der großen Schüssel der Liebe von Fellini und Giulietta einen Sprung versetzte. In den Anmerkungen zu diesem Film, der auch Anouk Aimée und Mastroianni zu einem Liebespaar vereinte, schreibt Fellini über die Hauptperson, den Regisseur Guido (Fellini): »Seine Bindung an das friedliche Dickerchen (Sandra Milo in der Rolle der Geliebten Carla) beruht auf einem dumpfen physischen Wohlbehagen; es ist für ihn, als sauge er an der nährenden Brust einer törichten Amme, um dann satt und selig einzuschlafen.« Giulietta nahm die Sache diesmal ernst, sie wollte ausziehen oder die gemeinsame römische Wohnung so teilen, daß keiner dem anderen mehr über den Weg zu laufen brauchte. Aber auch hier schwieg sich Federico Fellini aus, schwieg sich auch Giulietta in der Öffentlichkeit aus, und es war die Milo, die, um von sich reden zu machen, in dem Buch gleichen Titels über »ihren lieben Federico« sprach. Darin beschreibt sie Federicos »unstillbaren Hunger auf jedwede Kreatur« und nennt sein unaufhörliches Suchen nach der Vereinigung mit jeder sich bietenden Frau eine Abart davon, gewissermaßen eine »Schatzsuche«. Mit Hilfe der Zwei-Hälften-Theorie erklärt

Sandra Milo dann sogar das Paradox des liebenden Ehemanns der Giulietta: Die eine Hälfte seines »großen, unordentlichen Körpers« schweife ruhelos umher, »gefräßig, gierig und verzweifelt«, die andere suche die Ordnung im Leben und in den Gedanken und finde sie – bei Giulietta.

Fragen wir die weitaus diskretere »Betroffene«, Giulietta, lange nachdem die Klippe umschifft ist: »Wie fühlen Sie sich als Frau eines Mannes, der wie nur wenige von den Frauen verehrt, begehrt und umworben wird?« Antwort: »Wenn man den Mann noch bei sich weiß und er einem immer noch Rosen schenkt und Liebesbriefe schreibt –, dann fühlt man sich sehr gut.« Frage: »Und wie sehen Sie dieses Problem, Federico?« Fellini: »Ich mag: Bahnhöfe, Risotto, Rosen, die Marx Brothers, Piero della Francesca, alles, was an schönen Frauen schön ist, Simenon, Faber-Bleistifte Nr. 2. Ich mag nicht: Parties, Witze, Brecht, Schwarztee, Kutteln, Interviews.«

Während des Drehens, so berichtet Federico freimütig, habe er von jeher stärkeren Appetit als sonst auf Essen gehabt und auch auf Sex. Das gehört für ihn zur Arbeitsatmosphäre, zur Dimension seines berühmten Archivs, des Gesichterarchivs, des Nasen- und Hinterteilarchivs (unterteilt in große Hinterteile und enorme Hinterteile), des Busen-, Zwergen- und Riesenarchivs. Die Diven gehören in die kleinere Abteilung des Archivs weiblicher und männlicher Stars, denn auch Richard Basehart, Marcello Mastroianni und Donald Sutherland sind zu nennen, die man abwechselnd als Fellinis Alter ego bezeichnet hat. Giulietta hat gelernt, mit diesem Stoffwechsel umzugehen, und spielt eine Rolle jedenfalls nicht: die der eifersüchtigen Ehefrau, obwohl oder gerade weil sie rasend eifersüchtig ist. Federico faßt das komplizierte Verhältnis so zusammen: »In all den Jahren, die seitdem vergangen sind, habe ich keine einzige Frau getroffen, mit der ich lieber als mit Giulietta verheiratet gewesen wäre.«

Giulietta hat sich nicht so dezidiert geäußert. Fellini vermutete, daß er auch ein Kreuz für sie war, das sie immer wieder lernen mußte, neu zu tragen. Sie hat ihre Karriere der seinen untergeordnet, hat sich für ihren Mann verfügbar gehalten, hat sich mit kämpferischem Elan gefügt, aber nie ergeben. Mit den Jahren, als ihr klar wird, daß die Filmrollen eher noch seltener werden für sie, fängt sie an, sich außer mit Fellini mit Dingen zu beschäftigen, die ihrer humanitären Gesinnung entsprechen. So betreut sie mehr als zehn Jahre lang eine Kolumne in der Turiner Tageszeitung »La Stampa«, in der sie den Lesern allwöchentlich eine Herzensfrage à la »Gibt es die Liebe heute noch, Frau Masina?« oder »Wie kann man im zwanzigsten Jahrhundert spirituelle Erfahrungen sammeln?« beantwortet. Den Kindern in aller Welt hilft sie, die Kinderlose, als Leiterin der italienischen Sektion der Unicef. Vor einigen Jahren hat sie auch die Gedanken und Gebete der Mutter Teresa auf Kassette gesprochen. Bewegend ist es, ihre Stimme zu hören, die Stimme einer Kettenraucherin. Als »Bariton« hat man sie bezeichnet. Giulietta Masina hat nie resigniert, denn sie hat nie aufgehört, ihren großen Federico zu lieben, der das Leben so liebevoll feierte wie sonst nur noch sie.

Ein Freund erzählt, wie Giulietta auf Fellini am Flughafen warten mußte. Das Flugzeug hatte eine halbe Stunde Verspätung. Als Fellini seine Frau endlich sieht, stürmt er heran, hebt sie hoch wie ein Kind, wirbelt sie herum und küßt sie herzhaft ab. Das ist noch gar nicht so lange her. Fellini und Giu-

lietta hatten keine Kinder, aber sie ersetzten sie einander: Giulietta umsorgte Fellini wie ihr Kind, Fellini erzog sich Giulietta. Beide hatten sie Respekt vor der Welt des anderen, beide Welten konnten sich aber auch berühren, ergänzen, verändern und bereichern. Sie waren einander Geliebte, Geschwister, Freunde, Partner – alles, was ihnen die Welt ihrer Kunst nicht bieten konnte.

In »Ginger und Fred«, 1985, dem letzten Film, den Fellini für Giulietta ersonnen hat, dem ersten, in dem Giulietta zusammen mit Marcello Mastroianni vor der Kamera steht, kommt es zu einigen Bekenntnissen, die wahrscheinlich der »Wahrheit« sehr nahe kommen. Es geht hier neben vielen anderen Themen um die einmal gewesene Liebe zweier Imitationsstars, die sie im Moment ihres Wiedersehens gegen ihren Willen wieder empfinden: Ginger und Fred alias Amelia und Pippo alias Giulietta und Marcello alias Giulietta und Fellini – in dieser unendlichen Spiegelung ist es allein das wirkliche Paar, das auf der Erde nicht mehr vereint ist, das die von dem Regieassistenten im Film beschworene kitschige Identität, »ein Paar auf der Bühne, ein Paar im Leben«, ganz unverkitscht gelebt hat: »Wahre Liebesgeschichten liebt das Publikum doch allzusehr.«

Am 30. Oktober 1993 will das Paar seine goldene Hochzeit im Freundeskreis feiern. Fellini benutzt als Vorlage für die Einladungskarte die handgemalte Einladung zur Hochzeit 1943. Seit dem 15. Oktober liegt er jedoch, von einem Schlaganfall hingeworfen, auf der Intensivstation des Poliklinikums Umberto I. Es gibt nichts mehr zu feiern. Am 31. Oktober stirbt er, der den Hochzeitstag hatte vorfeiern wollen, weil er glaubte, Giulietta könne ihn nicht mehr erleben. Giulietta Masina überlebt ihren Mann um knapp fünf Monate. Bevor sie am 23. März 1994 stirbt, äußert sie den Wunsch, mit einem Foto Federicos in der Hand begraben zu werden.

Fellinis langsames Sterben wurde vermarktet, wie es die Berlusconi-Republik nur eben vermochte. Giulietta, die selbst schon Lungenkrebs im Endstadium hatte und der ihre Ärzte abrieten, Fellini im Krankenhaus zu sehen, erfuhr die Einzelheiten eines Abtretens haargenau aus der Zeitung, ein Foto des Toten sah sie auf der Mattscheibe, erhascht von einem »paparazzo«, der sich in Krankenhauskleidung eingeschmuggelt und dem Toten alle Schläuche abgerissen hatte. Der weltberühmte Regisseur, für dessen Filmideen in den letzten Jahren kein Produzent mehr aufzutreiben war und der sich daher darangemacht hatte, Werbespots zu drehen, war zumindest in den langen Stunden seines Sterbens wieder der Erwähnung wert. In »Ginger und Fred«, Fellinis Abschieds-Liebesfilm für Giulietta, zieht Pippo das Fazit: »Wir beide sind Gespenster, die aus dem Dunkel auftauchen und wieder im Dunkel verschwinden.«

Sie war die Monarchin, er der Sklave

Voltaire und Emilie du Châtelet

Von Michael Raab

Bescheiden waren sie beide nicht. An Friedrich II. von Preußen schrieb sie: »Es mag Metaphysiker und Philosophen geben, deren Wissen größer ist als das meine; ich habe sie noch nicht kennengelernt. Doch auch sie sind nur schwache, mit Fehlern behaftete Menschen, und wenn ich meine Gaben zusammenzähle, so darf ich wohl sagen, daß ich niemandem unterlegen bin.« Er behauptete: »Ich war vom Tage meiner Geburt, am 21. November 1694, zur Unsterblichkeit ausersehen, denn meine Vorfahren haben es mir unmöglich gemacht, etwas anderes als ein Genie zu sein.« Ihr Selbstlob war nicht einmal unberechtigt. François-Marie Arouet, der sich das Pseudonym Voltaire gab, galt als bedeutendster europäischer Intellektueller des achtzehnten Jahrhunderts, seine langjährige Geliebte Emilie du Châtelet als die Französin mit den profundesten naturwissenschaftlichen Kenntnissen.

Bevor der achtunddreißigjährige Gelehrte die elf Jahre jüngere Marquise 1733 näher kennenlernte, hatte er viele Verhältnisse hinter sich gebracht, aber keine leidenschaftliche Liebe erlebt. Er verkehrte gern in Schauspielerkreisen, kannte die Tragödin Adrienne Lecouvreur, die in seinen Armen starb und nachts auf einem Feld am Stadtrand vergraben wurde, da die Kirche Schauspielern noch immer ein Begräbnis verweigerte. Das extensive Liebesleben etwa seines Freundes Richelieu, eines Großneffen des Kardinals, mit dem er das Pariser Jesuitenkolleg Louis-le-Grand besucht hatte, verfolgte er ohne Neid. Seine Haltung zur Sexualität war ironisch-distanziert, obwohl er alles andere als asketisch lebte: »Gott hat uns in die Welt gesetzt, damit wir uns amüsieren. Alles übrige ist platt und scheußlich und erbärmlich.«

AVIS

Schon mit fünfundzwanzig schrieb er jedoch an eine Adlige, die ihn hatte abblitzen lassen: »Ich habe überhaupt das Gefühl, daß ich für Leidenschaft nicht geschaffen bin. In der Liebe komme ich mir selbst ein wenig lächerlich vor.« Er kränkelte, hatte oft mit Darmkoliken, Schwindelanfällen, fiebrigen Erkältungen zu kämpfen. Immer wieder machten ihm nervlich bedingte Erschöpfungszustände zu schaffen. Gewöhnlich trug er reichlich Pillen und Tinkturen mit sich herum, berichtete in seiner Korrespondenz bis in unappetitliche Details hinein von seinen körperlichen Leiden. Auch in seinem ersten erhaltenen Brief an Emilie du Châtelet schrieb er keine Galanterien, sondern erwähnte »die durch Koliken hervorgerufenen Schmerzen«.

Ein weltfremder Philosoph war Voltaire nicht. Bei Hofe, in der höfischen Gesellschaft fühlte sich der wohlhabende bürgerliche Gelehrte schon in der Jugend wohl, Amouren hatte er mit vielen Frauen.

Die 1706 geborene Emilie kannte Voltaire schon als Kind, da er gelegentlich ihren Vater – Protokollchef und später Erster Sekretär am Hofe Ludwigs XIV. – besucht hatte. Der aus bürgerlichem Elternhaus stammende Intellektuelle, der sich zur allgemeinen Entrüstung selbst das Adelsprädikat »de« zulegte, war im Salon der Familie de Breteuil so gern gesehen wie andere führende Köpfe der Zeit. Emilie wuchs in einer geistig fruchtbaren Umgebung auf, und sie hatte das Glück, eine einer Prinzessin würdige Erziehung zu genießen. Dabei mag es eine Rolle gespielt haben, daß der Vater ihr auf dem Heiratsmarkt keine großen Chancen einräumte: »Meine Jüngste ist ein seltsames Geschöpf und wird zweifellos auch als Frau sehr unansehnlich bleiben. Hätte ich nicht eine recht geringe Meinung von mehreren Bischöfen, so würde ich sie im Religiösen unterweisen lassen und sie in einem Kloster verstecken. Sie ist so groß wie Mädchen, die doppelt so alt sind, hat Kräfte wie ein Holzfäller und ist unglaublich ungelenk. Ihre Füße sind sehr groß, doch vergißt man sie, sobald man die enormen Hände sieht. Die Haut ist rauh wie ein Reibeisen – kurz: Sie ist häßlich wie ein Bauernrekrut aus der Gascogne im königlichen Leibgarderegiment.«

Emilie du Châtelet war eindreiviertel Meter groß, so daß sie auf fast alle Männer hinabsehen konnte. Sie nahm Fecht-, Reit- und Turnunterricht, zeigte ein erstaunliches Sprachtalent. Mit zwölf Jahren beherrschte sie schon fließend Englisch, Italienisch, Spanisch und Deutsch, übersetzte als Fingerübung Aristoteles' »Politik« und die ästhetischen Schriften aus dem Altgriechischen und die »Äneis« aus dem Lateinischen, die ihr in einer späteren Überarbeitung viel Anerkennung einbrachte. Mit fünfzehn trat eine wundersame Veränderung der gelehrsamen Schülerin ein. Obwohl sie ihr ganzes Leben lang etwas Ungelenkes bewahrte und noch so manche Vase oder Nippesfigur zerschlug, verwandelte sich Emilie in eine attraktive junge Frau. Nachdem sie ihr Vater in Versailles bei Hofe eingeführt hatte, wählte sie ihren Ehemann klug und mit Bedacht. Der Marquis du Châtelet war ein erfolgreicher Militär, der schon mit dreißig zum Generalmajor avanciert war, 1738 den Marschallstab erhalten hatte und 1744 sogar Generalleutnant der Armee werden sollte. Der zehn Jahre ältere, allen leiblichen Vergnügungen zugetane große und schwere Mann, den Emilie 1725 in der Kathedrale von Notre-Dame heiratete, war noch fast zwanzig Zentimeter größer als seine Frau. Sie gebar ihm drei Kinder, wovon eines als Säugling starb, und hatte sich damit, dem Verhaltenskodex der Zeit entsprechend, das Recht erworben, einen Liebhaber zu suchen. Ein Leben als treue Ehefrau wäre gesellschaftlich eher belächelt worden.

Der Marquis war häufig zu Feldzügen unterwegs, und die verwöhnte, kapriziöse Strohwitwe langweilte sich in Paris. Die erste Affäre hatte sie mit einem stadtbekannten Schürzenjäger, dem sie zum Abschied mit ihrem Sinn für dramatische Auftritte eine Vergiftungsszene vorspielte, die viel Aufsehen erregte.

Es folgte eine Liaison mit einem unansehnlichen, aber hochgebildeten ehemaligen Abbé und eine heftige Leidenschaft für Voltaires Schulkamerad Richelieu, der viel Respekt vor ihrer Körperstärke hatte: »Sie reitet und schwingt den Degen wie ein Husar, und wenn ein Liebender sie reizt, kann sie so heftig werden, daß sie ihn ohne Zögern durchbohren würde. Hoffentlich gelingt es mir, unsere Verbindung so zu been-

den, daß der Abschied von ihr, nicht von mir kommt. Ich habe keine Lust, mit ihr die Klingen zu kreuzen, denn die ihre wäre sicher ebenso tödlich wie ihre Zunge.« Der Herzog brauchte in dieser Hinsicht nichts zu befürchten und blieb Emilie ein lebenslanger Freund und Briefpartner, der des öfteren Voltaires Eifersucht erregte.

In ihren erotisch freizügigen Jahren galt Emilie du Châtelet als Enfant terrible bei Hofe. Vielleicht um ihr männliches Image zu konterkarieren, putzte sie sich besonders mit Schmuck und Flitter heraus. Sie trug gold- und silberdurchwirkte Kleider mit extrem tiefen Dekolletés und färbte sich die Brustwarzen rot, was viele Nachahmerinnen fand. Böse Zungen verglichen sie mit »einem bischöflichen Maultier, das bei einer Prozession die Reliquien trägt«. Sie spielte leidenschaftlich und mit hohen Einsätzen und gab auch sonst das Geld mit vollen Händen aus. Voltaire, dem sie 1733 wiederbegegnete, klagte später: »Emilie hat einen tadellosen Geschmack und ist so habgierig, daß auch der reichste König ihre Wünsche nicht erfüllen könnte. Was immer sie sieht, das will sie haben, und sie hat wirklich sehr gute Augen.« Des turbulenten Lebens war sie Mitte der dreißiger Jahre überdrüssig geworden: »Ich liefere mich der Welt aus, ohne sie besonders zu lieben. Gleichgültige Verkettungen lassen ganze Tage vorübergehen, oft ohne daß man überhaupt merkt, gelebt zu haben.«

Gerade die Zeit sollte Emilie du Châtelet später wie Voltaire als das wichtigste Gut überhaupt schätzen. Sie hegte die Ambition, die erste Wissenschaftlerin Frankreichs zu werden, und nur das Wohlbefinden Voltaires war ihr ähnlich wichtig wie dieses Ziel, dem sie alles unterordnete, auch die Familie und ihre Freunde: »Der Ehrgeiz ist eine unersättliche Leidenschaft.« Bei der planmäßigen Fortsetzung der eigenen Ausbildung bat sie ihren neuen Liebhaber darum, den angesehenen Mathematiker Maupertuis als Privatlehrer zu gewinnen. Voltaire vermittelte ihr seinen Bekannten, ohne zu wissen, daß er Emilie mit einem ernsthaften Rivalen zusammenbrachte. Als Sexualpartner war der attraktive Frauenheld dem schwächlichen Voltaire bei weitem überlegen. Emilie blieb vor allem seinetwegen noch monatelang in Paris, als Voltaire aus Furcht vor der Verhaftung nach der von der Zensur nicht genehmigten Veröffentlichung der »Philosophischen Briefe« 1734 schon in Cirey, einem heruntergekommenen Besitz des Marquis du Châtelet, Zuflucht gefunden hatte.

1726 war Voltaire nach England gegangen, nachdem ihn der Chevalier de Rohan wegen seines angenommenen Namens öffentlich herausgefordert hatte: »Monsieur de Voltaire, Monsieur Arouet – wie heißen Sie eigentlich?« Der Schriftsteller, der sich ein Bonmot nur ungern entgehen ließ, konterte: »Mein Name beginnt mit mir, der Ihre endet mit Ihnen.« Von einem bürgerlichen Emporkömmling zutiefst beleidigt, ließ der Adlige Voltaire von einem gedungenen Schlägertrupp mit Stöcken verprügeln und den Dichter in der Bastille festsetzen. Als der Inhaftierte die Ausreise nach England beantragte, erteilten die Behörden ihm freudig die Erlaubnis, aber gerade aus England brachte er 1729 aufklärerisches Gedankengut in politischen, religiösen und wissenschaftlichen Fragen mit, das 1734 die »Philosophischen Briefe« im absolutistischen Frankreich zu einer staatsgefährdenden Publikation machte, die vom Henker öffentlich verbrannt wurde.

Cirey lag unmittelbar an der Grenze zu

Erst die Marquise du Châtelet lehrte ihn leiden. Die Literatur lag ihr fern, aber die Naturwissenschaft ließ sie gelten, neben all ihren Liebhabern, gegen die Voltaire machtlos war.

Lothringen, das damals nicht offiziell zu Frankreich gehörte, und bot Voltaire die Möglichkeit, binnen kürzester Zeit nach Deutschland oder Holland zu entkommen. Der vermögende Schriftsteller, der sein Geld immer geschickt anlegte und als einer der reichsten Männer Europas angesehen wurde, investierte viel in den Umbau des Schlosses. Nach und nach richtete er eine umfangreiche Bibliothek ein, orderte Parkettfußböden, Badewannen aus Porzellan und große Öfen wegen seiner ständigen Angst vor Kälte und Nässe. Brieflich bekannte Voltaire, daß er sich »in der Geduld des Hahnreis übe«, und gab freimütig zu: »Ich habe wirklich nicht gerade viel Temperament, aber meine Geliebte verzeiht mir das, und ich liebe sie dafür um so zärtlicher.«

Nachdem Maupertuis Paris demonstrativ verlassen hatte, ohne von ihr Abschied zu nehmen, bereitete die Marquise du Châtelet ihren Umzug in die tiefe Provinz vor. Das wilde Leben war vorbei, es folgten Jahre planvoller wissenschaftlicher Tätigkeiten. Sie und Voltaire fanden in Cirey die ihnen gemäße Existenzform. Ihr häusliches Zusammensein beruhte dabei auf einem glücklichen Mißverständnis. Voltaire war der Auffassung, Emilie gebe ihm zuliebe die Attraktionen der Großstadt auf, während sie glaubte, ihn nur in der Abgeschiedenheit von Cirey halten zu können. Gesellschaftliche Verpflichtungen hatten ihn jedoch immer bald gelangweilt, und die erzwungene Entfernung von Paris kam ihm gar nicht einmal ungelegen. Der kleine, ausgemergelte, häufig kränkelnde Mann und die vor Kraft und Gesundheit strotzende junonische Frau führten ein ganz auf ihre jeweilige Arbeit abgestimmtes Leben – und das unter den wohlwollenden Augen des Marquis du Châtelet, der gelegentlich zu Besuch kam, seinerseits eine junge Mätresse mitbrachte und als nicht sehr vermögender Schloßherr froh über die von Voltaire bezahlten baulichen Veränderungen war. Die beiden Männer verband eine aufrichtige Freundschaft, und der ungeschlachte Marquis dürfte einer der wenigen mit ihm bekannten Zeitgenossen gewesen sein, über den kein spöttisches Wort des Zynikers Voltaire überliefert ist.

Andere Gäste fanden das Leben in Cirey weniger angenehm. Emilie verteidigte die Gemächer Voltaires aggressiv gegen Besucher, die mit dem großen Gelehrten plaudern wollten, sie verhinderte jede Störung seiner Arbeit. Kam es zu gemeinsamen Geselligkeiten, so waren diese auch kein Vergnügen. Die Marquise, die zeitlebens nur zwei bis drei Stunden Schlaf brauchte und unbekümmert voraussetzte, jeder müsse eine so ausdauernde Kondition wie sie haben, sorgte für wahre Mammutprogramme mit Liebhaberaufführungen, bei denen sie selbst die Hauptrollen übernahm. Eine Bekannte fühlte sich »wie ein Galeerensträfling«, als an einem langen Tag dreiunddreißig Akte geprobt und gespielt wurden und Emilie zum krönenden Abschluß mit ihrer geschulten Stimme den erschöpften Gästen noch eine ganze Oper als Zugabe vorsang. In fast allen Berichten aus Cirey wird Voltaire als von seiner Geliebten nicht nur abgeschotteter, sondern wahrhaft geknechteter Mann beschrieben. Er selbst bemerkte schon 1733: »Ich kann nichts ohne ihre Anweisungen tun. Sie müssen mir glauben, daß es unmöglich ist, ihr nicht zu gehorchen.«

Sie bestimmte seine Ernährung, verbot ihm das Trinken von Weißwein, machte ihm sogar Vorschriften über seine Kleidung.

Eine Beobachterin ging so weit zu sagen: »Die du Châtelet ist die Monarchin, und er der Sklave.« Dabei ließ sich Voltaire, von gelegentlichem Aufbegehren und nicht ungern wahrgenommenen Auslandsreisen in Publikationsangelegenheiten abgesehen, dieses strikte Regiment lange durchaus gefallen. Manchmal stellte er sich kränker, als er war, damit Emilie ihm weiter Vergil, Ovid, Newton und Pope im Original vorlas. Auch bevor er sie kannte, hatte Voltaire mit Vorliebe mütterliche Freundinnen gesucht.

Sein unbehelligtes Asyl in Cirey und die Aufhebung des Haftbefehls gegen ihn verdankte er auch dem diplomatischen Geschick Emilies, die zwar genau wie er die Provokation liebte, aber von einer Angewohnheit ihres Lebensgefährten immer wieder in Panik versetzt wurde: Voltaire konnte den Mund nicht halten und zitierte in Gesellschaft aus Werken, die die Zensur nie hätte passieren lassen und die er deshalb unter Verschluß halten mußte. Emilie sagte, um ihn vor sich selbst zu schützen, müsse sie mehr praktisches Geschick aufbringen, als der Vatikan benötigte, um die Christenheit in Ketten zu halten. Ihr besonders unliebsame Manuskripte schloß sie sogar weg, damit Voltaire sie in Cirey nicht vollenden konnte. Wurde er aber in irgendwelchen Pamphleten angegriffen, so sprang sie ihm resolut zur Seite, und Carlyle, der Biograph Friedrichs II., stellte fest: »Mit dem Zorn einer Bruthenne im Angesicht der Gefahr verteidigt sie mit ihrem Leibe jedes Flaumfederchen von Monsieur de Voltaire.«

Dabei hielt die Marquise von Literatur und Geschichte, den beiden Hauptgebieten ihres Geliebten, nicht viel und ließ nur die exakten Wissenschaften gelten. Zwischenzeitlich brachte sie auch Voltaire dazu, »die Suche nach Klängen und Rhythmen« als Zeitverschwendung zu betrachten. Beide trafen einander im Bemühen, Newtons Theorien in Frankreich populär zu machen und gegen überkommene cartesianische Auffassungen durchzusetzen. In diesem Bereich hatte sie die Oberhand und konnte ihm viele inhaltliche Anregungen geben, die er dann nur noch in eine Form bringen mußte. Auf Dauer erkannte Voltaire jedoch, wo seine größere Begabung lag, und er kehrte wieder zurück an den »Altar der Melpomene«, zeigte sich abgestoßen von der übertriebenen Hochschätzung einer »trockenen und abstrakten Physik«, die den schönen Künsten zu Unrecht vorgezogen werde.

Nicht zufällig fielen erste gravierende Verstimmungen in diese Zeit, in der sich intellektuell eher die Wege trennten, und Voltaire begehrte mehr und mehr gegen jede Art von Bevormundung im privaten Bereich auf. Längst konnte er wieder ungehindert nach Paris reisen, war zum Hofhistoriographen und Kammerherrn ernannt und in die Académie Française gewählt worden, unterhielt gute Beziehungen zur königlichen Mätresse, der Madame de Pompadour. In den Monaten der beginnenden Entfremdung spielte Emilie wieder rücksichtsloser und verlor 1747 an einem Abend gegen die Königin und einige adlige Damen so viel und so schnell, daß Voltaire ihr entnervt auf englisch zuzischte: »Sehen Sie denn nicht, daß Sie mit lauter Betrügern spielen. Jede, aber auch jede schwindelt hier.« Diese Majestätsbeleidigung machte noch einmal eine gemeinsame Flucht nötig, diesmal nach Schloß Sceaux zur Duchesse de Maine. Emilie war inzwischen durch persönliche Privilegien, die ihr Mann in Anerkennung seiner militärischen Verdienste verliehen bekam,

in den Rang einer Herzogin aufgerückt, was ihr sehr zu Kopf stieg. Bei verschiedenen Anlässen verstieß sie gegen die Hofetikette, indem sie sich Verhaltensweisen anmaßte, die ihr nicht zustanden. Um die Gunst Voltaires hatte sie unvermittelt gleich zwei ernsthafte Rivalen bekommen: zum einen Friedrich II., der dem für Schmeicheleien von gekrönten Häuptern empfänglichen Aufklärer anbot, nach Potsdam zu kommen, wogegen Emilie heftig opponierte. Zum anderen Voltaires verwitwete Nichte, von der sie erotisch nichts befürchtete, die aber die letzte Passion im Leben des Philosophen wurde, als er in Cirey längst die Rolle des alten Mannes jenseits von Gut und Böse spielte. Auch Emilie, die lange nicht mehr auf ihre Kosten gekommen war, suchte sich einen jüngeren Geliebten: Saint-Lambert, einen unbedeutenden Schriftsteller mit einem Gardemaß von zwei Metern und dem beachtlichen Erfolg, den beiden wichtigsten französischen Philosophen des Jahrhunderts die Frau weggenommen zu haben: Voltaire Emilie und Rousseau Madame d'Houdetot.

Die große Liebe im Leben Madame du Châtelets und Voltaires endete wie in einem schlechten Schwank. Der Lebensgefährte erwischte die Frau in flagranti mit »dem leidenschaftlichsten aller Liebhaber«. Dieser bot dem älteren Rivalen Satisfaktion in einem Duell an. Emilie eilte in Voltaires Zimmer, beteuerte, alles sei nur geschehen, um Voltaires Gesundheit zu schonen: »Da Sie zugeben, daß Sie für mein Wohlbefinden nichts ohne größten Schaden für Ihr eigenes tun können, haben Sie da ein Recht, zornig zu sein, weil einer Ihrer Freunde Ihre Stelle einnimmt?« Voltaire gab sich geschlagen: »Ach! Madame! Sie haben immer recht. Aber wenn die Dinge nun einmal so sein müssen, so sollten sie doch wenigstens nicht unter meinen Augen geschehen.« Der Eklat wurde vermieden, aber Emilie war 1749 von Saint-Lambert schwanger. Im nächsten Akt der Klamotte mußte der Marquis du Châtelet überredet werden, nach fünfzehnjähriger Pause wieder das Bett seiner Frau zu teilen und auf diese Weise angeblich ein Kind zu zeugen. Die Bauern des Gutes veranstalteten ob so viel unerwarteter Potenz ein Fest für ihren geschmeichelten Herrn, Voltaire kam für die Kosten auf.

Hochschwanger arbeitete Emilie weiter an der Newton-Übersetzung, die ihren Nachruhm begründen sollte. Die Geburt des Kindes konnte Voltaire noch gutgelaunt seinem Freund und Förderer d'Argental mitteilen: »Als Madame du Châtelet über Newton brütete, fühlte sie ein kleines Bedürfnis: Sie rief ihre Kammerfrau, die gerade noch Zeit hatte, die Schürze aufzuhalten und ein kleines Mädchen zu empfangen, das man in eine Wiege legte. Die Mutter hat mittlerweile ihre Papiere weggepackt, und all das schläft wie ein Murmeltier in dem Augenblick, da ich Ihnen schreibe.« Einige Tage später waren sowohl das Kind als auch Emilie tot.

Die letzte Szene der Dreiecksgeschichte gehört ins Genre der Tragikomödie. Sie spielte sich an Emilies Leichnam ab, als Voltaire sich an ihren Ring erinnerte, der ein Miniaturporträt von ihm enthielt. Er wollte verhindern, daß der Marquis du Châtelet diesen entdeckte, aber sein Porträt war längst von ihr gegen eines von Saint-Lambert ausgetauscht worden. Es blieb ihm nur der Ausruf: »Oh, Himmel! So sind nun einmal die Frauen! Ich hatte Richelieu den Platz genommen, Saint-Lambert hat mich hinausgetrieben. Ein Nagel verdrängt den anderen. So gehen die Dinge dieser Welt.«

An d'Argental schrieb er: »Ich habe nicht nur den Verlust einer Geliebten erlitten. Ich habe die Hälfte von meinem Selbst verloren, einen Geist, der meinen vollendet ergänzt.« Voltaire tröstete sich mit seiner Nichte und folgte endlich den Lockrufen Friedrichs II. nach Berlin, wo er ausgerechnet mit dem dort inzwischen zum Akademiepräsidenten ernannten Maupertuis in eine erbitterte Fehde geraten sollte.

Maupertuis' ehemalige Schülerin Emilie du Châtelet war für Voltaire »die göttliche Geliebte – ausgestattet mit Schönheit, Witz, Mitgefühl und allen anderen weiblichen Tugenden. Doch wünsche ich oft, sie wäre weniger gelehrt, ihr Geist weniger scharf und ihr Verlangen nach Liebe weniger unmäßig; und vor allem wäre ich glücklich, wenn sie zuweilen den Wunsch und die Fähigkeit hätte, den Mund zu halten.« Eigentlich gehörte sie eher in die Blütezeit der Regierung Ludwigs XIV. als ins achtzehnte Jahrhundert. Sie strebte nach einer überholten Form persönlichen Ruhms um seiner selbst willen. Eine Nutzanwendung ihrer physikalischen Forschungen und Experimente kam ihr nicht in den Sinn. Beim Personal war sie als geizig, jähzornig und tyrannisch verschrien. Über ihre eigene soziale Schicht sah sie nicht hinaus. Ein Hausangestellter war für sie so wenig als Mann ernst zu nehmen, daß sie sich ohne Scheu vor seinen Augen nackt badete. Begriffe wie Humanität und Solidarität, die Toleranz- und Emanzipationsgedanken, die Voltaire nach ihrem Tod in der zweiten Hälfte des Jahrhunderts immer entschiedener verfocht, lagen ihr völlig fern. Voltaire löste sich aus der absolutistischen Epoche, der die Marquise zeitlebens verhaftet blieb. Daß er mittellose, zu Unrecht verurteilte Bürger auf eigene Kosten vor Gericht verteidigte, hätte sie nicht verstanden. Wenn der Gelehrte von sich sagen konnte: »Ich glaube nicht, daß in Europa außer mir noch ein Privatmann lebt, der sich soviel Freiheit gesichert hat, wie ich es tat«, so hatten die gemeinsamen Jahre in Cirey aber entscheidenden Anteil daran. In ganz Frankreich hätte er keine Frau finden können, die Emilie du Châtelet intellektuell gleichgekommen und mutiger für ihn eingetreten wäre. Treffend nannte er sie »Madame Pompon-Newton«. Die Liebe zu dem großen englischen Wissenschaftler und den sinnlosen bunten Ziertroddeln einer überkommenen Mode gehörten für die Frau zusammen, die »auf allen Gebieten als Mann behandelt werden wollte – nur nicht im Bett«. Dort lag nicht unbedingt Voltaires Stärke, aber selbst Kritiker, die auch an der literarischen Potenz des Vielschreibers zweifelten, mußten wie Lessing in seiner »Grabschrift« von 1779 zugeben:

»Hier liegt – wenn man euch glauben wollte,/Ihr frommen Herrn! – der längst hier liegen sollte./Der liebe Gott verzeih' aus Gnade/Ihm seine Henriade/Und seine Trauerspiele/Und seine Verschen viele;/Denn was er sonst an's Licht gebracht,/Das hat er ziemlich gut gemacht.«

Meine Ollsche is ooch durchgebrannd!

Kronprinzessin Luise von Sachsen
und André Giron
Von Klaus Günzel

Es gibt nichts Interessanteres als eine Tür, hinter der sich etwas Bedeutendes abspielt. Vor der Tür im königlichen Schloß zu Dresden spionierten Lakaien und graue Eminenzen, die unter dem Kommando der Obersthofmeisterin auf Luise, die Gemahlin des Kronprinzen, angesetzt worden waren. Das Komplott war im vollen Gang und brachte böses Leben in den sächsischen Hofstaat.

Am 23. Dezember 1902 erschien in der Wiener Zeitung »Neue Freie Presse« ein Leitartikel, dessen Verfasser, gleichsam mit tremolierender Stimme, von einem Skandal berichtet, der gerade die Grundfesten der Gesellschaft zu erschüttern schien: »Eine Frau ist über Bord, welche, obwohl künftige Königin, Gattin und Mutter von fünf Kindern, obwohl aus ältestem Herrscherblut entsprossen, dem Spiel ihrer natürlichen Triebe sich williger als den Forderungen des königlichen Stolzes hingab.« Der Aufsatz verfiel sofort der unbarmherzigen Schere des Schriftstellers Karl Kraus, der ihn umgehend in seiner Zeitschrift »Die Fackel« zitierte – als Beispiel für »den Chorus der fürstliche Bettlinnen beschnuppernden Schmockgeister« im deutschen Blätterwald.

Die Frau, die da über Bord gegangen und eine Beute ihrer Triebe geworden war, ist keine andere als Luise Antoinette gewesen, die damalige Kronprinzessin von Sachsen, entstammend dem uralten Geschlecht der Habsburger, toskanische Linie, und jetzt schon seit zehn Jahren eingeheiratet ins noch ältere Haus Wettin. Fünf Kinder hatte sie ihrem Gemahl, dem sächsischen Kronprinzen Friedrich August, geschenkt. Als sie aus dem Dresdner Königsschloß hinaus in die kalte Winternacht floh, trug sie das sechste Kind unter dem Herzen, wie es eine empfindsame Hofberichterstattung zu formulieren pflegte. Der Sprachlehrer der kleinen Prinzen, ein Belgier namens André Giron, war maßgeblich an der Affäre beteiligt. Einsam und verlassen blieb Friedrich August, der Thronfolger und spätere König, zurück auf dem sächsischen Welttheater.

Die Liebesgeschichte verhieß allein dadurch, daß einer der Hauptbeteiligten seinen Part in perfektem Sächsisch sprach, von Anfang an keine erhabene Tragödie. Das Sächsische ist für die Aufführung von Trauerspielen schwerlich geeignet.

Die andere männliche Hauptperson, Monsieur André Giron aus Brüssel, war des Sächsischen nicht mächtig, dafür aber des Französischen, was für fromme Kommentatoren schon genügte, diesen Luftikus in einem schwefelgelben Licht erscheinen zu lassen: »Der Teufel hat ja zu allen Zeiten am liebsten die Sprache der Galanterie, das Französische, gesprochen.« Die Freimaurer – dies schien gewiß – steckten hinter ihm und würden den famosen »maître Giron« zum Lohn für seinen Anschlag auf die Tugend einer Kronprinzessin zum Meister vom Stuhl befördern. Dergleichen Verdikte ließen die Freisinnigen nicht ruhen, die nun von der anderen Seite der Barrikade her schweres Geschütz auffuhren: Natürlich sei der Bonvivant aus Brüssel ein Werkzeug der Jesuiten, dazu bestimmt, in Sachsen, dem Geburtsland der Reformation, eine schwarze Fallgrube auszuheben. Marionette der Jesuiten, Sendbote der Freimaurer oder, was der Wahrheit vermutlich am nächsten kam, ein »Windbeutel« – auch dieser Akteur paßte in keine Tragödie, sondern am ehesten vielleicht noch in einen Roman von Maupassant.

Da besaß Luise noch die besten Voraussetzungen für ein großes Drama mit Festbeleuchtung, Staatsaktionen und pompösheroischen Aktschlüssen. Um ihre Wiege wehte die herbe Luft des Thronverzichts, denn der Großvater hatte im Verlauf der Einigung Italiens als Großherzog von Florenz abdanken müssen. Seither lebten die Angehörigen der toskanischen Linie des Hauses Habsburg im österreichischen Exil, wo ihnen Kaiser Franz Joseph in der Residenz zu Salzburg Gastfreundschaft gewährte. Dort

konservierte Luisens Vater, der sich, den Zeitläuften zum Trotz, Großherzog Ferdinand IV. von Toskana nannte, mit beträchtlichem Aufwand die Fiktion eines intakten Hofes. Man sprach immer noch italienisch, ließ durch eine Kanzlei die diplomatische Korrespondenz erledigen und kommandierte eine Heerschar livrierter Lakaien mit einem Obersthofmeister an der Spitze.

In dieser Sphäre wuchs das Mädchen heran. Die ersten Freier, die der jungen Dame nahten, wurden in der Erwartung einer besseren Partie mit Körben bedacht. So Don Pedro von Brasilien, der ohnehin bald darauf einer Geisteskrankheit verfiel, so auch Prinz Ferdinand von Bulgarien, dem es wenig half, daß er auf seinem Sommersitz der Prinzessin höchst eigenhändig einen Rosenstrauß wand. Es spricht jedoch für Luisens lauteres, ja schlichtes Gemüt, daß ihr Prinz Friedrich August von Sachsen behagte. Die beiden heirateten am 21. November 1891 in Wien; Kaiser Franz Joseph präsidierte der Hochzeitsgesellschaft. Bei der Ankunft in Dresden hatte sich die wettinische Herrscherfamilie zur Begrüßung eingefunden, allen voran der regierende König Albert. Da er und seine Gemahlin Carola kinderlos geblieben waren, figurierte sein jüngerer Bruder, der sechzigjährige Georg, als Kronprinz: ein mürrischer, zur Bigotterie neigender Mann, dessen »kalte, kleine, blaue Augen mißtrauisch unter buschigen Brauen hervorschauten«. So beschrieb Luise später ihren Schwiegervater, der ihr schon bald das Leben zur Hölle machen sollte. Zunächst aber labte sich Friedrich August, der junge Ehemann, an seinem Glück mit Luise, der er in Gegenwart eines Wachtpostens ganz ungezwungen in die rückwärtigen Körperregionen kniff. Als ihn die Gattin, hold errötend, zur Mäßigung seiner Liebesbekundungen ermahnte, versetzte er ungerührt: »Dängksde denn, der kneipt Seiner nich ooch mal in Hintern?«

So weit, so gut. Doch im Hintergrunde des Ehe-Idylls zog der finstere Georg seine Fäden. Er schikanierte die Schwiegertochter bei jeglichem Anlaß, wollte ihr sogar das neumodische Radfahren verbieten, worin er sich erst korrigierte, als er hörte, daß Kaiser Wilhelm II. nichts gegen diese Sportart einzuwenden hatte. Auf die Volkstümlichkeit, die Luise mittlerweile rings im Sachsenlande genoß, reagierte der Schwiegervater mit pathetischem Hohn: »Wie du nach Popularität haschest!« Ein regelrechtes Komplott kam gegen Luise in Gang: Spione wurden als Lakaien eingeschleust, die Obersthofmeisterin von Fritsch auf ihre Herrin angesetzt, der Staatsminister von Metzsch zum Oberhaupt der Anti-Luisen-Verschwörung erkoren. Prinz Georg, der Anstifter, gab der Habsburgerin immer offener seinen Groll zu verstehen: »Es ist ein Unglück, daß du in unsere Familie gekommen bist, denn du wirst niemals eine der Unsrigen.«

Das war starker Tobak, zumal Luise mit bisher fünf Geburten fleißig dazu beigetragen hatte, den Fortbestand der albertinischen Linie des Hauses Wettin zu sichern. Zunächst war der präsumtive Kronprinz zur Welt gekommen, der nach seinem Großvater den Namen Georg erhielt, sodann zwei weitere Knaben sowie zwei Mädchen. Friedrich August, als Sachse ohnehin daran gewöhnt, auf der Seite der historischen Verlierer zu stehen, schien entschlossen, mit eingezogenem Kopf abzuwarten, bis sich das Ungemach durch das hohe Alter und den irgendwann unausweichlichen Tod des Vaters von selbst erledigt hatte. Statt der gemaßregelten Gattin beherzt zu sekundieren,

hielt er es für richtiger, die beiden ältesten Prinzen in die französische Sprache einführen zu lassen. Als Lehrer engagierte er, für 175 Mark im Monat, Monsieur André Giron aus Brüssel.

Mit dem erst dreiundzwanzigjährigen Belgier geriet ein flotter, männlich-attraktiver Leichtfuß ins versteinerte Dresdner Hof-Ensemble. Er war der Sohn eines verstorbenen Direktors im Kriegsministerium zu Brüssel, von dem er siebzigtausend Franken geerbt hatte. Der uneingeschränkte Genuß der väterlichen Hinterlassenschaft schien ihm reizvoller als die Fortsetzung des Studiums an der Technischen Hochschule Lüttich, deren Besuch er quittierte, um sich auf weitläufigen Reisen die Welt anzusehen. Giron schweifte als Dandy und Globetrotter umher, ein Mann des Fin de siècle vom Scheitel bis zur Sohle, immer ein wenig gelangweilt und immer nach Abenteuern ausspähend, wo sie sich boten. Dabei wohnten zwei Seelen in seiner Brust: Einerseits huldigte der junge Mann ausgiebig dem schönen Geschlecht, was ihm den Spitznamen eines »Laffen« eintrug; andererseits trug er eine, möglicherweise nur gespielte, Glaubensinbrunst zur Schau, so daß man ihn bald den »Abbé« nannte. Denn nur um der Stelle eines Erziehers der katholischen sächsischen Prinzen willen war der geborene Protestant konvertiert, was im evangelischen Dresden wahrscheinlich gar nicht notwendig gewesen wäre. So liegt der Verdacht nahe, daß sich hier ein Tartüff in den engsten Kreis der wettinischen Trabanten eingeschlichen hatte, der den frommen Augenaufschlag des Bekehrten ebenso routiniert beherrschte wie die schmachtende Gebärde des Schwerenöters.

Inwieweit ihn Luise als erotischen Deus ex machina gebrauchte, ob sie in einer schwachen Stunde seinem operettenhaften Charme erlag oder ihrerseits in die Offensive ging, bis zu welchem Grad diese Liaison gedieh oder ob es hier von Anfang an kaltblütig auf Ehebruch und Flucht abgesehen war, für die Giron lediglich als Vehikel herhalten mußte – darüber gab es nie verläßliche Nachrichten, was freilich in der Natur einer solchen Affäre liegt. Luise selbst hat sich später in Schweigen gehüllt, das man als vielsagend interpretieren kann. In ihren Memoiren nannte sie Giron einen »geistvollen und liebenswürdigen Gesellschafter«. Giron seinerseits bekannte wißbegierigen Presseleuten, er wolle mit der Prinzessin den Bund der Ehe eingehen, was sicher voreilig war, ihn aber doch als einen Mann mit »ernsten Absichten« auswies – wenn nicht der Vorsatz eine Rolle spielte, die Journalisten in die Irre zu führen oder ganz einfach hochzustapeln.

Natürlich war es, wieder einmal, ein Franzose, der die Erkenntnis formulierte, »daß es nichts Interessanteres gibt als eine Wand, hinter der sich etwas Bedeutendes abspielt«. Vor einer solchen Wand im Schlosse zu Dresden stehen wir nun. Lagen die beiden einander in den Armen, fragen wir, wie beispielsweise Tosca und Cavaradossi? Auf den Postkarten, die bald darauf Luise und Giron dem Publikum präsentierten, sieht das Paar jedenfalls so aus, als ob es ständig mit dem Gesang von Puccini-Duetten beschäftigt gewesen wäre. Und schließlich fand ganz in der Nähe des prekären Geschehens, in Dresdens Hofoper, gerade die erste deutschsprachige Aufführung der »Tosca« statt, Oktober 1902, während bereits dunkle Wolken über dem Gemach hinter unserer Wand aufzogen.

Kurz zuvor, im Juni 1902, war der alte König Albert gestorben. Sein Bruder Georg

bestieg den sächsischen Thron, wodurch sich Luisens Lage empfindlich zuspitzte. Einerseits war sie zusammen mit Friedrich August der Macht um ein wesentliches Stück näher gekommen, denn beide galten jetzt als das Kronprinzenpaar. Andererseits hatte sie in dem verstorbenen König ihre wichtigste Stütze am Hof verloren und war nun dem Psychoterror des neuen Herrschers schutzlos preisgegeben. Die Infamien und Demütigungen nahmen zu; hinter den Portieren und Paravents von Luisens Gemächern waren graue Eminenzen geschäftig. Mitte November 1902 entschwand Friedrich August zur Jagd nach Österreich, nicht ohne zuvor den verruchten Giron zum Scheiden aus dem Amt aufgefordert zu haben. Neun Tage später kehrte der Kronprinz von seinem Jagdausflug mit gebrochenem Unterschenkel zurück: ein Malheur, das dann von der Skandalpresse mit den Eheszenen im Hause Wettin in Zusammenhang gebracht wurde.

Auch Monsieur Giron verließ Dresden, übrigens zum Unwillen des Königs Georg, der den Galan für den letzten Akt des Dramas noch als kompromittierten und kompromittierenden Sündenbock benötigt hätte. Luisens späteres Geständnis, demzufolge Girons plötzliche Abreise »dem König die besten Karten seines Spiels aus der Hand genommen« habe, darf als einer der ganz wenigen Belege dafür angesehen werden, daß ihre Romanze mit dem Sprachlehrer keineswegs nur auf haltlosen Verdächtigungen beruhte. Die Rankūne des Monarchen entlud sich um so heftiger wider die Schwiegertochter. Ihre Hauptaufgabe, nämlich die Geburt von königlichem Nachwuchs, habe sie erfüllt, eröffnete er ihr; das nächste Kind, mit dem sie im vierten Monat schwanger ging, werde sie auf dem Sonnenstein entbinden müssen, einer in ganz Sachsen berüchtigten Irrenanstalt. Als Friedrich August mit seinem lädierten Unterschenkel von der Jagd zurückkam, bestürmte sie den Gatten, mit ihr außer Landes zu gehen und dort zu privatisieren, bis der böse alte Mann zu seinen Vätern versammelt sein würde. Daß der Kronprinz dieses Projekt brüsk ablehnte, dürfte auch Republikaner kaum verwundern. Im Stich gelassen von dem Ehemann, der an seinem Bein laborierte, bespitzelt und desavouiert vom Hofgesinde, ungetröstet von dem abgeschobenen Giron, entsann sich Luise ihres älteren Bruders: des Erzherzogs Leopold Ferdinand, von dem sie mit Recht Verständnis erwarten durfte.

Dieser von allen möglichen und unmöglichen Ärgernissen umwitterte Aussteiger aus dem Hause Habsburg war gerade damit beschäftigt, seine Beziehungen zu einer sittenpolizeilich überwachten Gunstgewerblerin zu legalisieren, was natürlich einem totalen Bruch mit allen bisherigen Bindungen entsprach. Dieser Erzherzog schien der Dresdner Schwester als einzig möglicher Retter in ihrer Not.

Der Gedanke, vor der Geburt des nächsten Kindes noch die Eltern im heimischen Salzburg zu besuchen, schien wohl selbst dem mißtrauischen Georg nicht absonderlich, so daß er keinerlei Bedenken dagegen anmeldete, obwohl eben wieder geräuschvolle Auftritte zwischen Luise und der Obersthofmeisterin von Fritsch vorgefallen waren. Die Kronprinzessin nahm Abschied vom Schwiegervater, auch von Friedrich August. Sie packte noch einigen Schmuck ins Köfferchen, mit dem sie am 9. Dezember 1902 Dresden verließ. Die Kinder, versteht sich, konnten die Mutter nicht begleiten.

Im »Sturm widerstrebendster Gefühle« kam Luise in Salzburg an, wo sie jedenfalls

In den Gemächern Luises wurde nichts Bedeutenderes als das Stück der natürlichen Triebe gespielt. Die Kronprinzessin von Sachsen erwartete den belgischen Sprachlehrer ihrer Kinder, André Giron, den sie später als einen geistvollen und liebenswürdigen Gesellschafter beschrieb.

zunächst versuchte, die Eltern auf ihre Seite zu bringen, was freilich mißlang. So blieb, wie sie es gleich vorausgesehen hatte, nur der Bruder Leopold als einzige Stütze. Der Plan, in die neutrale Schweiz zu fliehen, wurde sofort in die Tat umgesetzt. Die Eskapade lief ab wie in einem Filmdrehbuch: Mit Hilfe eines Schlüssels, den der findige Leopold besorgt hatte, stahlen sich Bruder und Schwester des Nachts aus einer Seitenpforte der Residenz hinaus auf den Domplatz, wo sie von sechzehn Grad unter Null sowie von einem gedungenen Fiaker empfangen wurden. Dann ging es im Expreßzug weiter nach Zürich. Erst dort, in der austauschbaren Kulisse eines Züricher Hotelzimmers, schien der Asylantin der Ernst ihrer Lage voll zum Bewußtsein zu kommen. Wenigstens war es ein Lichtblick, daß endlich Monsieur Giron aus Brüssel eintraf.

Die beiden beschlossen, ein Telegramm an den Hofmarschall von Tümpling nach Dresden zu senden, allerdings auf dem Umweg über Brüssel, um die sächsischen Häscher auf eine falsche Spur zu locken. Prompt fuhren der Hofmarschall nebst Frau von Fritsch und Gefolge in die belgische Metropole, um die Hotels nach den Flüchtlingen zu durchkämmen, freilich vergeblich.

Die Finte wurde von der Exprinzessin und dem Exprinzenerzieher selbst zunichte gemacht, denn sie flanierten ganz ungeniert auf Kurpromenaden, wobei sie den im Hinterhalt liegenden Pressefotografen keck, ja herausfordernd in die Objektive blickten. Die vergilbten Lichtbilder zeigen Giron im tadellosen Fulldress, den modischen Hut über dem Gesicht mit dem gepflegten Bel-Ami-Bärtchen, mit der linken Hand einen Spazierstock nonchalant balancierend, mit der rechten Luisens Händchen haltend, die unter einem ausladenden Damenhut und hinter einem durchsichtigen Tüllschleier den Anflug eines ebenso seligen wie streitbaren Lächelns erkennen läßt.

Später, in ihrem Erinnerungsbuch, hat Luise die Zurschaustellung der Freiheit, die sie jetzt mit Giron erlangt hatte, als kalkulierte Inszenierung hinstellen wollen, um sich selbst die Rückkehr in die höfische Welt abzuschneiden. Der Belgier, ein Ritter ohne Furcht und Tadel, habe dabei mitgespielt und den eigenen Ruf ihrem Verlangen geopfert, hinfort ein Leben ohne dynastische Fesseln zu führen. Diese Version klingt wenig glaubhaft. Die Indizien sprechen eine andere Sprache. Um vor den Nachstellungen des Dresdner Hofes sicher zu sein, zog die Karawane nach Genf weiter, wo Luise im Hotel d'Angleterre am Mont-Blanc-Quai eine vorläufige Bleibe fand.

Während alledem war der Dresdner Hof in eine tiefe Sprachlosigkeit gefallen: vom König bis zum Kronprinzen, von dem aus diesen Tagen keine sächsischen Sentenzen überliefert sind. Erst am 22. Dezember, als der Skandal bereits eine Legion Journalistenfedern in Bewegung zu setzen begann, konnten die entgeisterten Sachsen im »Dresdner Journal« ein offizielles Bulletin lesen: »Ihre Kaiserliche und Königliche Hoheit, die Frau Kronprinzessin, hat in der Nacht vom 11. zum 12. Dezember in einem anscheinend krankhaften Zustande seelischer Erregung Salzburg plötzlich verlassen und sich unter Abbruch aller Beziehungen zu ihren hiesigen Angehörigen ins Ausland begeben. Am königlichen Hofe sind für diesen Winter alle großen Festlichkeiten abgesagt. Auch der Neujahrsempfang wird nicht stattfinden.«

Der Versuch Dresdner Kriminalbeamter,

Luise klammheimlich aus ihrem Genfer Hotel zu entführen, wurde von der Schweizer Polizei vereitelt, die schon am Bahnhof die verdächtig sächselnden Fremdlinge zum umgehenden Rückzug nötigte. Um dergleichen Nacht-und-Nebel-Aktionen mit einem Hauch von Legalität auszustatten, ordnete der Minister von Metzsch eine reichsweite Fahndung an, die von furiosen Verdächtigungen begleitet war: Von einer Geisteskrankheit Luises war die Rede, auch vom Raub der sächsischen Kronjuwelen, was freilich alsbald wieder dementiert werden mußte. Unterdessen ließen Anhänger der Prinzessin vor dem Dresdner Schloß, in dem sich König Georg verschanzt hatte, unbotmäßige Rufe erschallen (»Bring uns unsere Luisa wieder!«), woraufhin die Garde einschritt.

Die treuen Gefolgsleute, welche die exilierte Prinzessin innerhalb der weiß-grünen Grenzpfähle zurückgelassen hatte, hinderte es nicht daran, eine »Luisen-Torte« zu erschaffen – von nun an ein Gebäck auf sächsischen Kaffeetafeln. Die »fürstliche Linnen beschnuppernden Schmockgeister« unter den Presseleuten bemächtigten sich des Ereignisses. Auflagenstarke Pamphlete machten die Runde: »Geistige Störung oder Lüsternheit! Der Fall Kronprinzessin Louise und Giron«, »Ehebruch und Königsthron« sowie »Das hysterische Weib in Familie und Gesellschaft, ärztlich-psychologische Betrachtungen zum Falle der Kronprinzessin von Sachsen«.

Die Zeitungen brachten Berichte über das Genfer Hotelzimmer, wie es Luise und Giron, wieder einmal in überstürzter Flucht, verlassen hatten: »In den Koffern sind die Effecten in bunter Unordnung durcheinandergeworfen; Männer- und Frauenkleider, ein Buch von Heine, ein Roman von Anatole France, allerlei Dessous – so, wie die Gegenstände von den Hôtelangestellten pêlemêle in den Koffer geworfen wurden.« Karl Valentin erntete mit dem Couplet »Luise und Giron« einen seiner ersten Erfolge. War es ein Wunder, daß der sächsische Hof jetzt bestrebt war, den Fall möglichst schnell zu einem gewissen Abschluß zu bringen? Die Trennung der kronprinzlichen Lebensgemeinschaft stieß auf eine schwer zu nehmende Hürde, weil die Ehe katholisch eingesegnet worden war. Der Papst mußte eingreifen, über die Köpfe des geistlichen Gerichts in Dresden hinweg. Die schriftliche Klage Friedrich Augusts erkannte Luise als berechtigt an, da sie selbst den Bruch wünschte; auch verzichtete sie auf Stand, Titel, Wappen und Ansprüche einer Kronprinzessin von Sachsen. In der Begründung des Scheidungsurteils hieß es ausdrücklich, die Beklagte habe »im Sommer 1902 in Wachwitz mit Giron ein Liebesverhältnis unterhalten, das bis zur Verletzung der ehelichen Treue geführt« habe. Dann erst entließ sie König Georg in aller Form aus dem Hause Wettin. In einer Nervenklinik am Genfer See suchte die in die Freiheit Entlassene die Spannungen der letzten Monate zu besänftigen. Immerhin wurde sie mit dem Titel einer »Gräfin Montignoso« sowie einer Apanage aus der wettinischen Schatulle ausstaffiert, allerdings mit der Verpflichtung, das Königreich Sachsen nie wieder zu betreten. Am 4. Mai 1903, bereits nach der Scheidung, brachte Luise in einer Villa zu Lindau am Bodensee die Prinzessin Anna Monika Pia zur Welt, ihr sechstes Kind, das Friedrich August ausdrücklich als das seinige akzeptierte.

Im Oktober 1904 starb in Dresden der Inszenator des ganzen Verhängnisses, der alte König Georg. Auf dem Thron der Wet-

tiner saß jetzt, wenn auch ohne Königin, Friedrich August III., der nach einem Wort des deutschen Kaisers sowieso »mehr August als Friedrich« war.

Kaum ein Vierteljahr nach dem Thronwechsel tauchte zur allgemeinen Bestürzung Luise in Sachsen auf, zuerst in Leipzig, dann sogar in Dresden, um die Kinder und vielleicht auch den geschiedenen Gemahl wiederzusehen, der gerade noch rechtzeitig zu einem Jagdausflug entweichen konnte. Es soll zu einem Auflauf der Luisen-Jünger, zu herzzerreißenden Äußerungen der Anhänglichkeit gekommen zu sein, die freilich das Gegenteil bewirkten: Die Gräfin Montignoso wurde umgehend über die Grenze gebracht und bekam, da sie illegal eingereist war, ihre Apanage gestrichen.

Der Kampf um die kleine Monika Pia, deren Herausgabe Friedrich August verlangte, zog sich noch einige Jahre hin. Die Villa in der Nähe von Florenz, die Luise mit dem Töchterchen jetzt bewohnte, glich zeitweise einer Festung, da sie von Geheimpolizisten regelrecht belagert wurde. Der Koch, ein enthusiastischer Verehrer seiner Herrin, versah dann den Dienst mit der Pistole in der Hand. Dresdner Detektive sollten vor allem verhindern, daß der perfide Giron ins Innere des Hauses gelangte. Die Gräfin widerstand allen Drohungen, wurde auch mit den vom Dresdner Hof bestochenen Dienstmädchen fertig und duldete in ihren Mauern kein sächsisch gezäumtes Trojanisches Pferd. Erst im April 1908, nach langen und zermürbenden Wirrnissen, konnte Friedrich August das mittlerweile fünfjährige Mädchen am Leipziger Hauptbahnhof in die Arme schließen.

André Giron, der Auserwählte dramatischer Tage, schied leise und unauffällig, beinahe diskret aus ihrer Biographie, in der er, nach den bizarren Gesetzen von Luisens Lebensdramaturgie, nicht länger benötigt wurde. An seiner Stelle erschien ein neuer Gefährte: der um dreizehn Jahre jüngere italienische Komponist Enrico Toselli, dessen berühmtestes Schmachtstück, die »Toselli-Serenade«, noch heute in den Kaffeehäusern ertönt. Sie heirateten im September 1907 in London und wurden fünf Jahre später wieder geschieden.

Leider hat Toselli seiner Frau die Veröffentlichung ihrer Memoiren nicht ausreden können, obwohl er es versuchte. Sie aber brauchte Geld und war überdies von dem Gedanken getrieben, endlich öffentliche Rache an ihren Widersachern zu üben.

So destillierte sie aus ihren wüsten Erinnerungen, unterstützt von einer englischen Ghostwriterin, die Autobiographie »My own story by Luisa of Tuscany – Ex-Crown Princess of Saxony«, die zuerst in London und dann, deutsch übersetzt und ein wenig geglättet, auch in Basel erschien. Die Rolle Girons ist darin deutlich heruntergespielt. Auch sonst wimmelt ihre Selbstdarstellung nur so von einseitigen Anklagen und Verdrehungen sowie von falschen Angaben – eine ärgerliche Lektüre für die Kenner der Historie und sogar für die Freunde von Luise!

Die Frau, die als österreichische Erzherzogin geboren, zur sächsischen Kronprinzessin aufgestiegen, zur Gräfin Montignoso abgestiegen und dann Signora Toselli geworden war, ging nach manchen Irrfahrten schließlich in Brüssel vor Anker, wo sie wieder einen anderen Namen annahm: den Titel einer Comtesse d'Ysette. Sie lebte jetzt in miserablen Verhältnissen und war der Vergessenheit anheimgefallen. Die verarmte Greisin starb siebenundsiebzigjährig am 23. März 1947 in Brüssel.

Damals lag König Friedrich August III.

von Sachsen schon seit anderthalb Jahrzehnten in der Wettin-Gruft der Hofkirche zu Dresden. Die schmähliche Flucht seiner Gattin hat ihn nicht daran hindern können, der volkstümlichste deutsche Landesfürst der wilhelminischen Ära zu werden. Eingeweihte nannten den Namen Luisens nicht mehr in seiner Gegenwart, was man verstehen wird, und nur gelegentlich konnte es geschehen, daß sich ein Mann aus dem Volke einer solchen Taktlosigkeit schuldig machte. So soll der Bürgermeister einer kleinen Gemeinde bei der Begrüßung des Königs in seiner Rede steckengeblieben sein. Friedrich August klopfte dem Stotternden begütigend auf die Schulter: »Mir sinn Leihdensgeffährden, mein Liewer!«, womit er seine und des Redners unzulängliche rhetorische Gabe meinte. Hierauf der Bürgermeister, mißdeutend, aber dankbar: »Jawohl, Majesdähd! Meine Ollsche is ooch durchgebrannd!«

Wie köstlich das sein wird, wenn ich wieder bei dir bin

Fridtjof Nansen und Eva Sars
Von Detlef Brenneke

Das Leben ohne Liebe sei nichts als ödes Treibeis, schrieb Fridtjof Nansen in sein Tagebuch, als er mit seinem Schiff, der »Fram«, wieder einmal in der Arktis festsaß. Doch die Entdeckerlust war stärker als die Sehnsucht nach seiner Frau. Der Polarlandschaft galt die Liebe des Forschers.

HILLMANN

Am Abend des 15. Dezember 1893, einem Freitag, da er schon fast vier Monate lang mit seinem Schiff im Packeis festgefroren war und über das arktische Polarmeer driftete, schrieb Fridtjof Nansen in sein Tagebuch:

»O, der schöne weiße Schnee, der so sanft und still fällt und jeden harten Umriß mit einer reinweißen Schutzdecke mildert! Es gibt nichts so köstlich Ruhiges, Weiches und Weißes.

Diese schneelose Eisebene gleicht dem Leben ohne Liebe; nichts ist da, es zu mildern. Die Spuren aller Kämpfe und Eispressungen treten hervor, als ob sie eben entstanden seien, rauh und beschwerlich für das Wandern dazwischen.

Liebe ist der Schnee des Lebens; sie senkt sich am tiefsten und sanftesten in die vom Kampfe verursachten Wunden, weißer und reiner als selbst der Schnee. Was ist das Leben ohne Liebe? Es ist wie das Eis, eine kalte, öde, zerrissene Masse, die der Wind forttreibt und spaltet und dann wieder zusammenzwängt, ohne etwas, um die offenen Risse zu bedecken, die Heftigkeit der Zusammenstöße zu mildern, die scharfen Kanten der zerbrochenen Schollen abzurunden – nichts, weiter nichts als kahles, zerrissenes Treibeis.«

Fridtjof Nansen wußte, wovon er sprach. Er hatte beides hinter sich. Eskapaden und Expeditionen. Das Eis und die Liebe. Beflügelndes, Ermattendes. Er hatte die Bergwelt seiner Heimat Norwegen auf Skiern erkundet und war als Einundzwanzigjähriger 1882 an Bord der »Viking« weit in den Norden vorgestoßen. Mit Emmy Caspersen, dem Schwarm einer Ballnacht, hatte er sich 1884 verlobt und binnen zweier Monate auf die Trennung geeinigt. An der Seite eines Fräulein Christensen war er 1886 auf einer Studienreise in einer einzigen wilden Tarantella durch Italien gestürmt. Dann fuhr er nach Hause und machte Dagmar Engelhardt den Hof – unkonzentriert, weil er unterdessen sowohl mit dem Abschluß seiner tierkundlichen Doktorarbeit als auch mit den Vorbereitungen der ersten Durchquerung von Grönland beschäftigt war. Don Juan oder Die Liebe zur Geographie.

Um sich für seinen Gewaltzug fit zu halten, unternahm er rings um Kristiania (wie Oslo noch bis 1924 hieß) eine Reihe von ausgedehnten Skitouren. Bei der Rückkehr von einem dieser Trainingsmärsche entdeckte er im Februar 1888 neben dem Weg ein im Schnee strampelndes Etwas, das sich, nachdem es wieder auf die Beine gestellt und abgeklopft worden war, als eine der Schönheiten der Hauptstadt entpuppte: Eva Sars.

Fridtjof Nansen kannte sie nicht nur, weil sie die Tochter des Nestors der norwegischen Zoologie, Michael Sars, war, sondern auch, weil sie schon einen Namen als Konzertsopranistin besaß. Und als Enfant terrible! Denn Eva Sars, die weiblich gefühlvoll Brahms' Lied »Von ewiger Liebe« vorzutragen pflegte, war eine militante Verfechterin der These, daß Frauen dasselbe Recht auf den Skisport hätten wie Männer. »Will denn jemand im Ernst behaupten, daß die Moral der Damen leidet, wenn sie – womöglich gar in Gegenwart von Herren – auf die Bretter steigen?«

Gemeinsam glitten Eva Sars und Fridtjof Nansen durch den Frognerseterwald nach Kristiania zurück. Und während der schöne weiße Schnee sanft und still fiel und jeden harten Umriß milderte, verliebte sich die junge Einzelgängerin in ihren Helfer, wohl ohne daß er es merkte. Oder merken wollte.

Zwar sahen sich die beiden in den folgenden Wochen noch ein, zwei Mal. Aber der

Schnee des Lebens lag für Fridtjof Nansen nicht bei Eva Sars. Immerhin ein paar Zeilen richtete er auf der Überfahrt von Edinburgh aus auch an die zünftige Begleiterin aus dem Frognerseterwald. »Indem ich jetzt die zivilisierte Welt verlasse, erlaube ich mir, Ihnen, wie ich es versprochen habe, ein letztes Lebewohl zu senden; in zwei Stunden gehen wir gen Norden. Ich hoffe, wir treffen uns bei bester Gesundheit in sechs Monaten wieder. Viele Grüße, Ihr Fridtjof Nansen.«

Klang die Variation seines Standardabschieds nicht ein wenig nach Zuverlässigkeitsbeweis, nach distanzierender Correctness, nach einer Verabredung zum nächsten Langlauftermin?

Egal: Diesmal war es Eva, die sich an die Wörter hielt. Daher hütete sie das Billett als Unterpfand: als Verheißung eines Wiedersehens.

Und sie wartete.

Nicht sechs Monate, sondern zwölf; und danach noch einige Wochen. Längst war Fridtjof Nansen umjubelt als Nationalheld heimgekehrt: von der Wissenschaft dekoriert, von Turnvereinen unter Vivat auf den Schild gehoben, von Damenkränzchen umschmachtet, derweil Eva Sars auf eine Nachricht von ihm lauerte. Doch Fridtjof Nansen wurde weiterhin im Trubel der vaterländischen Begeisterung als Everybody's darling gefeiert.

War es daher eine Champagnerlaune, war es schierer Übermut oder Liebe auf den hundertsten Blick? Was war es, das Fridtjof Nansen eines Tages dazu trieb, auf der Karl-Johan-Straße aus der Kutsche zu springen, auf Eva Sars, die er in der Menge der Flaneure ausgemacht hatte, zuzuhasten, sie um die Taille zu packen, emporzuschwingen und mit sich im Kreis zu drehen?

Nansen hat die Szene nach vielen Jahren seiner Tochter Liv geschildert; doch erklären konnte er sie nicht.

Sein Liebesimpuls war unreflektiert und elementar, überwältigend wie ein Schneesturm, ein Taumel, der die beiden mit sich riß. Am 11. August 1889 verlobten sie sich bei einem Skiausflug ins Sørketal; und am 6. September war Trauung.

»Ich sehne mich nach Dir«, schrieb er, »wie ein ungeduldiges Kind.« Er, der seine Mutter verloren hatte, als er fünfzehn war, hatte immer die mütterlichen Freundinnen geschätzt. Eva war lediglich drei Jahre älter als Fridtjof, aber ein Leben lang hatte sie die Gewohnheit, ihn mit »mein Junge« anzureden. Ein Foto, das 1893 von ihr aufgenommen wurde und Nansens Lieblingsporträt war, zeigt ein ebenmäßiges Gesicht, dessen Ausdruck sentimental ist und von dem aufgrund der glatt nach hinten gezogenen Haare ein Hauch von Strenge ausgeht. Es oszilliert zwischen Jungmädchen- und Matronenhaftigkeit.

So war es in der Tat typisch für eine Frau, die beides verkörperte: Bodennähe und Schwärmerei, Hingabe und Selbstbehauptung. Eva Sars war gewiß die perfekte Geliebte Fridtjof Nansens. Sie war zur Stelle, sobald er es wünschte, und harrte in Sorge, sobald er seiner Wege zog, zu Abenteuern, Tagungen und Vorträgen.

Eine seit langem anberaumte Lesetour durch England funktionierte Nansen noch schlecht und recht zur Hochzeitsreise um, indem er mit Eva zunächst die Fähre nach Kopenhagen nahm. Dann ging es weiter nach Newcastle und London. Beschwingt bestiegen sie Anfang Oktober den Boattrain, um ihre Fahrt nach Frankreich fortzusetzen: ein glückliches Brautpaar, das in Paris vielleicht die heitersten Wochen seiner Ehe verbrachte.

Die Liebe sei der Schnee des Lebens, ruhig, weiß und weich, beteuerte Fridtjof Nansen. Seine Frau Eva Sars mußte sich mit Briefen begnügen, sobald er seiner Wege ging. Ihre Ehe war ein langes Warten.

Doch war nicht am Horizont schon der harte Umriß jenes Zieles zu erkennen, das Fridtjof Nansen auf seiner nächsten Expedition erreichen wollte, des Nordpols? Je näher die Jungvermählten wieder den Fjorden und Fjellen kamen, desto bedrohlicher für Eva wuchs der Schatten dieses Projekts. Und mochte sich Fridtjof auch bemühen, sein Fernweh zu verhehlen – bald war er von den Vorbereitungen zu seiner Drift mit der »Fram« völlig in Anspruch genommen.

In Telemark bereitete er sich mit Freunden bei der Jagd körperlich auf die zu erwartenden Strapazen vor. An Eva, die schwanger in Kristiania zurückgeblieben war, schrieb er: »Ich habe es so gut hier, obwohl ich nicht verheimlichen kann, daß ich mich ein wenig nach Dir sehne, Evaliebes, und daß ich obendrein herausgefunden habe, welch geringe Zerstreuung die Schneehuhnsuche bietet, wenn Du nicht dabei bist.«

Auf diesen unterkühlten Liebesschwur des »letzten Wikingers« folgten achtundvierzig Stunden später die Zeilen seiner Frau: »Mein süßer geliebter Fridtjof, ich danke Dir für Deinen erlösenden Brief, der heute auf meinem Frühstückstisch lag und mich anlächelte. Ach, wenn Du doch nur recht geschwinde bei mir wärst, ich freue mich so schrecklich darauf, und ständig bin ich mit meinen Gedanken bei Dir, Tag und Nacht.«

Jetzt und in Zukunft bewies sich Evas Liebe, wie damals, als Fridtjof noch nichts von ihr wußte, im Warten. Sie hatte eine Fehlgeburt, wurde abermals schwanger. Und nachdem ihr Töchterchen Liv das Licht der Welt erblickt hatte, war das Datum von Nansens Aufbruch nicht mehr fern. Schließlich kam der Morgen, an dem sie – ob auf ungewisse Zeit oder für immer – voneinander Abschied nahmen. Fridtjof bestieg das Schiff, während Liv oben am Fenster in die Hände klatschte. Eva war ihrem Mann bis in den Garten gefolgt. Und dort saß sie noch, als die »Fram« langsam vorübertrieb und Fridtjof zu ihr herüberschaute: »Durchs Fernrohr sah ich eine weiße Gestalt schimmern, auf der Bank unterm Fichtenbaum. – Das war der schwerste Augenblick der ganzen Fahrt.«

Sie trösteten sich, jeder auf seine Weise, mit Musik. Daheim sang Eva »Von ewiger Liebe«. »Scheide mit Regen und scheide mit Wind, / schnell wir wie früher vereiniget sind.« Im Salon der »Fram« hörte Fridtjof auf einem Musikautomaten das »Menuett de Don Juan de Mozart«. Die Polarnacht verschluckte die Töne vom Schiff. Unter der Lampe in seiner Kajüte saß Fridtjof Nansen. Er quälte sich mit der Erinnerung an Eva und Liv. Als ob das Heimweh nicht die Lust der Entdecker wäre!

Wie der Schnee alle schroffen Konturen weichzeichnete, so verklärte Fridtjofs Liebe die Realität. »Laß mich Dir sagen«, notierte er im zweiten Winter seiner Abwesenheit, »laß mich Dir sagen, daß diese langen Jahre, jeder Tag, jede Stunde ein einziger Gedanke an Dich waren, an alles das, was wir zusammen erlebten, ein einziger Wunsch, Dich wiederzusehen und immer bei Dir zu bleiben... Du liebe Eva. Du weißt ja, wie sehr ich Dich liebe, mehr denn alles auf der Welt, aber Du ahnst wahrscheinlich kaum, wie alles, was mir teuer war, bevor wir uns begegneten, durch Dich zu nichts verflogen ist. Du hast meine Seele so ausgefüllt, daß nichts sonst darin Platz hat, mein Leben ist alleine dort, wo Du bist, fern von Dir, da ist kein Leben. Du bist mein Leben, Du, Du, Du, jeder Gedanke bist Du, jeder Plan, den ich fasse, bist Du.«

Die nächtlichen Monologe an Eva halfen

Fridtjof Nansen, sich gegen die Eintönigkeit des Eises zu schirmen. Gegen die Ewigkeitsstille. Die Angst. Sie setzten, wo nichts war außer Eis ringsum, wenigstens der Seele einen Halt. Eva Nansen kümmerte sich derweil um Liv, um das Haus und die Bediensteten.

Sie weilte in der vertrauten Umgebung von »Godthaab«, hatte ihre Verwandten und Freunde in der Nähe und verfügte über ihre Kunst. Schon zwei Tage nach Fridtjofs Abfahrt gab sie den ersten Gesangsunterricht. Und im Herbst veranstaltete sie einen Liederabend in Kristiania. Die Karten waren kurz nach dem Beginn des Vorverkaufs vergriffen – zumal sich auch seine Majestät König Oscar II. angesagt hatte. Welch ein Genuß, die einsame Frau des tapferen Rekken »Von ewiger Liebe« singen zu hören! »Scheide mit Regen und scheide mit Wind, / schnell wir wie früher vereiniget sind.« Das Publikum und die Kritik waren hingerissen. Keine Frage: Eva Nansen machte Karriere. Sie brachte die jüngsten Kompositionen von Edvard Grieg zur Uraufführung. Ihr Impresario Peter Vogt Fischer drängte sie, auf Tournee zu gehen. Sie wirkte am 28. November 1895 auf dem Stockholmer Schloß an einer Soiree mit. Und bei den Seufzern von »Schlafe, mein Prinzchen, schlaf ein« flirtete sie unverhohlen mit einem der Söhne des Königs. Sie war ein Star.

Ungefähr zur selben Zeit tauchte ein Journalist in »Godthaab« auf und erkundigte sich, ob sie ihm etwas von Nansen erzählen mochte. Da fauchte sie ihn an: »Nansen? Ich kenne keinen Nansen!« Und der gute Mann »notierte das vergnügt«. Enthielt die Antwort nicht auch eine tiefere Bedeutung?

Demnächst würde Nansen drei Jahre von zu Hause fort sein. Er hatte sie während ihrer Schwangerschaft oft allein gelassen. Dann hatte sie die Fehlgeburt gehabt. Wurde ein zweites Mal schwanger und war aufs neue allein. Und jetzt, da ihre Tochter längst im Garten herumsprang und sprechen konnte, wußte Eva nicht einmal, ob der Vater noch lebte. Hätte sie, wenn sie Nansen mit einem Brief erreichte, immer noch versichern dürfen: »Ständig bin ich mit meinen Gedanken bei Dir«?

Da kam das Telegramm. »Vardø 13.8. 96. 16.00 Uhr. Frau Eva Nansen, Lysaker. Hier hast Du Deinen Jungen endlich wieder. Alles wohlauf. Expedition wie erwartet erfolgreich. Hoffe, es geht Dir gut. Kannst Du mich treffen? Antworte eiligst nach Vardø. Weiteres später. Tausend Grüße. Fridtjof. Küsse Liv.«

Es war wie ein Schock. Ein ganz unbeschreibliches Gefühl, als sich die beiden umarmten. Die Küsse und Tränen. Und die Schwüre, sich nie mehr, nie mehr, nie mehr zu trennen.

Alles, was sich Nansen erträumt hatte, sollte nun in Erfüllung gehen. Dabei war es doch nur Schnee, ja: jener Schnee von gestern gewesen – die Liebe zum Überleben. Die Wirklichkeit war der Alltag in »Godthaab«. War Evas internationale Reputation. Ihr starkes Selbstbewußtsein. Waren seine ganz banalen Pflichten, für den Broterwerb zu sorgen.

Er schloß sich wie früher in sein Arbeitszimmer ein, schrieb Bücher über Bücher, hielt Vorträge in aller Welt, wurde – wie er es selbst nannte – zum »Geldfabrikanten«, baute ein neues, mächtiges Haus. Und geriet in ein Chaos der Disharmonien.

Liv Nansen-Höyer, die Tochter, schreibt in ihren Memoiren: »Eine seltsame Melancholie war über Nansen gekommen. Er war reizbar und unausgeglichen, den einen Tag

himmelhoch jauchzend, den anderen verstimmt und niedergeschlagen.« Und dann zitiert sie aus den Tagebuchaufzeichnungen ihres Vaters den Satz: »Ich kann die Fäden in meinem Gehirn immer weniger entwirren.«

Geduldsfäden, Ungeduldsfäden. »Jeder Plan, den ich fasse, bist Du...« Aber noch während der »Fram«-Fahrt hatte er bis in die kleinsten Einzelheiten seine nächste Expedition projektiert: die Eroberung des Südpols.

Eva befand sich inzwischen mit ihrem Agenten Vogt Fischer auf Konzertreise in Finnland. Auf Bygdøy (wo man heute die »Fram« besichtigen kann) hatte sich Fridtjof mit seiner Jugendliebe Dagmar Engelhardt getroffen.

Und in Kristiania kursierte das Gerücht, die Eheleute Nansen wollten sich scheiden lassen. Als Eva dies an Fridtjof weitergab, war er in den Vereinigten Staaten. Dorthin schrieb sie ihm, es komme ihr mittlerweile selbst vor, »als wären Du und ich gar nicht Mann und Frau«.

Es hatte vielleicht dieser schlichten Feststellung bedurft, um Nansen aus seinem Dämmer aufzuschrecken. So saß er, während er auf dem Weg von einem Vortrag zum anderen den Süden der Vereinigten Staaten durchquerte, wie damals in der Kajüte der »Fram« in seinem Coupé unter die Schreiblampe gebeugt. Nur daß die Gedanken diesmal scheinbar ernüchtert zu Eva nach Norwegen flogen: »Die Liebe, die ich Dir abverlangt habe, war eher die einer Sklavin denn die einer selbständigen und stolzen Menschenseele wie Deiner, obwohl eine solche freie, unabhängige Liebe womöglich wertvoller ist, aber sie dann mit irgend etwas teilen zu müssen, nicht länger der einzige zu sein, das war es, was mich bedrückte, und ich fühlte mich betrogen, meinte, daß mir das Leben nicht das gebracht habe, was ich mir von ihm versprochen hatte, und so geschah es, daß ich weit, weit fort und allein zu sein wünschte, um mich selbst zu finden, mich zurechtzufinden, und ich wurde unvernünftig und unausstehlich, wenn ich mit Dir zusammen war, wortkarg und lieblos.«

Aber wie reimte sich das Tête-à-tête mit Dagmar Engelhardt, die er immer als sein »Kleinod« bezeichnet hatte, auf diese Analyse? »Als ich mich mit dem Kleinod traf und den Eindruck gewann, daß mein Gefühlsleben noch nicht völlig tot war, da nahm ich es als Mittel zu vergessen – besonders weil ich spürte, daß sie unglücklich war und meine Hinwendung brauchte.«

Auf die Scheinheiligkeit dieses Arguments ging Eva nicht ein. Sie zwang ihn vielmehr, sich zu entscheiden: sie oder das »Kleinod«. Kämpfen wollte sie nicht. »Dann bin ich eben verloren und gebe alles auf.« Was immer das hieß.

Eva gestand, daß sie in den Jahren von Fridtjofs Ausbleiben oft mit dem Gedanken gespielt habe, sich umzubringen. »Aber dann bist Du zurückgekommen, und all meine Liebe kam auch zu Dir zurück, und jetzt wird sie bleiben, unverändert, bis an mein letztes Stündlein, und erst, wenn Du aufgehört hast, mich zu lieben, werde ich sterben.«

Evas und Fridtjofs Aussprache gab ihrer Ehe neuen Halt. Vier Kinder wurden in kurzen Abständen geboren. Die Eltern machten gemeinsame Reisen. Im übrigen mußte Eva ihre Konzerttätigkeit mit Rücksicht auf die mütterlichen Pflichten allmählich einschränken und schließlich beenden.

Fridtjof Nansen widmete sich der wis-

senschaftlichen Arbeit und geriet aufgrund seiner überragenden Reputation immer mehr ins öffentliche Leben. Er wurde zum Motor der norwegischen Unabhängigkeit von Schweden. 1906 ernannte ihn die Regierung zum Vertreter des jungen Staats am Court of St. James in London.

Nansen erledigte das diplomatische Tagesgeschäft ohne Lust. Er mokierte sich über die Schnurrpfeifereien all der blasierten Attachés und Exzellenzen. Und abends rätselte er in seinem Tagebuch: »Warum bin ich nur hier?«

Wußte er es wirklich nicht? Er, der ein brillanter Kundschafter war, ein raffinierter logistischer Stratege, er, der einmal als Hochkommissar des Völkerbundes und des Roten Kreuzes Millionen und Abermillionen von Menschen vor dem Verhungern bewahren sollte, das moralische Vorbild, die Lichtgestalt in einer dunklen Epoche – dieser Übermensch kam mit sich selbst und seiner Liebe nicht zu Rande.

In Kristiania schrien es die Möwen von den Dächern, daß Fridtjof Nansen nach London geflohen war und nicht nur eine düpierte Gattin, sondern auch eine frustrierte Geliebte zurückgelassen hatte.

Sie hieß Sigrun Munthe. Und war verheiratet. Ihr Mann, Gerhard Munthe, war Maler. Ein Nachbar der Nansens und guter Freund Fridtjofs. Beiden war klar, daß Sigrun, im Gegensatz zu Eva, eine Fighterin war.

Ihr war so gut wie jedes Mittel willkommen, wenn sie nur Nansen bekam. Mit Selbstmord hatte sie schon gedroht. Und die Enthüllung ihrer Liaison dürfte ihr ganz recht gewesen sein.

So begann das Hin und Her der Briefe zwischen Eva und Fridtjof noch einmal. »Frau M. ist nicht ganz normal; und als ich sie des öfteren aufgesucht habe, tat ich es nicht zu meinem Vergnügen, im Gegenteil, sie wirkte immer beklemmend auf mich und stimmte mich traurig. Ich tat es daher, weil ich meinte, ihr ein wenig Beistand leisten zu müssen! Ich möchte Dich herzlich bitten, nimm das alles nicht so schwer. Du weißt doch, wie lieb ich Dich habe. Du, meine Eva.« Die Taktik kannte Eva schon. Ein zweites Mal verfing sie bei ihr nicht.

»Warum hast Du denn mehr Angst, daß Frau M. sich ein Leid antun könnte und nicht ich? Warum denkst Du ausschließlich an sie? Warum hast Du mir das Ganze nicht viel früher erzählt? Und dann sagst Du am Schluß: ›Du weißt doch, wie lieb ich Dich habe.‹ Bist Du verrückt geworden! Nach diesem Brief! Ich schicke ihn Dir zurück, damit Du ihn noch einmal lesen kannst.«

Tief im Innern wußte Eva, daß sie sich ihres Mannes nicht mehr sicher sein konnte. Ihre Widerstandskraft war gebrochen. Und auch ihr Selbstwertgefühl. Gesungen hatte sie schon seit langem nicht mehr. Sie war lediglich eine vor aller Welt betrogene einsame Hausfrau.

Fridtjof blieb in London – auch als Eva im November 1907 erkrankte. Aber er kam nicht. Er schickte Briefe, Blumen, Telegramme. Und immer: »Du gütiger Gott, wie köstlich das sein wird, wenn ich wieder bei Dir bin; wie werden wir dann glücklich sein, nicht wahr?«

Auf dem Krankenlager feierte Eva am 7. Dezember ihren neunundvierzigsten Geburtstag. Allein. Und wieder ein Telegramm, »Noch viele glückliche Jahre vor uns«. In der folgenden Nacht, von Samstag auf Sonntag, verschlimmerte sich ihr Zustand, so daß Dr. Jenssen, der Hausarzt, eine Eilmeldung nach England aufgab: »Befinden Ihrer Frau äußerst kritisch.«

Da brach Fridtjof Nansen endlich auf.

Doch als er am Dienstag an ihr Bett tritt, ist Eva Nansen seit vierundzwanzig Stunden tot.

»... erst, wenn Du aufgehört hast, mich zu lieben, werde ich sterben.«

Schweigen. Es schneit. O, der schöne weiße Schnee, der so sanft und still fällt und jeden harten Umriß mit einer Schutzdecke mildert! Es gibt nichts so köstlich Ruhiges, Weiches. Wie die Liebe.

»Die Sonne ist fort«, schreibt Nansen in sein Tagebuch. »Das Licht, das Leben gespendet hat, lächelt nicht mehr. Das Leben mit all seinen Kämpfen hat jegliche Voraussetzung und jeden Sinn verloren. Ringsumher – und vor mir – nur graue Gleichgültigkeit, alles hat seinen Wert eingebüßt, und ich sehne mich heftig danach, ihr zu folgen und Frieden zu finden.«

Zwölf Jahre später, am 17. Dezember 1919, heiratet er in zweiter Ehe Sigrun Munthe.

Argumente halfen nichts, auch nicht die Bitten des Kardinals. Es war Liebe

Gloria Swanson und Joe Kennedy
Von Dorothea Friedrich

Finanziell richtete er sie zugrunde. Sein Beischlaf war flink und routiniert. Das fiel ihr gleich beim ersten Mal auf. Auf diesem Gebiet konnte sie vergleichen. Doch da hatte sie ihm die Vollmacht über ihre sämtlichen Geschäfte längst erteilt. Von der wirtschaftlichen bis zur körperlichen Auslieferung dauerte es nur wenige Wochen. Als sie sich wieder anzog, hatte sie das Gefühl, diesem Mann nach diesem einzigen Mal mehr zu gehören als ihrem Ehemann. Doch an einer Scheidung waren beide nicht interessiert. Weder an der eigenen noch an der des anderen. Gloria Swanson und Joseph P. Kennedy waren überzeugte Ehebrecher, die aus dem neuen Partner sexuell und finanziell das Maximum herauszuholen gedachten. Verliebt waren sie auch. Das machte ihre Affäre besonders angenehm. Für Joe Kennedy war es die erste. Er war ja auch zum ersten Mal verheiratet. Seine erste Ehefrau blieb seine einzige. Mit Rose hatte er nach oben geheiratet. Das ehrgeizige Paar, dessen Familien von den alten Bostoner Häusern geschnitten wurden, etablierte schließlich in New York seine eigene Dynastie. John F. Kennedy war der zweitälteste Sohn. Gloria dagegen betrog mit Joe ihren dritten Ehemann, dem noch drei andere folgen sollten. Erfrischend die so ganz andere Herkunft dieses Mannes. Ihre früheren hatten sich aus der Szene rekrutiert, in der sie sich auskannte. Nun aber dieser Banker, mit dem sie ihre Finanzen in Ordnung bringen wollte. Der Banker dagegen wollte mit ihr über die Produktion kleiner Cowboyfilme hinauswachsen, die bisher seine ganze Kunst in Hollywood ausgemacht hatten.

Gloria Swanson war ein Kassenmagnet und auf der Höhe ihres Ruhms. Täglich erhielt sie mehr als tausend Fanbriefe. Ih-

ren Glamour versuchten Hunderttausende Amerikanerinnen zu kopieren. Außerdem hatte sie tollkühn beschlossen, dem Studiosystem Paroli zu bieten und ihre eigene Produzentin zu werden, wenn auch innerhalb des noch relativ losen Verbands der United Artists. Jesse Lasky von Paramount hatte ihr, um sie zu halten, eine Million Dollar geboten. Das sei schon zwei oder drei anderen geboten worden, sagte sie hochmütig zu Kennedy, aber sie sei die erste gewesen, die ein solches Angebot abgelehnt habe. Joe Kennedy lachte. Er lachte gern. Gleich gab sie sich Mühe, ihn zum Lachen zu bringen.

Sie war ein Kassenmagnet, schön, lebhaft und intelligent. Er war ein Banker mit Ausstrahlung, neigte aber zur Dicklichkeit. »Mach eine tolle Hure aus mir«, flehte sie. Doch da sprach Gloria Swanson zu Joe Kennedys Bestürzung mit ihrem Regisseur.

Sie wunderte sich über sich selbst. Joe Kennedy war kein gutaussehender Mann. Der Vater von sieben Kindern neigte zur Dicklichkeit, pflegte jedoch seinen jungenhaften Charme. Er war neununddreißig Jahre alt. Seiner Ausstrahlung konnten sich nur wenige entziehen. Er gestattete es auch nur wenigen. Eigentlich nur denen, die er nicht brauchte. Und Joe konnte fast jeden gebrauchen. Er hatte sich geschworen, mit fünfunddreißig Jahren Millionär zu sein. Und er hatte es geschafft. Der Weltkrieg und die Prohibition hatten ihm geholfen. »Wichtigen« Leuten drängte er sich auf, ohne sich von demütigenden Abfuhren im mindesten beeindrucken zu lassen. Geschäfte machte er mit allen. Sam Giancana, der Boß des Syndikats von Chicago, nannte ihn einen der größten Gauner, die je gelebt hätten.

Dies waren die »geeigneten Hände«, denen der Präsident der First National Pictures, Robert Kane, die hochverschuldete Gloria Swanson empfahl. Kanes Urteil über Gloria Swanson war recht herablassend: »Sie will nicht länger die Geschäftsfrau spielen. Sie werden sehen, sie ist körperlich und geistig in einem besseren Zustand, als sie es je war.« Joe überzeugte sich davon zum erstenmal in der letzten Novemberwoche des Jahres 1927 im Restaurant des Savoy Plaza in New York. Er war überrascht, wie klein Gloria Swanson war. Doch jeder Zoll ein Star. Keiner der übrigen Gäste konnte die Augen von der fesselnden Achtundzwanzigjährigen lassen. Gloria Swanson war schön, lebhaft, intelligent und ehrgeizig. Und sie hatte nicht vor, sich erneut irgendwelchen Dritten beruflich auszuliefern.

Von Joe Kennedy wollte sie Geld. Sie erhoffte sich einen Überbrückungskredit, um die Gefahr eines Bankrotts abzuwenden, bevor ihr neuester Film »Miss Sadie Thompson« Gewinne bringen würde. »Miss Sadie Thompson« war der erste Berührungspunkt zwischen ihr und dem Produzenten Kennedy. Sie war so clever gewesen, das legendäre Hays Office hereinzulegen, eine Instanz, die sich die Filmindustrie als freiwillige Selbstkontrolle selbst verordnet hatte, um ihren schlechten Ruf zu verbessern. Gloria hatte die Filmrechte für Somerset Maughams Erzählung »Miss Thompson« erworben, die in dramatisierter Fassung als »Rain« schon jahrelang am Broadway Erfolge feierte. Ein Südseemissionar versucht eine Prostituierte zur Aufgabe ihres Lebenswandels zu bewegen und verfällt ihr selbst. Jede Schauspielerin mit Hirn und Figur, pflegte Gloria Swanson zu sagen, würde sich auf die Rolle dieser Sadie Thompson stürzen. So bat sie Will Hays scheinbar vertraulich um Rat. Ob sie sich auf ihn berufen dürfe, wenn sie den Autor einer Drehbuchvorlage zu überreden versuche, aus einem Hochwürden Davidson einen simplen Mister Davidson zu machen? Hays erlaubte es großzügig. Hätte sie den Titel »Rain« erwähnt, Hays hätte rotgesehen, wie es anschließend Glorias Produzentenkollegen taten, als sie von ihrem Trick erfuhren. Und Kennedy war einer der zehn Produzenten, die in einem offenen Telegramm gegen die Aushöhlung der Zensur protestiert hatten. Als Gloria Swanson ihn beim Essen darauf ansprach, errötete er verlegen. Wie frivol wäre ihm Swansons flehentliche Bitte an ihren Regisseur Raoul Walsh vorgekommen: »Mach eine tolle Hure aus mir! Laß uns noch ein paar heiße Liebesszenen mehr schreiben, die die Zuschauer von den Sitzen reißen!« Walsh erfüllte ihren Wunsch gewissenhaft. Noch Jahre danach erhielt er Briefe von dankbaren Prostituierten, die ihm Gra-

tisbehandlungen anboten. Joe Kennedy bot Gloria Swanson im Plaza kein Geld an. Als sie sich verabschiedeten, war sie überzeugt, ihn nie wiederzusehen. Doch sie hatte die Rolle falsch eingeschätzt, die Joe ihr in seiner Produzentenlaufbahn zugedacht hatte. In seinem Büro ließ er sich die Zahlen über die erwarteten Auslandsgewinne von Gloria Swansons Filmen kommen.

Drei Stunden später stand er schon wieder vor der Tür ihrer Suite im Plaza. »Morgen haben wir alle Zahlen, die wir brauchen«, sagte er und trat ein. Gloria kam nicht dazu zu fragen, wen er mit »wir« wohl meine. Kennedy war längst beim nächsten Punkt. Er habe ihr mit der Recherche einen Gefallen getan, nun sei sie an der Reihe. Im Interesse eines Freundes möge sie ihren Anwalt Milton Cohen anrufen und um die Verschiebung einer Scheidungsverhandlung bitten. Zu ihrem Ärger bleibt Kennedy gleich erwartungsvoll neben ihr stehen. Sie haßt es, so bedrängt zu werden. Doch sie ruft Cohen an. Und ist schon wieder verblüfft über sich selbst. Aber Kennedy hat ihr sein Anliegen in einem Ton verkauft, dem sie nicht widerstehen konnte. Cohen, der ihr privat noch nie eine Rechnung geschickt hat, ist etwas pikiert, aber er sagt zu. Kennedy strahlt sie an. Sie kommt sich vor, als habe sie eine Prüfung bestanden. Sie verabreden sich zum Abendessen, obwohl sie dafür eine frühere Einladung absagen muß. Der Abend beginnt mit einem Mißklang. Kennedy bringt Gloria Swanson ein Orchideengesteck mit. Ein Angebinde für eine Klavierlehrerin, denkt sie erbost und steckt die verhaßte Blume weg. Doch Kennedy riecht gut und hat sich in Schale geworfen. Sie fahren hinaus nach Long Island. Diesmal ist er schneller als der Kellner und gibt ihr als erster Feuer. Verbotenen Wein aus der Teetasse lehnt sie ab. Das freut ihn. Ihr gefällt sein ungeheucheltes, gieriges Interesse am Filmgeschäft. Sie soll ihm alles erzählen, was sie davon weiß. Das schmeichelt ihr. Und sie ist beeindruckt von der zielstrebigen Cleverness, mit der sich dieser Nobody bei den Größen Hollywoods bekannt machte: Er lud sie zu einer Tagung nach Harvard ein und produzierte anschließend einen kleinen Prachtband mit ihren Vorträgen. Zukor und Lasky, Warner und Fox, De Mille, Hays und all die anderen sonnten sich glücklich im Abglanz der Wissenschaft. Und kannten von Stund an Joe Kennedy. Schnell hatte er das System kapiert. Für Gloria entwarf er voll Enthusiasmus und ganz nebenbei die Idee des »Oscar«. Doch nicht einmal die geschäftstüchtige Gloria konnte sich damit anfreunden, weil der Gedanke ihrem künstlerischen Gerechtigkeitsempfinden kraß widersprach. Doch Kennedy behielt recht. Ein Jahr später wurden die ersten Oscars verliehen. Auf der Rückfahrt nach New York bot er Gloria Swanson endlich Geld für einen neuen Film. Doch eigentlich möchte er viel lieber ihr neuer Produzent sein. »Gemeinsam könnten wir Millionen machen!« Mit seinem untrüglichen Gespür für Zeitgeist und Geschäft war Joe Kennedy 1924 mit dem Kauf einer kleinen Kinokette ins Filmgeschäft eingestiegen. Und nun wollte er unbedingt einen richtig guten Film produzieren. In diesem Fall war Gloria Swanson klüger als er. Gute Filme bringen an der Kasse wenig ein, sagt sie. Doch Joe Kennedy kennt auch schon den Regisseur. Erich von Stroheim soll es sein, und das Desaster nimmt seinen Lauf.

Gloria Swanson hatte schon immer einen siebten Sinn für die falschen Männer. Mit siebzehn heiratete sie Wallace Beery, ein »fe-

male impersonator« auf der Leinwand und ein rücksichtsloser Playboy im wirklichen Leben. In der Hochzeitsnacht vergewaltigte er sie, betrog sie wenige Wochen später und flößte ihr, die ihm dennoch glücklich von ihrer Schwangerschaft erzählt hatte, ein Mittel ein, das zu einer Fehlgeburt führte und sie beinahe das Leben kostete. Sie stürzte sich in die Arbeit und drehte ein belangloses Filmchen nach dem andern. Doch schon zwei Jahre später fiel sie auf Herbert Somborn herein, einen stinklangweiligen Produzenten. Er sieht aus wie ein häßlicher Schuhverkäufer, lästerte man in den Studios. Doch Gloria erschien der wohlerzogene Mann als sicherer Hort in einer aufgeregten Welt. Später vermutet sie, sie habe sich wohl deshalb regelmäßig in ältere Männer verliebt, weil sie ihren Vater als Teenager so sehr vermißt habe; ihre Mutter hatte sich von ihm getrennt.

Somborn umwarb Gloria zügig und entschlossen. Sie heirateten. »Ich empfand keinerlei Leidenschaft für ihn«, erinnerte sie sich. »Er gab mir einfach keinen Grund dazu.« Als sie dann schwanger war, stellte sie fest, daß ebenfalls kein Grund vorgelegen hatte, sich bei ihm sicher zu fühlen. Somborn war bankrott. Wieder ein Vater, der nichts taugte. Als er ihren Filmvertrag für sie kontrollieren will, überreicht sie ihm das Dokument mit einem gedankenverlorenen »Hier, Daddy«, und bei dieser Anrede blieb es auch lange vor der Geburt der Tochter Gloria.

Doch die erwachsene Gloria Swanson begann dieser Daddy bald zu stören, der sich als Manager von eigenen Gnaden so selbstherrlich in ihre Beziehung zu Regisseur Cecil B. De Mille einmischte. Und sich immer noch als erfolgreicher Geschäftsmann aufführte, während längst sie alle Rechnungen bezahlte. Sie drehte ihren letzten Film mit De Mille zu Ende und zog mit Baby Gloria ins Hotel. Herbert Somborn war so töricht, aus dem gemeinsamen Bungalow auszuziehen, und Gloria Swanson triumphierte: böswilliges Verlassen! Sie nahm sich rasch einen Liebhaber, den Regisseur Mickey Neilan, der sich ihr siegesgewiß bereits am Abend ihrer Somborn-Verlobung empfohlen hatte, marschierte zu ihrem Produzenten Jesse Lasky und kündigte ihre Scheidung an.

Das Studio verbietet Gloria die Scheidung und läßt zu, daß Somborn sie nach einem Jahr mit einer Liste von angeblich vierzehn Liebhabern erpreßt. Zähneknirschend findet sie Somborn mit siebzigtausend Dollar ab. Kurz zuvor hatte sie ihn noch zum Vater gemacht, wenn auch nur auf dem Papier, und den knapp einjährigen Joseph adoptiert. Er sah Joe Kennedy später so ähnlich, daß sich lange das Gerücht hielt, er sei Joes und Glorias Sohn. Das Studio zwingt sie zur Unterschrift unter einen Knebelvertrag, der jedes unmoralische Verhalten und vor allem dessen Entdeckung durch die Öffentlichkeit mit sofortiger Entlassung bestraft. Ihre Karriere macht einen Sprung vorwärts. Sie dreht drei erfolgreiche Filme mit Allan Dwan und darf sich anschließend wieder einmal in Paris erholen. Ihren hohen Kurs nutzt sie geschickt aus und erhält die Hauptrolle in der französischen Produktion »Madame Sans Gêne«, wozu die amerikanischen Bosse nur sehr unwillig ihre Zustimmung geben. Ihr Übersetzer ist der Marquis Henri de la Falaise de la Coudraye, ein gutaussehender Neunundzwanzigjähriger, der in Paris Gott und die Welt kennt und ihr schnell unentbehrlich wird. Für den Marquis ist nichts unmöglich. Eines Tages fahren sie nur fünf Minuten vom Arc de

Triomphe am Stadtsitz einer Baronin vorbei. Gloria bewundert das Anwesen – fünf Tage später wohnt sie darin. Nach einem Anruf Henris war die Baronin gern zu einer Reise aufgebrochen und hatte ihr Haus samt Butler und übrigem Personal Gloria überlassen, die damals Stadtgespräch war. Henri und Gloria werden immer vertrauter miteinander. Als Henri sie auf einer Reise nach Brüssel begleitet, führen ihre gegenseitigen intimen Geständnisse dazu, daß er sich bei ihr entschuldigt, weil er ihr nicht den Hof machen könne. Er habe ihr nichts zu bieten. Sofort geht sie mit ihm ins Bett. Endlich verliebt in einen Gleichaltrigen! Doch noch muß sie auf die Scheidung von Somborn warten. Da wird sie von Henri schwanger. Lähmendes Entsetzen. Sie weiht nur einen Mann in ihr Unglück ein: den Journalisten André Daven, der ihr Vertrauen genießt, seit er Artikel lancierte, die ihr »Madame Sans Gêne« realisieren halfen. Er findet einen Arzt für sie. Die Abtreibung wird am Tag nach ihrer Trauung mit Henri vorgenommen. Henri wußte von dieser Schwangerschaft nichts. Danach liegt sie vierzehn Tage mit lebensgefährlichem Fieber im Bett. Die amerikanische Öffentlichkeit ist über den Todeskampf der Braut bestens informiert und äußerst gerührt. Henri erfährt die Wahrheit. Ihre Depressionen in den Staaten in den folgenden Wochen erträgt er mit freundlicher Gelassenheit. Was ihr an ihm am besten gefallen hatte: Er sah gut aus, trank nicht und zog keine Kette von mißlungenen Ehen hinter sich her. Die mit Gloria war seine erste. Doch nachdem sie ihren Franzosen ohne Fehl und Tadel nach Amerika verschleppt hatte, war sie bald mit anderem beschäftigt.

Als »Miss Sadie Thompson« abgedreht war, steckte Gloria Swanson bis zum Hals in hohen Schulden. Leichte Beute für jeden Finanzberater. Ihrer hieß Joe Kennedy. An Weihnachten unterhielt sie Henri noch damit, Joes Bostoner Akzent nachzuahmen. Dann kam die Einladung nach Palm Beach. Obwohl für diese Tage im Januar 1928 die glanzvolle Premiere von »Miss Sadie Thompson« in San Francisco angesetzt war, bestand Joe Kennedy auf Glorias und Henris Besuch. Ein Aufschub sei unmöglich, die Neuordnung von Glorias Geschäften müsse auf der Stelle besprochen werden. Joe selbst holte das Ehepaar vom Bahnhof ab. Henri stieg als erster aus. Joe schubste Gloria in den Waggon zurück und küßte sie auf den Mund. »Ich habe dich vermißt, und ich wollte, daß du das weißt«, sagte er und wischte sich den Lippenstift wieder ab. »Ich habe dich auch vermißt«, hörte sie sich sagen. Bloße Wohlerzogenheit in einer pikanten Situation? Die nächsten Tage genoß vor allem Joe Kennedy. Für Gloria und Henri war es nach drei Jahren Ehe nur noch langweilige Routine, als Marquise und Marquis de la Falaise de la Coudraye herumgereicht und bestaunt zu werden. Doch Gloria war auch gerührt vom jungenhaften Stolz Joe Kennedys, der sie dem staunenden Volk von Palm Beach präsentierte, als führe er ein Paar von Einhörnern vor. Joe machte kein Geheimnis aus seiner Herkunft, sondern kostete vielmehr aus vollen Zügen den Triumph, als Sohn eines einfachen Kneipenwirts den vornehmen Familien des feinen Badeorts die Sensation ihres Gesellschaftslebens schlechthin zu verschaffen. So vergingen die Abende. Am Tage aber entmachtete Joe Kennedy besten Gewissens Gloria Swanson und traf ohne Umschweife seine erste eklatante Fehlentscheidung: Er überredete Gloria, die Rechte für »Miss Sadie Thompson« an Joe Schenck, den Pro-

Eines Tages trat er überraschend ins Zimmer. »Jetzt weißt du's«, sagte sie. Er wußte jetzt, daß Gloria Swanson keine Orchideen mochte. Doch auf Rosen bettete Joe Kennedy sie nicht.

HILLMANN

duzenten und Geschäftsführer der United Artists, zu verkaufen. Vor der Liebesgeschichte zwischen dem Missionar und der Hure schrak der im tiefsten Winkel seines Herzens kleinbürgerliche Katholik zurück. Hinter dem Geschmack der schweigenden Mehrheit verschanzte er sich. Die künstlerischen Lorbeeren solle sie ruhig noch in New York ernten, die Verleihprobleme im übrigen Amerika aber Joseph Schenck überlassen. Joe gab Gloria nur einen Augenblick Bedenkzeit. Henri saß daneben und schwieg. Gloria dachte an den verschmierten Lippenstift in Kennedys Gesicht. Sie sagte ja. Tatsächlich hätten die Einspielergebnisse Gloria Swanson saniert. So aber verkaufte sie den Film, dem ihr ganzes Herzblut gehörte, für eine Handvoll Dollar. Weder Joes Selbstgewißheit noch ihr grenzenloses Vertrauen waren begründet. Noch in der Erinnerung beschönigt Gloria Joes Übernahme ihrer Geschäfte, die in Wahrheit eine Zerstörung ihrer jungen Produzentenlaufbahn bedeutete: Joe habe bis dahin in der Führung ihrer Geschäfte noch nichts falsch gemacht. In Wirklichkeit hatte Joe Kennedy noch gar nichts gemacht. Sie stand schon völlig unter Joes Bann. Joe war zufrieden mit ihr. Und er verstand gar nicht, was für ein Opfer sie ihm gebracht hatte.

Am nächsten Tag schickte er Henri mit einem seiner vier Vertrauten zur Hochseefischerei und besuchte Gloria in ihrer Hotelsuite. Sie telefonierte gerade mit dem verzweifelten Hotelfloristen, dem die Orchideen ausgingen. Joe hatte ihre Suite damit vollstellen lassen. Sie bestellte sich für den Empfang am Abend nur ein paar Nelken. »Ich mag Orchideen gar nicht.« Da entdeckte sie Joe in der Tür. Er sagte nichts und reagierte auch nicht, als sie verlegen sagte: »Nun weißt du's.« Joe Kennedy hatte ganz anderes im Sinn. Er stürzte sich auf sie und zog ihren Kimono herunter. »Er war wie ein angeleintes Pferd, das wild raste, um sich zu befreien. Nach einem hastigen Höhepunkt lag er neben mir und streichelte mein Haar. Abgesehen von seinem schuldbewußten, leidenschaftlichen Gestammel, hatte er noch nichts Zusammenhängendes gesagt.« Es störte sie nicht. Sie hatte ja nur darauf gewartet und vom ersten Kuß an gewußt, daß es passieren würde. Doch während sie da lagen und Joe sie streichelte, wünschten sich beide ein zusätzliches Leben, um ihr bisheriges nur ja nicht aufgeben zu müssen. Gegen ihre Liebe fanden sie keine Argumente. Sie gefielen einander zu sehr. Beim Abschied waren sie sich einig: keine Orchideen mehr. Abends beim Empfang schmückte sie selbstvergessen ihren Ehemann und ihren Geliebten mit jeweils einer roten Nelke, wie sie selbst eine am Kleid trug.

Vier Wochen nachdem der Kimono gefallen war, brachte Rose Kennedy in Boston ihr achtes Kind zur Welt. Ihr Mann besuchte sie im Krankenhaus, entfaltete seinen Wochenbettcharme und schenkte Rose drei kostbare Diamantenarmbänder. Was Rose denn dann zur Geburt des neunten Kindes erhalten werde, fragte Roses Freundin beeindruckt. »Ich werde ihr ein blaues Auge hauen«, lachte Joe. Und so wurde Rose in ihrem Leben zum zweiten Mal das Opfer eines katholischen Mannes, der sich der Doppelmoral beugte. Der erste war Roses Vater, John Francis Fitzgerald, der Bürgermeister von Boston, dessen Laufbahn schließlich ein Zigarettenmädchen beendete. Rose ließ Joe für seine Affäre mit Gloria Swanson büßen, die sie keineswegs als abgeklärte Dulderin hinnahm. Er mußte bezahlen. Europa, Kleider, Schmuck. Und sie fror sich inner-

lich ein. Das bekamen auch die Kinder zu spüren. John F. Kennedy beklagte sich bei College-Freunden, seine Mutter habe ihn »nie, niemals« in den Arm genommen, sei nie für die Kinder dagewesen, sondern sei ständig auf den Knien in irgendwelchen Kirchen herumgerutscht oder habe bei Couturiers eingekauft. »Meine Mutter war ein Niemand.« Die große Zahl ihrer Kinder war Rose schon vor der Demütigung durch Gloria Swanson peinlich. Sie steckte sie alle so bald wie möglich ins Internat. Doch die Kälte, mit der die Frau eigentlich nur den Mann bestrafen wollte, wurde für Rose zur Falle. Sie entfernte die Kinder von der Mutter und trieb sie ausgerechnet zum Vater, dessen Lebensweisheiten jedem menschlichen Maß den Rest gaben: »Wenn du nicht der Anführer sein kannst – spiel nicht! Wenn du nur Zweiter wirst, hast du versagt.« Doch Rose war nicht einmal Joes Nummer zwei, sie rangierte unter »ferner liefen«.

Gloria und Joe lebten in Hollywood das zweite Leben, das sie sich gewünscht hatten. War Ehemann Henri zu Hause, liebte sie ihn sehr, ohne Joe aus dem Sinn zu verlieren. Die beiden behalfen sich dann mit Telegrammen, in denen Gloria »the client« war. Im September 1928 reiste Joe mit Rose nach Europa. Er kam heim zu Gloria und sagte ihr treuherzig: »Ich bin dir treu gewesen.« Das ging sogar ihr zu weit. Doch er beharrte darauf. Schließlich habe es in letzter Zeit kein neues Kennedybaby gegeben. Aber er wünsche sich ein Kind von ihr. Gloria war außer sich. Die Öffentlichkeit lasse sich nicht für dumm verkaufen, und sie sei erledigt, wenn sie von ihrem verheirateten Liebhaber ein Kind bekomme. Karriere, Erfolg, Ruin – das waren Worte, die Joe verstand. Deshalb bestand er ausnahmsweise nicht auf seinem Willen, sondern wurde sanft wie ein Lamm. »Wir liebten uns immer noch sehr, und ich wollte stets ehrlich zu ihm sein.« Zu Joe? Aber nein. Das absurde Bekenntnis Glorias galt ihrem Gatten Henri, dem sie sich während seiner seltenen Aufenthalte im ehelichen Heim durchaus stürmisch hingab, denn von ihm wollte sie unbedingt ein Kind. Aber es klappte nicht.

Das gemeinsame Projekt Glorias und Joes wurde der Film mit dem Regisseur Erich von Stroheim. Stroheim galt als genial und unerträglich. Die Hochzeitsnächte in seinen Filmen gestaltete er als üble Gewaltakte, doch beim Abdrehen eher konventioneller Liebesszenen langweilte er sich schnell. »Sagt mir, wenn ihr fertig seid«, sagte er dann und drehte sich angewidert um. Seine Leinwandorgien passierten nie die Zensur und wurden stets geschnitten. All das war sattsam bekannt. Trotzdem unterschätzte Joe Kennedy das Problem. »Den kriege ich schon in den Griff«, sagte er zuversichtlich. Er ordnete Stroheim zwei Produzenten als Überwacher zu, William Le Baron und Benjamin Glazer, die sich als die unaufdringlichsten Begleiter entpuppten, die Stroheim je gehabt hatte. Sein Drehbuch von der jungen Waisen, die von einem Prinzen verführt, von der Königin aus dem Palast geworfen und schließlich in Afrika mit einem greisen Pflanzer verheiratet wird, begeisterte Gloria Swanson anfangs genauso wie der Luxusbungalow mit Küche, Klavier, Garage und privatem Eingang, den ihr Joe Kennedy auf das Studiogelände stellen ließ. Auch Stroheim hofierte sie und ließ sie auf der Leinwand glatt zehn Jahre jünger aussehen. Eine krasse Fehlentscheidung aber hatten Produzenten, Regisseur und Star gemeinsam zu verantworten: ihre vollkommene Blindheit gegenüber der Tat-

sache, daß die Zeit des Tonfilms gekommen war und das Publikum binnen Monaten jedes Interesse am Stummfilm verlieren würde.

An Weihnachten 1928 turtelte Gloria wieder mit Ehemann Henri de la Falaise und telefonierte regelmäßig mit Joe. Sie warnte ihn wegen des überzogenen Zeitplans. Als 1929 die Dreharbeiten zum afrikanischen Teil von »Queen Kelly« begannen, mutete Gloria die Vorstellung Stroheims von Afrika wie eine apokalyptische Vision der Hölle auf Erden an. Im Februar zeigte Stroheim dem Darsteller des greisen Bräutigams, wie er den Tabaksaft aus seinem Mund auf Glorias Hand tröpfeln lassen sollte, um der jungen Braut den Ring über den Finger ziehen zu können. Gloria Swanson wurde speiübel. Sie verließ das Studio und kehrte niemals wieder. Alarmiert reiste Joe Kennedy an, besah sich die Muster und kroch niedergeschlagen zu Gloria, die in ihrem Studiobungalow auf ihn wartete. Er war am Boden zerstört und verlor völlig die Kontrolle über sich, sank in den nächsten Sessel. Als er zu sprechen versuchte, stieß er nur seltsame spitze Töne aus. Schließlich sagte er: »Ich habe noch nie zuvor im Leben versagt«, und begann zu weinen. Erschüttert nahm ihn Gloria in den Arm. Wochenlang kam er ihr wie ein gestrandeter Wal vor. Sie waren einander begegnet, als beide sich unverletzlich und auf der Höhe ihrer Möglichkeiten wähnten. Die Schwäche eines von ihnen würde die delikate Balance zerstören, die für ihre Entrücktheit von der Welt nötig war. Und bei aller Verliebtheit beurteilte Gloria Joe Kennedy völlig realistisch: eine Menge Intelligenz und Energie, aber wenig Geschmack oder Talent für das Filmgeschäft.

Der polnische Regisseur Richard Boleslavsky versuchte schließlich, im Auftrag Joe Kennedys den Film zu retten. Doch die neu gedrehten Tonfilmszenen Boleslavskys passen überhaupt nicht zu Stroheims Material, und so müssen Swanson und Kennedy jeden Gedanken an einen Triumph endgültig begraben. Zum ersten Mal gelacht hatte das Liebespaar nach dem Stroheim-Desaster, als Gloria Joe gestand, sie wolle sich nun doch an einen Tonfilm wagen. Der Fluch von »Queen Kelly« schien von ihnen zu weichen. Und innerhalb weniger Monate war »The Trespasser« unter der Regie Edmund Gouldings abgedreht. Es wurde ein hübscher kleiner Erfolg, ein Film ohne große Ambitionen.

Als Gloria zur festlichen Premiere des »Trespasser« nach London eingeladen wird, beschließt Joe, sie zusammen mit Rose zu begleiten. Gloria findet die Idee geschmacklos und leichtsinnig obendrein, doch sie gibt wieder einmal nach. Zum Auftakt bittet er sie zu einem langen Wochenende nach Hyannis Port, dem Sommersitz der Kennedys. Obwohl Joe Kennedy weiß, wie ihr seine Sucht mißhagt, sie in seine Familie zu integrieren, erlaubt er ihr diesmal keine Absage. Sie lernt einen neuen Joe Kennedy kennen. Das Haus vibriert von ihm. Ständig hängen die Kinder an ihm, sie reißen sich um die Aufmerksamkeit des Vaters. Joe, der Älteste, ist jetzt vierzehn Jahre alt, die Jüngste, Jean, ein Jahr. Joe stiftet seine Kinder zu Spielen, Gesprächen, Wettbewerben an. Nie gibt es auch nur eine Minute der Muße. Abends geht man zu dritt aus, und Joe stellt Gloria Swanson so kaltschnäuzig wie blauäugig als Roses Freundin und seine Geschäftspartnerin vor. Am nächsten Tag gehen die beiden Geschäftspartner segeln, unwissentlich auch das zu dritt. Jack, wie John F. Kennedy in seiner Jugend genannt

wurde, hat sich unbemerkt an Bord geschlichen und überrascht die beiden. Wobei, wird niemals ganz klar, aber jedenfalls nicht beim Segelhissen. Der Zwölfjährige springt in Panik über Bord. Panik auch bei Gloria und Joe. Joe Kennedy hechtet hinterher. Der trainierte Vater kann seinen körperlich schwachen Sohn retten. Am nächsten Tag reist Gloria überstürzt ab. Nachdem die Verhältnisse geklärt waren, wurde der Vater gegenüber den Söhnen noch deutlicher: »Dad sagte uns Jungs immer, wir sollten so viele Mädchen wie möglich flachlegen.« Auch Jacks Brüder hielten sich daran. Den Vater immer vor Augen. Und so trug Joe Kennedy den Bazillus der Ehebrecherei in seine eigene Familie.

In Europa trafen Rose, Gloria und Joe Henri de la Falaise. Von ihm munkelte man, er werde viel mit Constance Bennett, einer reich geschiedenen, aufstrebenden jungen Schauspielerin, gesehen. Gloria verschloß ihre Ohren vor dem Klatsch und liebte Henri wieder einmal wahnsinnig. Um sich zur verzweifelt Liebenden hochzustilisieren, dachte sie sich abwegige Idyllen aus: Wenn er sie doch nur hier und jetzt fragen würde, ob sie mit ihm auf einem Bauernhof in der Normandie leben wolle! Natürlich fragte er nicht. Weshalb sollte er auch. Henri schwieg vornehm eine ganze Ehe lang. Sein Schweigen wurde bedrückend. Gloria öffnet versehentlich einen Brief von Constance Bennett an Henri. Der Inhalt ist eindeutig. Wieder denkt sie nicht für eine Sekunde an ihr eigenes Doppelleben, sondern gerät außer sich vor Zorn. Sie verlangt die sofortige Scheidung. Auf der Rückreise wird Joe zum besitzergreifenden Tröster, und Rose stimmt eifrig ein. Gegenüber Gloria gab sie sich gern als glückliche und zufriedene Ehefrau und Mutter, deren ganzes Mitgefühl dem einsamen Star Gloria galt. Nun macht sie sich so ihre Gedanken. Eine geschiedene Geliebte kann einer Ehefrau sehr lästig werden. Und so wurde Gloria nach ihrer Rückkehr in die Staaten in ein bizarres Tête-à-tête mit dem Bostoner Kardinal O'Connell getrickst, der sie aufforderte, ihr sündiges Verhältnis mit Joe Kennedy zu beenden. Joe Kennedy habe die katholische Kirche um die Erlaubnis gebeten, mit ihr in einem zweiten Haushalt zusammenleben zu dürfen. Gloria ist baff. Sie schildert dieses Gespräch in ihren Memoiren. Nicht alle glaubten ihr. Kirchenakten wurden durchforstet, in denen es angeblich keinen Hinweis auf eine Reise des Kardinals von Boston nach New York zu dem angegebenen Zeitpunkt gegeben habe. Doch Roses Nichte erinnert sich an einen Streit Joes mit seinem Schwiegervater, der drohte, Rose von der Affäre zu erzählen, worauf Joe konterte, dann werde er sich scheiden lassen und Gloria heiraten.

Von Heirat ist zwar bei Gloria und Joe nach wie vor keine Rede. Aber sie beobachtet ihn scharf beim nächsten Zusammentreffen. Doch sie findet keinerlei Indizien für eine Mitwisserschaft Joes am Bittgang des Kardinals. Die Kommunikation des Paares läuft dann auch bald wieder in geordneten Bahnen. Wegen Gloria produziert Joe die höchste private Telefonrechnung in Amerika im Jahr 1929. Um mit ihr den großen Erfolg zu landen, kauft er ein Drehbuch mit dem Titel »Purple and White Linen«. Ein grauenhaftes Drehbuch. Gloria hat Angst, Joe das zu sagen. Der Regisseur Allan Dwan erweist sich als echter Freund und übernimmt diese Aufgabe. Joe wird blaß. Allan Dwan und Gloria versuchen zu retten, was zu retten ist, und Gloria organisiert einen Abend mit Autoren, die einen neuen

Titel für das Skript finden sollen. Einem von ihnen entlockt das Exposé den Ausruf: »What a widow!« Der Titel ist gefunden. Der begeisterte Joe Kennedy verspricht dem Finder einen Cadillac.

Die Abende am Rodeo Drive werden bedrückend. Joe hat seine sämtlichen Filmbeteiligungen verkauft und fünf Millionen Dollar Gewinn gemacht. Sein Interesse gilt inzwischen der Politik. Er will nach Washington ziehen.

Das Ende ist banal. Bei einem Essen glaubt Gloria eine harmlose, halb scherzhafte Frage zu stellen, als sie wissen will, weshalb der Cadillac von ihrem Konto abgebucht worden sei. Joe was not amused. Er erstickte fast an seinem letzten Bissen, seine Augen traten aus ihren Höhlen hervor, und als er sich wieder in der Gewalt hatte, verließ er den Raum. Sie sah ihn nie wieder. Ihre Scheidung von Henri de la Falaise lief. Ihre neuen Finanzberater wiesen sie darauf hin, daß Joe sämtliche Geschenke von ihrem Konto abgebucht hatte: den Studiobungalow, einen Nerzmantel und so weiter. Als Geschäftsmann hatte er nicht einen müden Dollar in sie investiert. Die »Queen-Kelly«-Verluste trug sie ganz allein. Nachdem sie die Fassung wiedergewonnen hatte, bemühte sie sich um neue Verträge. Joe torpedierte die Verhandlungen aus dem Hintergrund. Das war unnötig. Gloria Swansons Karriere war zu Ende. Sie heiratete noch dreimal und bekam vom ersten dieser drei Ehemänner eine zweite Tochter.

Als Joe sich aus Hollywood davonstahl, suchte er Zuflucht in einer Bostoner Klinik, wo er sein Magengeschwür behandeln ließ. Dann kehrte er zu Rose zurück. Für sie begann die schönste Zeit ihrer Ehe. Joe nahm sich Zeit für Rose. Doch er war ohne Reue. Er war entschlossen, seine sexuelle Freiheit nicht wieder aufzugeben. Er war hinter jeder Frau her. Wenn er in Washington war, setzte er tausend Dollar für die Tochter oder Schwiegertochter aus, die ihm beim Dinner die interessanteste Tischdame servierte. Jacqueline Kennedy bewunderte und liebte ihren Schwiegervater sehr. Als sie von den Eskapaden ihres Mannes genug hatte, soll ihr Joe eine Million Dollar gegeben haben, damit sie blieb. Sie glaubte, in ihrer Ehe eine ganz andere Rolle zu spielen als Rose Kennedy in ihrer. Doch es kam der Tag, als auch Jacqueline Kennedy eine Geliebte ihres Ehemannes in ihrem Büro als Pressedame akzeptieren mußte.

Ich werde mich schadlos halten, sei unbesorgt!

Léon Bloy und Anne-Marie Roulé
Von Dorothea Friedrich

Gottverdammt der Augenblick, der Léon Bloy und Anne-Marie Roulé vereinte. Vier Monate lang taten sie nun das Böse und waren sehr glücklich. Beide waren erfahren. Das hilft immer und stört fast nie. Doch dann kamen dem Mann Gewissensbisse. Léon Bloy war fanatischer Katholik. Über Anne-Marie Roulé hatte er es wieder einmal vergessen. Als es ihm dann doch noch einfiel, wollte er Anne-Marie retten. Das ist so üblich. Denn Anne-Marie war eine Prostituierte. Zunächst wollte sie sich jedoch partout nicht retten lassen. Bloy blieb hartnäckig. Die Frau war in der schlechteren Position. Sie liebte den Mann. Er liebte sie nicht. Das kam erst später, als er beschloß, nicht mehr mit ihr zu sündigen. Sofort war die große Liebe da. Das war ungemein praktisch. Denn die große Liebe erlaubt auch dem strengen Dogmatiker den vollen Körpereinsatz. Bloy pflegte ihn eine göttliche Kinderei zu nennen. Und jetzt fühlte er sich doch hin und wieder zum Beischlaf berechtigt: Er liebte ja!

Und er litt. Zwischen seinen guten Vorsätzen und seiner Begierde fühlte er sich gräßlich zerrissen. Seine Frömmigkeit half nur wenig. Schon vor der Begegnung mit Anne-Marie war er täglich zur Kirche und zur Kommunion gegangen. Nun nahm er Anne-Marie einfach mit, weil er hoffte, solchermaßen gestärkt würden sie allen Anfechtungen widerstehen können. Rein geschwisterliche Zuneigung! Das schwebte ihm vor. Doch Bruder und Schwester fielen übereinander her, kaum daß die Wohnungstür hinter ihnen ins Schloß gefallen war. Das war das Glück. Das war die Sünde. Sie war gottgewollt. Fand Léon Bloy, der sich in Briefen gern darüber äußerte, daß dieses wahnwitzige Verhältnis mit einer Hure nach menschlichem Ermessen doch

wohl zu Ende hätte sein müssen, bevor es richtig begann, hätte Gott es nicht selbst gewollt. Andererseits kann ein katholischer Mann gar nicht vorsichtig genug sein. Und so betonte Bloy ängstlich, daß er zwar durchaus bereit sei, eine Dirne wieder auf den richtigen Pfad zu führen, daß er jedoch keineswegs willens sei, mit der Ertrinkenden zu versinken. »Ich selber will ja auch nicht verlorengehen. Das geschieht aber, wenn ich mit Dir falle, wie wir dies vorgestern getan haben«, belehrt er Anne-Marie in einem seiner Briefe. Es sündigen beide, aber profitiert nur der Mann? Wieder einmal waren sie in der Kirche nur auf Blickkontakt verabredet, doch danach wollte er zu ihr kommen: »Dann, meine liebe Kleine, werde ich mich schadlos halten, sei unbesorgt!« Wäre nicht allgemein anerkannt, daß alle Männer ihr eigenes Wohlbefinden für die größte Sorge der Frau halten, käme einem diese Aussage seltsam paradox vor.

Eine schöne Zeit lang vergnügten sich der Dichter und die Dirne. Dann überkam den fanatischen Katholiken das Bedürfnis, die arme Seele aus dem Milieu auf den richtigen Pfad zu führen.

Bloy war nicht anders als andere Männer, aber er war noch anstrengender. Das konnte gar nicht anders sein. Sein Vater war ein kleiner Beamter in Périgueux, der es seinem ungeratenen Sohn Léon ein Leben lang verübelte, einen Hauch inbrünstiger Boheme in seine ordentliche und strebsame Sippschaft gebracht zu haben. Schon der kleine Junge war dem Vater verdächtig, denn er wollte unbedingt eine Tragödie schreiben – ohne jede Lebenserfahrung, ohne irgendwelche literarischen oder philosophischen Kenntnisse! Der Vater konnte das nicht begreifen. Und doch schien der Sohn zunächst klüger als er, denn genauso wie auf den Ruhm kam es ihm darauf an, mit dieser Tragödie einen Preis von zehntausend Franc zu gewinnen. Bloys Mutter war Spanierin. Das gab ihm das Recht, sich einen Sohn des flammenden Südens zu nennen, der vor Sinnlichkeit gäre. Und es brachte ihm die Hypothek einer sonderbaren Marienverehrung ein. Seine Mutter trat ihn noch vor seiner Geburt an Maria ab. Sie verzichtete auf alle Mutterrechte und machte Maria für das Schicksal ihres Sohnes verantwortlich. »Lebenslang hat sie nicht aufgehört, mir mit einer erhabenen Hartnäckigkeit zu wiederholen, Maria sei meine wahre Mutter, und sie sei es auf eine ganz besondere, unbedingte Art.« Sie hatte aber auch vernünftige Momente, in denen sie ihrem Sohn bescheinigte, er sei ein Ochse. Ein Ochse allerdings, der mit seinem Gebrüll die Christenheit in Erstaunen setzen werde. Seine Weltfremdheit und seine Sturheit hatte sie klar erkannt.

Nur kurze Zeit gehorchte er dem Wunsch seines Vaters nach einer Ausbildung im Büro, arbeitete auch ab und zu bei großen Verwaltungen, doch eigentlich war er immer nur ein bettelarmer Schriftsteller.

Bettelarm war er auch, als er Anne-Marie Roulé kennenlernte. Wo das war, weiß man nicht. Es wird wohl auf der Straße gewesen sein. In seinem Roman »Der Verzweifelte«, der die Beziehung zwischen den beiden zum Thema hat, der aber entgegen der Meinung vieler Bloy-Biographen sehr vieles anders darstellt, als es in Wirklichkeit war, läuft Anne-Marie Bloy hinterher. Im Roman heißt sie Veronika und fragt Léon Bloy, der hier Kain Marchenoir heißt: »Wollen Sie mit mir schlafen?« Urwüchsige Antwort des Intellektuellen: »Mademoiselle, ich schlafe niemals.« Veronika zieht Erkundigungen über Kain ein, lauert ihm auf, schläft vor seiner Wohnungstür, bis er sie in die Wohnung und in sein Bett läßt. Bruder und Schwester. Denn ganz im Gegensatz zu seinem Doppelgänger im wirklichen Leben ist Kain keusch und unverführbar. Von allen Männern sei Kain der zärtlichste und unverführbarste gewesen. Kaum ist ein Mann verführt, ist mit der Zärtlichkeit Schluß. Die Hure Veronika betrachtet Kain als ihre große Liebe und nicht als Kunden, und so spielt sich erst einmal gar nichts ab. Später läßt sie sich eine Glatze schneiden und von einem Quacksalber alle ihre herrlichen Zähne ziehen, um Marchenoir abzuschrecken. Die Nase steht bizarr aus dem eingefallenen Gesicht heraus. Trotz ihres Handikaps hält sie bei den gemeinsamen Mahlzeiten lange Reden – gebißlos. Für den Leser eine peinigende Vorstellung. Und so mancher moderne Bloy-Interpret machte sich seine Gedanken über die Faszination, die von der phallischen Nase ausging, denn dem Autor Bloy unterlief es, sie ein »verantwortungsloses Organ der Sinnlichkeit« zu nennen.

In Wahrheit aber war es Bloy, der sich an Anne-Marie Roulé attachierte. In einem Brief schreibt er später, ihre Wohnung sei so

spürbar vom Dämon heimgesucht gewesen, daß er vor Entsetzen fast gestorben sei. Trotzdem habe ihn ein verdorbener Geschmack am Übernatürlichen immer wieder dorthin zurückgestoßen. Drei Jahre später, als die Liaison immer noch andauert, will Léon Bloy die Gründe für sein Abenteuer mit der Hure selbst nicht mehr verstehen. Die gräßliche Erinnerung daran sei er auszurotten bemüht.

Anne-Marie Roulé wurde im Februar 1846 in Rennes als uneheliche Tochter einer Wäscherin geboren; sie war ein knappes halbes Jahr älter als Bloy. Das Neugeborene überließ die Mutter sofort der öffentlichen Fürsorge. Ein Vater ist nicht bekannt; als die Mutter stirbt, erfindet jemand die barmherzige Lüge von einem Ehemann und Vater namens Joseph Roulé, doch zu diesem Zeitpunkt sollte Anne-Marie als Protégé vornehmer Damen mit einer anständigen Vergangenheit ausgestattet werden. Anne-Maries Familienname ist in vier verschiedenen Schreibweisen nachweisbar. Man glaubt, daß so der abtrünnigen Mutter die Nachforschungen nach ihrer Tochter erschwert werden sollten, falls sie sich später eines Besseren besinnen würde. Anne-Marie wuchs in einem Heim behütet und fromm auf. Als sie vierzehn Jahre alt war, tauchte die Mutter tatsächlich wieder auf. Sie war Wäscherin. Eine der Familien, für die sie wusch, waren die drei Mademoiselles de Kermarec, eine Mutter mit Zwillingstöchtern. Die Kermarecs veranlaßten Anne-Maries Mutter, ihre Tochter wieder anzuerkennen. So geriet das wohlerzogene und offensichtlich beliebte Mädchen unter die Fittiche dieser hochangesehenen Damen. Anne-Marie wurde Näherin. Kurz nach dem Tode ihrer Mutter im Jahre 1874 verließ sie Rennes und wurde in Paris Prostituierte. Das geschah so lakonisch, wie es klingt. Bloys Biographen mutmaßen Verführung und Abgleiten ins Milieu, weil das so Sitte ist. In Wahrheit weiß man gar nichts über Anne-Maries Gründe. Sie hatte großen Erfolg. In ihrem Viertel war sie auch unter dem Namen »Blutegel« oder »Saugnapf« berühmt und geschätzt.

Bloy ertrug es kaum, daß Anne-Maries Schritt vom Wege scheinbar so gar keine Ursache hatte. Seiner Veronika im Roman dichtet er eine schauderhafte Vergangenheit an: Die Tochter einer Matrosenmetze sei schon von Kindesbeinen an geschändet worden. Das ginge ja noch. Aber dann, entrüstet sich der Autor, der nicht nur seine Essays, sondern auch seine beiden Romane an vielen Stellen in üble Pamphlete ausarten ließ, dann habe ihr das Dasein als Dirne auch noch Spaß gemacht! »Sie hatte sich in ihrer Abscheulichkeit gefallen und, überfüttert mit allen Greueln, unermüdlich nach neuen verlangt. Zum Ehrengewand hatte sie ihr Schandgewand gemacht, zum Königspurpur ihres Dirnenüberschwangs!« Als er sich lange genug an seinem Entsetzen gelabt hat, überkommt ihn das Bedürfnis, die eigentlich schöne Seele zu retten. Darum fleht und bettelt und weint er, sie möge mit ihm zur Kirche Notre-Dame-des-Victoires gehen und sich in das Register der »Erzbruderschaft des heiligen und unbefleckten Herzens Mariä für die Bekehrung der Sünder« eintragen lassen. Das geschieht. Für Léon Bloy ist allein das schon ein Wunder. Wunder gibt es nicht umsonst. Denn Anne-Marie zeigt sich tief getroffen. Sofort gibt sie ihre Arbeit auf. Wie die meisten gutverdienenden Prostituierten hat sie Schulden. Bloy zahlt. Sie wohnen nicht zusammen. Also müssen von Bloys bescheidenem Gehalt bei der Eisenbahnverwaltung, wo er

seit Anfang Mai arbeitet, zwei Wohnungen finanziert werden.

Bittere Armut schmerzt. Doch noch mehr schmerzt Askese, auch wenn sie selbstverordnet ist. Seine Liaison mit Anne-Marie Roulé wächst Léon Bloy über den Kopf. Seine Freundin ist Armut und Askese nicht mehr gewöhnt. Sie setzt Bloy unter Druck, droht, ihr altes Leben wiederaufzunehmen. Dazu hätte sie doch nicht wirklich das Herz, beschwört er sie aus der sicheren Entfernung seines Zimmers und erklärt ihr schleunigst seine Liebe. Genau zur selben Zeit kündigt er seinen Freunden an, er werde ins Kloster gehen, das Leben habe ihm nichts mehr zu bieten, die Literatur langweile ihn, die Kunst interessiere ihn nicht mehr, Frauen und Männer entsetzten ihn gleichermaßen. Theatralisch verabschiedet er sich drei Monate lang. »Wieder ein Brief von mir. Wird es der letzte sein? Ich glaube ja.« Sein Selbstmitleid treibt skurrile Blüten. Sein Weggehen werde seine Freunde sicher genauso schmerzen, wie wenn er unmittelbar neben ihnen gestorben sei. Untröstlich würden sie sein! Ein Léon Bloy ist unersetzlich. Vierzehn Tage später ist er wieder da.

Er war nicht der alte. Die Mönche hatten ihm einige Zähne gezogen. Nicht nur einen veritablen Backenzahn. Vor allem hatten sie ihm versichert, er sei noch nicht reif für das Klosterleben. Léon Bloy, dem schon nach vier Tagen die Monotonie unter den schweigsamen Trappisten schwer auf die Nerven gefallen war, glaubte das gern und gleich. Ein Pater Roger hatte es besonders verstanden, das Vertrauen des Pariser Flüchtlings zu erwerben. Der sei in die »Kloaken seiner Seele« hinabgestiegen, vermerkt Bloy sehr befriedigt; aus dem Munde eines Mannes, der ein andermal feststellte, seine ganze Dichtung sei nichts als ein »Erbrechen und Verfluchen«, ist das ein großes Kompliment – für sich selbst wie für den wagemutigen Pater Roger. Dort unten in Bloys Seele stieß Pater Roger natürlich sofort auf Anne-Marie. Was für eine Entdeckung! Bloys Herz war ja gar nicht mehr frei! Also könne er es auch Gott nicht schenken. Pater Roger schickt Bloy nach Paris zurück. Dort solle er sich gefälligst der armen Seele wieder anschließen, die er dort allein gelassen habe. Vor seiner Abreise war Bloy noch davon überzeugt gewesen, er werde in einen schwarzen Abgrund der Verzweiflung fallen, wenn sich auf seinem Weg ins Kloster unüberwindliche Hindernisse auftürmen sollten. In Wahrheit half ihm der priesterliche Befehl vor allem dabei, große Hindernisse auf seinem Weg zu Anne-Marie beiseite zu räumen. Erleichtert kehrte er zu ihr zurück. Für alles, was folgen wird, ist er nicht mehr allein verantwortlich. Barbey d'Aurevilly, der in ausführlichen Briefen über den Stand der Dinge auf dem laufenden gehalten wird, scheint Stimmungsumschwünge seines jungen Schützlings gewöhnt. In die Affäre mit Anne-Marie ist er jedoch gar nicht eingeweiht. Die »arme Seele« ist ihm kein Begriff. Bloy hat sich stets gehütet, sich öffentlich zu der einstigen Dirne zu bekennen, und mahnte Anne-Marie zu äußerster Diskretion. Außer seinen Beichtvätern, deren Ratschlüsse er Anne-Marie oft getreulich mitteilt, und seinem Dichterfreund Ernest Hello hat niemand von der Mesalliance gewußt. Das war klug von Bloy. Ein Jahr, bevor er Anne-Marie Roulé kennenlernte und sich in sie verliebte, versuchte Joris-Karl Huysmans den kleinen Roman »Marthe. Geschichte einer Dirne« zu veröffentlichen, der uns heute recht harmlos und eher pittoresk anmutet, und

erregte einen Skandal. Um wieviel unerträglicher als eine platte Romanfigur hätte die Öffentlichkeit eine quicklebendige Dirne gefunden.

Bloy war ein Mann, der das Leid liebte. »Ich erinnere mich, wie ich als Kind, als ganz kleiner Knabe, oft mit Unwillen, mit Empörung mich geweigert habe, an Spielen und Vergnügungen teilzunehmen, an die zu denken für mich schon ein Freudenrausch war. Aber ich hielt es für edler, zu leiden und mich leiden zu machen, indem ich darauf verzichtete.« Später hat er diese Freuden aus Leiden zu rationalisieren versucht und sich zu diesem Zweck wieder der katholischen Religion verschrieben, der er als junger Mann von achtzehn Jahren abtrünnig geworden war. Barbey d'Aurevilly hatte ihn fünf Jahre später in den Schoß der Kirche zurückgeholt; Wiederbekehrte und Konvertiten sind ja oft besonders fanatisch. Nun bat er Gott um Leiden, dachte aber eher an »ganz edle Leiden, an eine Art von reineren, feineren Leiden, nicht an Höllenqual«. Bloy war ein Mann, der fest glaubte, durch langes Nachdenken über seine Prüfungen und Leiden hinter den Willen Gottes kommen zu können. Brachte Gott nicht das Gewünschte, begann er mit ihm zu hadern, fühlte sich im seelischen Schmerz aber noch mehr eins mit ihm. In seinem Vertrauen auf die Pflicht Gottes, Gebete zu erhören, bleibt er auch als erwachsener Mann ganz kindlich. Er empfiehlt Anne-Marie, zur selben Zeit wie er die »Andacht zu den sieben Schmerzen und sieben Freuden des heiligen Joseph« zu beten. »Es heißt, daß dieses Gebet doch immer erhört wird.« Ein andermal soll Anne-Marie für ihn einen bestimmten Ablaß erwerben, den er dann wieder ihrer Mutter opfern will – verworrene Aufrechnungen, die ihm in Fleisch und Blut übergegangen sind. Selbstquälerisch auch seine Art, mit der Vergangenheit Anne-Maries zu leben. Klagend wälzt Bloy sich in dem Schlamm, aus dem er sie aufgelesen zu haben meint.

Der Roman »Der Verzweifelte« ist darin sehr verräterisch, denn stimmen auch gewisse Details oder Zeitabläufe nicht genau mit der Wirklichkeit überein, so sind die Gefühle Marchenoirs einst doch die Gefühle Bloys gewesen. Da wird der Körper der früheren Prostituierten einem Gefäß der Lust verglichen, das wie ein Löscheimer von Hand zu Hand gewandert sei. »Und Gott weiß, welche Schlamm-Meere dies Schiff der Schande durchpflügen mußte.« Léon Bloy beschloß, Anne-Marie zu heiraten. Hinein in den Sumpf! Edlere, reinere Leiden? Auf den ersten Blick gewiß nicht. Doch Bloy verfeinerte, was die Situation ihm bot. Aus seiner banalen Katastrophe machte er ein delikates Kammerspiel. Er schrieb Briefe, die viel eher den Unernst als den Ernst seiner Absichten beweisen. Anne-Marie hatte sich nämlich auf Marie-Louise de Kermarec besonnen und schrieb ihr von ihren Heiratsplänen. Mademoiselle de Kermarec wollte nichts damit zu tun haben. Trotz ihres ausgesprochenen Wunsches, nicht von dem Bräutigam in spe brieflich belästigt zu werden, schrieb ihr auch Bloy. Dichter und Dirne schreiben, als hätten sie Kreide gefressen. Und sie lügen. Was kommt es ihnen auf den Segen einer alten Dame an, die fern in der Bretagne ihr altjüngferliches Leben führt und mit Anne-Marie schon seit Jahren keine Verbindung hat? Sie wollen nichts als Geld.

Und doch gelang es Bloy, sogar den Abbé Tardif de Moidrey, einen frommen Gönner des Paares, zu seinem Werkzeug zu machen. Auch er schrieb dem alten Fräulein, das ge-

Die göttliche Kinderei geschah fortan im Namen der großen Liebe. Das asketische Ideal rein geschwisterlicher Zuneigung konnte Léon Bloy, der sinnliche Sohn des Südens, nicht ganz erfüllen.

HILLMANN

sunden Menschenverstand bewies und hart blieb. Anne-Marie hatte sie zu sehr enttäuscht. Die junge Frau war offenbar im Streit von Rennes geschieden, denn sie entschuldigte sich bei der alten Dame für unüberlegte »Torheiten«.

Mademoiselle de Kermarec wußte wohl kaum etwas vom Lebenswandel ihres ehemaligen Mündels in Paris; der wäre in Rennes nicht unter der harmlosen Rubrik »Torheiten« durchgegangen. Dennoch ist Mademoiselle de Kermarecs Antwort mit ganz spitzen Fingern geschrieben, von Torheiten keine Rede, sondern von Verirrungen und Ausschweifungen, die Anne-Marie bereuen solle. Einer der Biographen Bloys behauptet, Bloy habe der alten Dame mit einem Brief von Edelmut und Würde geantwortet. Tatsache ist, daß er sich aufdrängte und keine Rücksicht auf ihre Abweisung nahm. Sein Brief hat ihn gewiß sehr gequält und sehr zufriedengestellt. Er liebte es, sich bei seinen Briefpartnern zu erkundigen, ob sie seine Elaborate nicht ebenso gelungen fänden wie er; Anne-Marie forderte er einmal ausdrücklich auf, seine Episteln aufzuheben. Sie tat es. Doch ihre gibt es nicht mehr. Bloy kam es weniger auf biographische Vollständigkeit an als auf einen Beleg seiner Formulierungskünste. Liest man seinen Brief an die Dame in Rennes, denkt man gleich an sein Wort vom Erbrechen und Verfluchen, so verflucht unehrlich ist er. Bloy geht mit dem Tod seiner Eltern hausieren, Waise sei er wie Anne-Marie auch, die Heirat für keinen von beiden eine glänzende Partie. Die Vergangenheit der Braut sei »unregelmäßig« gewesen; darunter konnte man sich viel vorstellen. Doch dann bricht wieder sein übersteigertes Selbstwertgefühl durch; er vermag sich nicht ganz zu verleugnen und verweist stolz darauf, seine Freunde prophezeiten ihm eine glänzende und reiche Zukunft. Dann fällt ihm wieder ein, daß dieser Brief seiner Schmach und nicht seinem Ruhm dienen soll, und er macht sich ganz klein. Arm und niedrig würden sie heiraten, so wie es Büßern und Waisen nun einmal zustehe. Dummer Stolz des Kleinbürgers: Seine Frau werde bezüglich ihrer Vergangenheit keinerlei Vorwürfe von ihm hören. Kaum zu glauben, wo er jetzt schon so geschwätzig ist. Anne-Marie raspelt noch ein zweites Mal Süßholz. Sie verspricht, Mademoiselle de Kermarec auch dann in ihr Gebet einzuschließen, wenn die sie nicht wiedersehen wolle. Das hat beinahe etwas Bedrohliches. Sie hat schnell gelernt von ihrem Meister, dem das Schreiben von Bettelbriefen zur zweiten Natur geworden ist. Bloy nannte sich selbst einen »undankbaren Bettler«, denn seine alle vor den Kopf stoßende Kompromißlosigkeit erlaube es ihm, auch bei erfolgreicher Bettelei die Gebenden in aller Öffentlichkeit zu brüskieren und zu beschimpfen. Er schrieb nun an seinen Freund Henri Lasserre, belog auch ihn – »kenne schon seit langem eine junge, sehr fromme Person, die mich genug liebt, um mir angehören zu wollen« – und war entrüstet über Lasserres Abweisung: Er habe ihm sein Herz in die Hände gelegt, und Lasserre habe es zu Boden fallen lassen. Er will mit ihm nichs mehr zu tun haben. Doch Lasserres Nein war nur zu verständlich. Auf den Tag genau sechs Monate vorher hatte ihm Bloy seinen unwiderruflichen Entschluß mitgeteilt, Mönch werden zu wollen. Solche Nachrichten waren bei Bloy ausnahmslos mit der Bitte um Geld verbunden. Lasserre fand, nun sei es genug.

Ernst Jünger erzählt eine Bloy-Anekdote, die zeigt, wie dubios Bloys hemmungsloses Betteln seinen Zeitgenossen vorkam. Bloy

bat seinen Kollegen Paul Bourget um Geld. Sein Vater sei gestorben. Bourget begibt sich in das zweifelhafte Hotel, das Bloy als Adresse genannt hat. Aus dem Zimmer dringt Musik. Bloy öffnet seinem Besucher. Er ist nackt. Er ist nicht allein. Die Frauen sind auch nackt. Auf dem Tisch steht Aufschnitt und Wein. Paul Bourget legt das Geld auf den Kaminsims. Ob denn Bloys Vater doch nicht gestorben sei? Bloy führt ihn ins Nachbarzimmer. Dort liegt die Leiche des Vaters auf dem Bett. Jünger findet die Geschichte verdächtig, denn ein Hotelzimmer gehört doch nicht zu den Orten, an denen man sterbe. Nun dürften in Hotelzimmern mehr Leute sterben, als jedem Hoteldirektor lieb ist. Die Anekdote meint Bloys völlige Hysterie nach dem Tode seines Vaters. Mit seinen Bettelbriefen aus diesem Anlaß überschwemmte er Paris, auch um seine eigenen Schuldgefühle zu ersticken. Weil er Anne-Marie vor seiner Abfahrt nach Périgueux noch einmal hatte sehen wollen – das geschah in seinen ersten Wochen mit Anne-Marie, als ihm sein Gewissen den Spaß noch nicht verdorben hatte –, war der Vater schon tot, bevor Bloy in seiner Heimatstadt ankam. Bloy raste gegen sich selbst, nannte sich einen Vatermörder. Sein erster Aufenthalt in La Trappe hatte auch den Grund, für das Versäumnis zu sühnen und für seinen Vater zu beten. Natürlich band ihn das Erlebnis noch stärker an Anne-Marie, aber wieder nicht auf eine besonders wohltuende Weise. Aus der Heirat wurde natürlich nichts.

Ein paar Monate später, im Juni 1878, versuchte Bloy erneut den Knoten zu zerreißen, kündigte bei der Eisenbahnverwaltung und floh zum zweiten Mal nach La Trappe. Diesmal kündigte er seinen Schritt niemandem an, verschwieg auch Anne-Marie sein Vorhaben, um durch ihre Tränen nicht schwach zu werden. Er blieb bis Anfang September. Die ganze Zeit hoffte er auf eine triumphale Rückkehr nach Paris, denn man hatte ihm eine Redakteursstelle an einer noch zu gründenden katholischen Zeitung in Kanada in Aussicht gestellt. In La Trappe wartete er auf die endgültige Zusage. Doch die Zeitung blieb ein Luftschloß. Hätte er Anne-Marie mit nach Kanada genommen? Sehr unwahrscheinlich. Sie hielt seine Kündigung für falsch, war zu diesem Zeitpunkt also noch völlig bei Trost. Doch sie versuchte so angestrengt, seinen Erwartungen zu entsprechen, daß sie unter unerträglichen Druck geriet. »Je christlicher Du wirst, desto bezaubernder finde ich Dich!« schreibt er ihr. Sie nimmt den Hinweis dankbar auf, schickt ihm Erbauungsheftchen und opfert ihre letzten Francs, um ihn und den allgegenwärtigen Pater Roger in die Erzbruderschaft »Vom guten Tod« einzutragen, eine Bruderschaft und gute Einnahmequelle der Jesuiten. Léon Bloy wird die Wunde des göttlichen Herzens zugeteilt. Dafür liebt er Anne-Marie so sehr, wie es erlaubt ist, ein Geschöpf Gottes zu lieben. »Ich weine, wenn ich an Dich denke. Wäre mein Blut Geld, so würde ich mein Blut vergießen, um es Dir zu geben.« Von da an ist es für sie nur ein kleiner Schritt, ihn für den Erlöser persönlich zu halten.

Wie fromm war Anne-Marie Roulé vor ihrem Leben in Paris gewesen? Ziemlich fromm. Sie hatte sogar ernsthaft versucht, ins Kloster einzutreten. Und zwar keineswegs in der Pubertät, die bei Mädchen auf Klosterschulen solche Symptome zeigen kann. Sie war schon dreiundzwanzig Jahre alt, als sie sich im Kloster Notre-Dame de Charité in Tours bewarb. Doch sie war ja nur eine Schneiderin und noch dazu unehe-

lich geboren. Grund genug für die Schwester Oberin Marie de Sainte-Félicie Robin, ihr allenfalls den Rang einer Laienschwester oder Pförtnerin zuzusagen. Anne-Marie war in ihrem Stolz verletzt und lehnte rundweg ab. Sie kehrte nach Rennes zurück. Sie denkt sicher auch an diese Episode, als sie sich in ihren demütigen Briefen an Mademoiselle de Kermarec des Hochmuts bezichtigt. Hure oder Madonna? Anne-Marie nahm das Klischee beim Wort und wählte ersteres, aber es war nicht ihre Entscheidung allein.

Bloys Briefe aus La Trappe werden sachlicher. Pater Roger hat Bloy sogar schriftliche Zärtlichkeiten verboten. Anne-Marie dauert seine Abwesenheit entschieden zu lange, und sie scherzt, sie werde ihn abholen kommen. Die Idee entsetzt ihn über alle Maßen. Briefelang beschwört er sie, sich auf keinen Fall in Klosternähe blicken zu lassen. In keiner seiner Botschaften an sie fehlt die Bitte um Diskretion. »Unternimm keine Schritte, die mir schaden oder mich in Verruf bringen könnten. Geh nicht zu meinen Freunden. Es ist unbedingt nötig, meine Vielgeliebte, daß alle meine Freunde auch weiterhin nichts von Deiner Existenz wissen.« Trappist will er nicht mehr werden. »Niemals. Niemals. Niemals. Ich finde dieses Essen scheußlich.« Seltsame Beschwerde eines Mannes, der vor seinem ersten Klosterbesuch die laschen Regeln der Trappisten bemängelt hatte; ein Kloster, in dem man grün und blau geschlagen würde, wäre ihm eigentlich lieber gewesen. Anne-Marie läßt ihn wissen, sie denke selbst wieder darüber nach, ins Kloster zu gehen. Schnell fährt er zurück. Und Pater Roger hatte mit Recht gefürchtet, sein Beichtkind Léon werde wieder das Böse tun, sobald es mit »der Betreffenden« zusammen sei.

Das Beichtkind hatte dazu nur noch wenige Tage die Gelegenheit. Denn Bloy verfiel auf den Gedanken, seine Geliebte in die Kapelle von Sacré-Cœur am Montmartre zu führen. »Die Liebe Gottes schlug bei ihr ein wie der Blitz.« Bruder und Schwester – jetzt war es soweit. Anne-Marie ging nach Hause und betete. Sie tat nichts anderes mehr. Und Bloy war völlig in ihrem Bann. Sie hungerten und beteten und befanden sich fortwährend religiös verzückt. Nur Bloy begab sich zwischendurch ins normale Leben, spätestens dann, wenn er wieder auf Betteltour bei seinen Freunden unterwegs war. Zwei Jahre lang lebten sie so. Bloy litt, und Anne-Marie legte ihm das Alte Testament aus. Seiner Braut erklärte er später, er sei solcher Offenbarungen und Freuden teilhaftig geworden, wie sie den Neid der Engel hätten wecken können. Manchmal aber waren seine Nerven bis aufs äußerste gereizt, und er herrschte Anne-Marie an, sie solle ihn endlich in Ruhe lassen, er wolle nichts mehr hören, er verstehe kein Wort.

Keine Vision ohne Prophetie: Am 19. März 1880 wartete die erleuchtete Anne-Marie und warteten mit ihr Léon Bloy und Ernest Hello auf ein Ereignis. Es trat nicht ein. Keiner von ihnen verriet je, worauf sie hingefiebert hatten, aber es kann nichts viel Geringeres als das Jüngste Gericht gewesen sein, enttäuscht, wie sie alle waren. Von diesem Tag an, stellte Bloy ernüchtert fest, war Anne-Marie komplett verrückt. Bloy ist tapfer und harrt an ihrer Seite aus. Nur einmal macht er einen schwachen Versuch, sie bei Madame Hello einzuquartieren, um allein eine Wallfahrt nach La Salette machen zu können: Anne-Marie sei eine außerordentliche Person und könne sich vielleicht nützlich machen? Madame Hello antwortet so grob, wie man Bloy antworten mußte,

wollte man ihn loswerden. Bloy nahm Anne-Marie mit nach La Salette, wo sie einige Wochen blieben, bis die Hotels sie hinauswarfen. Am 29. Juni 1882 wird sie von dem Arzt Dr. Gervais in die Irrenanstalt eingewiesen. Die Monate davor hatte Bloy sogar mit ihr zusammengelebt, ständig in der Gefahr, erdrosselt oder erstochen zu werden. Einen Monat lang bezahlte er die Anstalt, dann überließ er seine frühere Geliebte der öffentlichen Fürsorge. Sie lebte noch ein Vierteljahrhundert lang. Er hat sie nie besucht.

Zwei Jahre später rettete Bloy die nächste Prostituierte. Sie hieß Berthe Dumont. Er zog sehr schnell mit ihr und ihrer Mutter zusammen. Berthe starb ein knappes Jahr danach. 1889 lernte er Jeanne Molbech kennen, die Tochter des dänischen Schriftstellers Christian Molbech. Schon nach vier Wochen steht fest: »Wir werden ja heiraten.« Sie war dreißig Jahre alt, und es war wunderbar, sie war noch Jungfrau. Denn Frauen, schrieb ihr Bloy, sollten ihre Jungfräulichkeit hüten wie einen kostbaren Schatz, den man nur um den Preis des Blutes Christi kaufen könne. Er kauft am 27. Mai 1890. Im letzten Brautbrief vor der Hochzeit nimmt er lüstern an, sie mit den Enthüllungen seiner Vergangenheit abgestoßen zu haben; er hat ihr alles erzählt. »Halte mir zugute, mein unschuldweißes Lämmlein, daß ich entsprechend meinem Versprechen, Dein Arzt zu sein, Deine ganze Erziehung in meine Hand zu nehmen hatte.«

Jeanne Molbech, die kultivierte Dame aus bester Kopenhagener Familie, hatte einige Jahre als Hauslehrerin gearbeitet. Das Leben dürfte ihr nicht ganz fremd gewesen sein. Doch Bloy beharrt darauf: Wie er sie zur Religion und zur Liebe erzogen habe, das sei doch eigentlich ein Meisterstück. Sie hatten vier Kinder; die beiden Söhne starben vor ihrem ersten Lebensjahr, offenbar an Kälte und Hunger.

Doch da ist noch jemand gewesen. Als er Jeanne schon kennt, schreibt Léon Bloy einen Brief an eine Genfer Freundin und erzählt: »Ich habe einen kleinen Sohn von achtzehn Monaten, Maurice-Léon. Er ist eher ein Kind des Mitleids als der Liebe. Die Mutter ist ein rechtschaffenes, einfaches Mädchen, das ich schon mehrere Male gerettet habe. Vor zwei Jahren war ich für zwei Monate ans Bett gefesselt. Ich habe sie kommen lassen, und sie hat mich mit der Geduld und Hingabe eines guten Hundes versorgt. Dann ist es gekommen, wie es kommen mußte. Von der Erziehung her ist sie mir völlig unterlegen. Ich schulde ihr nichts, denn ich habe ihr nichts genommen. Ein anderer hat sie schon vor mir verführt und sitzenlassen.« Na dann. Gottverdammt all die Frauen, die sich von diesem vor Sinnlichkeit gärenden Sohn des Südens retten ließen.

Zu Hause fliegen die Fetzen, wie in jeder guten Ehe

Simone Signoret und Yves Montand
Von Dorothea Friedrich

»Damen, die mich am Nachmittag besuchen, hatte ich schon mehr als genug«, forderte Yves Montand seine verheiratete Geliebte heraus. Als einen Seitensprung hatte Simone Signoret den Höhenflug mit ihm begonnen, in Saint-Paul-de-Vence.

Heiße Sonne im August. Zuviel Weißwein unter Freunden. Dann die Siesta. Man verabschiedet sich. Endlich liegen. Der beschwingte Junggeselle schläft mit der glücklich verheirateten Frau. Ein Seitensprung mit Folgen für die gesamte Französische Republik: Die moralische Instanz Signoret-Montand ist geboren. Zunächst kassiert Simone Signoret dafür nur ein paar saftige Ohrfeigen von Ehemann Yves Allégret. Der hatte sich den Aufenthalt in Saint-Paul-de-Vence anders vorgestellt. Als er seiner Frau in die Sommerfrische nachreist, erwartet sie ihn schon am Ortseingang. Sie will ihm wenigstens selbst Bescheid sagen. Noch öffentlicher als Simone Signoret und Yves Montand hätte man kaum Ehebruch begehen können. Im Szenetreff »Colombe d'Or« in Saint-Paul-de-Vence zwischen Nizza und Cannes sahen in diesem August 1949 alle zu, wie das neue Paar einander tagelang nicht von der Seite wich, abends und morgens durch ein und dieselbe Tür hinein- und hinausging.

Zurück in Paris, lecken die drei Betroffenen ihre Wunden, Yves Montand und Simone Signoret oft gemeinsam. Doch die Liebe am Nachmittag zerrt an den Nerven. Bald hat Yves Montand genug davon. Er läßt seinen Agenten eine Blitztournee nach Casablanca, Algier und Tunis organisieren und erklärt Simone, wenn er in zwei Wochen zurück sei, müsse sie sich entschieden haben. »Allégret oder ich. Damen, die mich am Nachmittag besuchen, hatte ich schon mehr als genug«, erklärt er grob und voller Angst und entschwindet nach Afrika. Und Simone weint. Wie jeden Nachmittag.

Ihr fällt das Weggehen schwer, denn eigentlich hat sie an Yves Allégret überhaupt nichts auszusetzen. Die beiden sind seit sechs Jahren zusammen, verheiratet sind sie aber erst seit einem Jahr. »Das Schönste war, daß wir uns ungeheuer liebten, während wir uns aufs erbärmlichste durchschlugen. Das Schönste war schon vorbei«, kommentiert Simone Signoret lakonisch den Tag der Hochzeit. Da ist sie siebenundzwanzig Jahre alt, Yves Allégret einundvierzig.

Sie haben nicht nur Schönes hinter sich. 1945 ist ihr erstes Kind, ein Sohn, kurz nach der Geburt gestorben. Das Klinikpersonal war fahrlässig, sagt Simone Signoret einsilbig. Ein Jahr später wird Catherine geboren. Als Yves Montand Simone kennenlernt, ist ihre Tochter drei Jahre alt. Yves Allégret hat Simone ihre ersten Kinoerfolge zu verdanken. In keinem seiner Spielfilme ist sie eine anständige Frau. Entweder spielt sie die herzensgute Prostituierte oder die heimtückische Ehefrau. Yves Montand hat Simone Signoret noch nie im Kino gesehen. Er hätte sich bestimmt zweimal überlegt, ob er sich in diese Schlampe verlieben solle, sagt Simone Signoret illusionslos.

Kannten sich die beiden, bevor sie sich ineinander verliebten? Er sagt ja, sie sagt nein. Während eines Konzerts hatte ihn eine Stimme aufhorchen lassen, die laut rief: »Bravo, ihr Itaker!« Ob Henri Crolla wisse, wer das gewesen sei, fragte er unruhig. Crolla wußte es. Da fiel es auch Montand wieder ein: Bei einem nächtlichen Volksfest in den Tuilerien war ihm eine junge Frau aufgefallen, die so selbstverständlich und vor allem so laut forderte: »Un coup de blanc!«

Den Macho aus Marseille hatte dieses Verhalten schockiert. Der Mann bestellt, und die Frau trinkt, was er ihr vorsetzt. So wäre es für ihn richtig gewesen. Miteinander gesprochen hatten die beiden jedoch nicht bis zu diesem August 1949. Das Be-

dürfnis entstand erst, als der Betrug am größten war, inmitten aller Freunde. »Wenn ich Montand weit entfernt von vertrauten Gesichtern getroffen und wenn es keine Zeugen gegeben hätte, hätte es nicht diese Blicke gegeben, die alles verzehnfachen.« Als Montand aus Nordafrika zurückkommt, schnürt sie ihr Bündel und zieht zu ihm. Er lebt nicht ganz allein. Seiner Haushälterin paßt Simone gar nicht. »Was soll ich denn Mademoiselle Chantal jetzt sagen?« fragt sie halblaut mit vorwurfsvollem Blick auf Simone. Stunde um Stunde flüstert sie Yves Montand die Namen der Mädchen ins Ohr, die gerade am Telefon sind: Der schlaksige Junge mit dem großen Mund und den springlebendigen, glücklichen Augen war unwiderstehlich.

Simone Signoret saß nun mit diesem Hahn in einem Korb und wollte so schnell wie möglich raus. Wenigstens in einen neuen Korb. Sie fanden ihn mit viel Glück an der Place Dauphine auf der Ile de la Cité und nannten die merkwürdig zugeschnittene Wohnung ihren »Zigeunerwagen«. Eigentlich war es eine Buchhandlung mit winziger Wohnung obendrüber. Sie zogen dort mit Catherine ein. Simone Signoret hatte zum ersten Mal mit einem Mann zusammengelebt, als sie zweiundzwanzig Jahre alt war. Während ihres Bühnendebüts hat sie ihn kennengelernt. Aus dem Theater hat sie sich ein Paar Sandalen und Daniel Gélin mitgenommen, der ihr erster Liebhaber wurde. In dem Bordell, wo unser Haushalt war! Simone Signoret packte etwas Unterwäsche und eine Zahnbürste in eine Hutschachtel und zog zu Daniel Gélin in ein Hotel in der Rue Monsieur-le-Prince, wo vor allem Straßenmädchen wohnten. Daniel Gélin verstand sich gut mit ihnen. Doch bald fand Simone Signoret, ihr Freund sei viel zu jung, sehe schwächlich und kindlich aus. Mehr als dreißig Jahre später provoziert die Exgeliebte Daniel Gélin immer noch zu purer Poesie: »Simone ist zur Liebe geboren wie die Göttlichkeit der Sonne und die Brüderlichkeit der Erde. Die Liebe ist ihre eigentliche Berufung.« Simone verließ ihn schnell.

1921 war Simone Signoret in Wiesbaden als Tochter eines französischen Besatzungsoffiziers geboren worden. André Kaminker war jüdischer Herkunft, legte jedoch keinerlei Wert darauf. Zum Zorn seiner Familie heiratete er eine Nichtjüdin, Georgette Signoret. Auch deren Eltern waren nicht begeistert. Die Ehe litt von Anfang an unter diesen Spannungen. 1928 »erfand« der äußerst sprachbegabte André Kaminker das Simultandolmetschen und ward fortan in der Familie kaum noch gesehen. Gerade, daß er sich noch die Zeit nahm, neun Jahre nach der Tochter Simone noch zwei Söhne zu zeugen. Danach zahlt er eigentlich nur noch. 1940 kann er sich nach London retten. Der verräterische Name Kaminker gefährdete die Daheimgebliebenen manches Mal; nicht immer gelang es, ihn als bretonisch auszugeben. Nach dem Abitur übernimmt Simone die Rolle des Familienoberhauptes. Schicksal der großen Schwester. Zwischen 1940 und 1942, sinniert Simone Signoret später, seien bei ihr die besten Voraussetzungen, vor allem aber die mildernden Umstände gegeben gewesen, eine Nutte zu werden: »Ich war schön, arm, Halbjüdin, ich hatte für meine kleine Familie zu sorgen und arbeitete bei ›Les Nouveaux Temps‹ des Kollaborateurs Luchaire.« Dorthin ist sie durch Zufall geraten. Sie beobachtet, wie Jean Luchaire mit hohem Risiko manchem Verfolgten hilft, so wie er auch ihr geholfen hat. Nach dem Krieg wird Luchaire hin-

gerichtet. Simone Signoret bewundert seine Kaltblütigkeit: Luchaire verweigerte die Augenbinde, starb mit der Zigarette im Mund und dem Ruf »Vive la France!« auf den Lippen.

Der Vater Yves Montands war Kommunist. Da er das nicht für einen Grund hielt, sich von Schwarzhemden totschlagen zu lassen, ließ er im Januar 1924 bei Nacht und Nebel seine Besenbinderwerkstatt im winzigen Ort Monsummano in der Toskana im Stich und floh nach Marseille. Die Familie folgte nach. Ivo Livi war drei Jahre alt, sein Bruder Julien sieben, die Schwester Lydia zehn. Wie Simone hat auch Yves seinen Künstlernamen der Mutter zu verdanken, doch nicht durch Geburt, sondern des Schreis wegen, den sie ausstieß, wenn sie sich vor dem Essen aus dem Fenster beugte: »Ivo, monta!« (Ivo, komm rauf!). Und Yves rannte. Er hatte immer Hunger. Die Familie war arm. Die Frauen waren tüchtig. Lydia übernahm die Aufsicht über die Brüder und mußte die Schule vorzeitig beenden. Schicksal der großen Schwester. Der Vater huldigte weiter seinen kommunistischen Idealen und ging prompt als kleiner Unternehmer bankrott. Lydia übernahm nun auch finanziell die Führung in der Familie. Sie eröffnete einen kleinen Friseursalon. Gerade rechtzeitig für Yves. Die Familie hatte die Papiere des Elfeinhalbjährigen gefälscht, so daß er als vermeintlich Dreizehnjähriger in einer Nudelfabrik angestellt werden konnte. Jetzt ist er gerade entlassen worden. Lydia stellt ihn in ihrem Frisiersalon an. Seinen Biographen Hervé Hamon und Patrick Rotman erzählt er davon. Er mußte heruntergefallene Haarnadeln auflesen: »Die Kundinnen machten die Beine ganz automatisch auf und wieder zu, und da es unwillkürlich geschah, war es um so aufregender. Ich war vierzehn, ich zählte nicht für sie, ich gehörte zum Mobiliar, es war zum Irrewerden.« Er lernte viel, belauschte unfreiwillig, aber eifrig Gespräche über Ehemänner und Liebhaber, massierte Frauennacken, forschte in Dekolletés bis hinunter zum Bauchnabel, doch erst als ihm eine Frau prüfend an den Hintern faßte, wurde seine Mutter nervös. Obwohl er das Frisierhandwerk haßte, besuchte er auf ihr Drängen die Gewerbeschule und gewann in einem Wettbewerb sogar eine Medaille: für eine Platintönung à la Jean Harlow. Seine Schwester vermittelte ihm dann eine Stelle in einem großen Salon, in dem Straßenmädchen die besten Kundinnen waren, und Montand lernte all das über Männer und Frauen, was er bisher noch nicht gewußt hatte. Trotzdem war er entsetzlich schüchtern. Er fand sich häßlich, Nase, Mund viel zu groß, und seine langen Beine hatten ihm den Spitznamen »Gambarina« eingebracht.

Während Vater und Bruder sich auf Parteiversammlungen herumtreiben, geht Yves ins Kino. Er teilt zwar die politischen Ansichten der beiden Männer, denen er sich als Jüngster gar nicht entziehen kann, doch seine Liebe gehört Amerika. Ivo übt ein Lächeln ein, von dem er meint, es lasse ihn wie Gary Cooper aussehen, hängt an Humphrey Bogarts Lippen, kann sich nicht sattsehen an Fred Astaire. Und er nimmt Step-unterricht bei einem Armenier. Seine Herumkaspereien ist die Familie gewöhnt, den Drang des Jungen, Donald Duck und Popeye zu imitieren. Diese plötzliche Verbissenheit überrascht sie doch. Julien ist mit schuld. Er und sein kleiner Bruder waren Zaungäste eines Spektakels, das man heute Karaoke nennen würde: Laien ahmen Sänger nach. Ivo mäkelte an einem jungen Mann herum. Julien war schlecht gelaunt

und herrschte seinen Bruder an: »Könntest du das etwa? Nein. Also halt die Klappe!« Der Funken zündete. Ivo sprach beim Impresario Berlingot vor, wurde akzeptiert und studierte drei Lieder seines Idols Charles Trenet ein. Ivo Livi hieß von Stund an Yves Montand und verkündete, er werde im »Callon des Tuves« auftreten.

Der Straßenjunge Ivo Livi hatte es geliebt, im Mirabeau-Tunnel vor der Eisenbahn herzuhetzen, die Lokomotive dicht auf den Fersen, um sich nach überstandener Lebensgefahr mit hysterischem Gelächter in den Graben zu werfen. Ein Nervenkitzel par excellence. Ein Blackout im wahrsten Sinne. An seinen ersten Auftritt hat Montand keinerlei Erinnerung. Er sieht nur ein schwarzes Loch und findet sich irgendwie hinter der Bühne wieder, begleitet vom tosenden Beifall das Publikums. Yves Montand war siebzehn Jahre alt. Sein Ansporn waren Mädchen, Champagner und tolle Autos. Die Mädchen blieben an erster Stelle. Die Kellnerin Bruna geht mit ihm ins Bett. Die Unnahbare erliegt dem Charme, den sie am Friseurgehilfen Ivo Livi völlig übersehen hat. Er hat es geschafft.

Yves Montand war die praktische Philosophie der romanischen Männer zu eigen, die sauber zwischen Liebe und Sexualität unterscheiden. So konnte er Simone Signoret ohne Gewissensbisse betrügen. Sie fand sich damit ab, setzte aber zwei Namen auf die schwarze Liste: Jeanne Moreau und Danièle Delorme. Sie befürchtete zu Recht, Yves Montand werde bei entsprechendem Einsatz auch für ihre besten Freundinnen unwiderstehlich sein. Doch als »France-Dimanche« die Vereinbarung dieses Laisserfaire öffentlich machte, verklagte das Paar das Blatt gemeinsam.

Doch erst einmal kam Edith Piaf. Sie ist die erste große Liebe Yves Montands. Und er hat viel von ihr gelernt. Gemacht und entdeckt hat sie ihn nicht. Aber er hat sich mit ihrer Hilfe Unarten schneller abgewöhnt, als er es ohne sie getan hätte. Nach knapp zwei Jahren läßt Edith Piaf ihn fallen. Yves Montand braucht drei Jahre, um sich von diesem Schock zu erholen. Doch in der Öffentlichkeit steht er als der undankbare junge Schnösel da, der die ältere Frau verlassen hat, sobald sie ihm nicht mehr nutzen konnte. Yves Montand wehrt sich nicht. Er schweigt. Er wird immer schweigen, wenn er genossen hat. Nur wenn er nicht genießen kann, dann wird er geschwätzig. Nach Autheuil, dem legendär gastfreundlichen Landsitz von Simone Signoret und Yves Montand, wo man nach strenger Hierarchie des Vertrautseins von Simone auf die Zimmer verteilt wurde, wollte Montand immer eine Wagenladung voller Huren einladen; alle anderen Frauen sollten an diesem Wochenende in Autheuil Hausverbot haben. Montand malte sich entzückt aus, wie die Mädchen kichernd und raschelnd durch die Allee kämen, bereit, ihm und seinen Freunden »die irdischen und fleischlichen Freuden ihres Lachens und ihrer Leiber zu schenken«. Simone Signoret reagierte kühl auf den geplanten Hinauswurf; Maupassant habe all das schon viel besser geschildert. Das Lachen der Mädchen hatte sich Montand noch vor ihren Leibern gewünscht.

Das Lachen seiner Frauen! Für Montand, den Spaßmacher, dem seine Schwester einst im Frisiersalon nicht die Stromschläge einer defekten Haube hatte glauben wollen, weil er ja immerzu Faxen machte, war das Lachen seiner Frauen stets der schönste Lohn. »Ach ja, wir haben viel miteinander gelacht«, sagt ein plötzlich milde gestimmter Yves Montand zu Simones Biographin Ca-

»Es sind die Blicke, auf die es ankommt, viel mehr als auf das Sexuelle«, sagte der Sänger über die Liebe zur Schauspielerin. Der unwiderstehliche Yves Montand wollte die Frauen stets zum Lachen bringen, aber nicht nur Simone Signoret.

therine David 1989, der er zunächst eisig gegenübertrat. »Es sind die Blicke, auf die es ankommt, viel mehr als auf das Sexuelle, mehr als auf alles andere.« Als Simone Signoret zu erblinden begann, war es für beide das Schlimmste, auf diese Komplizenschaft zu verzichten, die in Gesellschaft oft in ein nicht enden wollendes Gelächter von Simone mündete, das Yves Montand mit den Augen immer wieder aufs neue anfachte, während er es mit Worten anscheinend zu beenden suchte.

Für die Franzosen waren Simone Signoret und Yves Montand das Traumpaar schlechthin. Die Legende begann mit einer stillschweigend akzeptierten kleinen Fälschung: dem berühmten Foto, auf dem die beiden, umringt von Tauben, in der »Colombe d'Or« auf dem Boden hocken. Das Foto soll bei der ersten Begegnung entstanden sein. Das war nicht wahr. Doch beim Hochzeitsessen in der »Colombe d'Or« umflogen dann tatsächlich einige Tauben den jungenhaft grinsenden Bräutigam und die verhalten strahlende Braut. Friedenstauben umringten ein Paar, das sich von Anfang an leidenschaftlich und laut stritt. Er war eifersüchtig, wenn sie zu Dreharbeiten ging, zog aber den Ehering vom Finger, wenn er Konzerte gab. Und doch war sein Glück erst vollkommen, wenn er sein Groupie Simone im Saal wußte. Einmal stöhnte eine Frau lustvoll auf, als Yves Montand das Lied »Amour, mon cher amour« ankündigt. Simone Signoret zischte inbrünstig nur ein einziges Wort: »Schlampe!« Den Spitznamen Groupie verpaßt Simone der Regisseur Jean-Christophe Averty, und Simone greift ihn begierig auf. Zu Hause aber fliegen die Fetzen. Sobald das Paar dann wieder getrennt ist, kabelt es sich ohne Unterlaß Telegramme zu: »Ich liebe Dich!« »Ich liebe Dich auch!« Doch sobald die beiden zusammen sind, geht der Krach von vorne los. Unterwegs stellt Montand im japanischen Hotel den Fernseher an und sieht einen Bericht über Simone Signoret. Die Sehnsucht überwältigt ihn, am liebsten würde er gleich zu ihr fliegen. Er bleibt. Und macht wieder »Dummheiten«, was er gesteht. Wahrscheinlich mit Shirley McLaine, was er nicht gesteht. Catherine Allégret meint, in puncto Frauen sei es mit ihm durchgegangen. »Aber Mama blieb seine Frau, das war sein eigener Wille.«

Das Paar bewunderte sich gegenseitig sehr. Im ersten Rausch des Glücks hatte Simone Signoret hin und wieder ihren Rückzug aus dem Berufsleben verkündet. Einmal gestaltete sie ihre Absichtserklärung besonders spektakulär. Sie verabschiedete sich tränenreich von Yves und seinem Filmteam – er drehte gerade unter der Regie von Henri-Georges Clouzot »Lohn der Angst« –, ließ sich zum Bahnhof bringen und stand filmreif immer noch auf dem Bahnsteig, als der Zug abfuhr. Abends wird sie gefeiert. »Ich war die größte Liebende aller Zeiten! So etwas hatte man noch nicht erlebt!« Der Regisseur Jacques Becker, der auf sie gewartet hatte, wußte, was er zu tun hatte, und nannte nur höflich am Telefon die Namen der Schauspielerinnen, die ihre Rolle übernehmen könnten. Simone Signoret nahm den nächsten Zug. Sie hatte außerdem begriffen, daß sie Yves verlieren würde, wenn sie bedeutungslos zu Hause herumhockte. Einer brauchte den Ruhm des anderen. Der eigene genügte nicht. Der Film, den Becker nun doch mit ihr drehte, war »Goldhelm«, der Film, den sie von allen am meisten liebte, weil sie sich darin am schönsten fand. »Du hättest mich in ›Goldhelm‹ sehen müssen«, knurrte die alte Simone Signoret einen

Tischnachbarn an, der es gewagt hatte, von Isabelle Adjanis Schönheit zu schwärmen.

Standesamtlich haben sie am 21. Dezember 1951 geheiratet. Doch moralisch haben sich Simone Signoret und Yves Montand schon viel früher aneinandergekettet, nämlich im Mai 1950, als sie ihre Unterschrift unter den Stockholmer Appell setzten. Das war der Anfang eines langen politischen Engagements. Sie waren nie Mitglieder der französischen KP, doch ihre Standpunkte unterschieden sich nicht ein Jota von der offiziellen kommunistischen Meinung. An der Place Dauphine kuschelte man sich gemütlich in ein linkes Nest. Im selben Haus wie die Signoret-Montands lebten die Livis, Julien, seine Frau Elvire und ihr Sohn Jean-Louis. Julien war nach wie vor fanatischer Klassenkämpfer, seine Frau Haushälterin. Für alle sechs. Und sie erzog Catherine Allégret, für die ihre Tante die eigentliche Mutter ihrer Jugendzeit wurde. Montand hat zwar nie bereut, den Stockholmer Appell unterschrieben zu haben, aber es hat ihn später geniert, sich aus Parteiräson freiwilliger Selbstzensur in der Wahl des Repertoires unterworfen zu haben. Er wagte es kaum, »Luna-Park« zu singen. »Das Argument, mit dem man mir kam, lautete: Meinst du nicht, daß dieser Arbeiter, statt seine Zeit im Luna-Park zu verlieren, seine Energie und seine Kraft in den Dienst der Revolution und der Arbeiterklasse stellen sollte?« 1956 schlugen die Sowjets den Aufstand in Ungarn nieder. Simonet Signoret und Yves Montand saßen auf gepackten Koffern, um zu einer Konzerttournee Montands in die Sowjetunion aufzubrechen. Doch nach diesem 3. November sind sie völlig ratlos. In ihren seltsam unpersönlichen Erinnerungen gibt Simone Signoret kein einziges ihrer Gespräche mit ihrem Mann zu diesem Problem wieder, zu dem sie in den folgenden Wochen jeden ihrer Freunde und politischen Weggefährten befragte: »Je mehr ich weinte, desto ruhiger wurde Montand.« Daß sie schließlich doch fahren, ist eine Trotzreaktion auf die angedrohte Repressalie eines Filmproduzenten. Ein Häufchen Elend fand sich da im Bus zum Flughafen. Den Troß begleiteten unaufgefordert eine Journalistin vom »France-Dimanche« und ein Fotograf, bei denen das Komische der Situation einen Lachanfall auslöste. Simone Signoret war tödlich beleidigt. Und der Satz »Ihren Namen habe ich nicht vergessen« klingt noch zwanzig Jahre später wie eine Drohung. Simone Signoret zögerte nie, ihre Macht auszuspielen, Karrieren zu ruinieren, jemanden aus dem erlauchten Kreis der Autheuil-Familie zu entfernen. Auf dem Landsitz Autheuil herrschte sie unumschränkt, und dort unterwarf sich auch Montand ihren Entscheidungen. Keiner von beiden hätte es je übers Herz gebracht, ihr Autheuil, ihre Trutzburg, Symbol ihres Erfolgs, jemals für immer zu verlassen.

Nach der Reise in die Sowjetunion beginnt sich Yves Montand langsam und schmerzhaft von seinem Glauben an den Kommunismus zu lösen. »Nie mehr habe ich seitdem gesagt, eine Katze sei schwarz, wenn sie grau war.« Doch der endgültige Bruch kommt erst 1968 nach dem Einmarsch der Sowjets in die Tschechoslowakei. Für Montand bedeutet das auch den Bruch mit seinem Bruder Julien. Sein Vater stirbt in diesen Tagen. Montand wird noch jahrelang mit dem Toten Zwiesprache halten, doch zur Beerdigung geht er nicht. Julien und seine Familie ziehen aus dem Haus an der Place Dauphine aus. Die beiden Brüder sprechen nie mehr miteinander. Simone Signoret nimmt vom Kommunismus nie so

radikal Abschied wie Yves Montand. Sie zieht es vor, über ihre Irrtümer und ihr menschliches Versagen – etwa gegenüber ihrer Kusine in der Tschechoslowakei – en détail zu erzählen. Unter das »Manifest der 121« gegen die französische Algerien-Politik hat Simone Signoret ihren Namen allein gesetzt. Frankreich betrachtet das als moralische Scheidung des idolisierten Paares. Von da an war Simone Signoret ein »monstre sacré«, ein heiliges Ungeheuer, moralisch unfehlbar, eine Unberührbare.

Zu dieser Zeit hielt sich Yves Montand noch bei Marilyn Monroe in Hollywood auf. Für ihn war sie nur ein Name gewesen. Sein Name war für sie ein Wunsch. Yves stand auf der berühmten Liste, die Marilyn Monroe mit Shelley Winters aufgestellt hatte: »Männer, mit denen ich schlafen möchte«. Marilyn Monroe konnte eine gute Erfolgsquote vorweisen. Wirklich Ernst war es ihr nicht. Sie schlief auch mit Männern, die nicht auf der Liste standen. 1959 war Yves Montand aufgebrochen, um die Vereinigten Staaten als Sänger zu erobern. Marilyn besuchte die New Yorker Premiere. Montgomery Clift war ihr Begleiter. Am zweiten Abend war sie schon wieder da. Diesmal mit Ehemann Arthur Miller, der in seiner Autobiographie verbittert die Namen Signoret und Montand nur einmal und in ganz anderem Zusammenhang erwähnt. Er verweigert bis heute jeden Kommentar zu den Vorkommnissen. Marilyn befand auch beim zweiten Mal, Montand singe mit dem Körper. Die New Yorkerinnen kicherten, als der Sänger während des Konzerts die Hände in die Hosentaschen steckte und die Knöpfe an seinem Hosenlatz im Scheinwerferlicht glitzerten. Doch sogar diesen Fauxpas verzieh man ihm, denn man hatte ihn – »attractive! sexy! exciting!« – längst der Gattung der »latin lovers« zugeschlagen, und die durften selbst im puritanischen Amerika mit ihrer Virilität entspannter umgehen als ein treuherziger Handelsvertreter aus dem Mittleren Westen.

Dann suchte Marilyn Monroe für »Machen wir's in Liebe« unter der Regie von George Cukor einen Partner. Sie forderte und erhielt Montand. Miller begleitete seine Frau, Simone Signoret ihren Mann. Die Paare wohnten in angrenzenden Apartments im Hotel Bel Air. Regelmäßig ließ Marilyn Monroe aus San Diego die ehemalige Haarbleicherin Jean Harlows einfliegen, die den beiden Frauen die Haare blondierte, Marilyn platinblond, Simone kupferfarben.

Marilyn Monroe hatte Arthur Miller berühmt gemacht. Als er vor dem Ausschuß für unamerikanische Aktivitäten verhört worden war, hatte sie sich mutig für ihn exponiert. Wenn die vier unerkannt an den Strand gehen wollten, setzte nicht Marilyn eine Brille auf, sondern Arthur seine Brille ab. Doch schon Billy Wilder war bei den Dreharbeiten zu »Manche mögen's heiß«, als ihn Marilyn Monroe mit ihren Launen und mit ihrem Perfektionismus zum Wahnsinn trieb, baß erstaunt: »Miller haßt seine Frau ja noch mehr als ich!« Da waren die beiden gerade zwei Jahre verheiratet. An der Seite Montands aber ist Marilyn Monroe so ausgeglichen wie selten. Sie hatte zu ihm gesagt: »Ich habe Angst.« Er hatte geantwortet: »Ich fühle mich völlig verloren.« Mit einem Schlag war alles gut, Marilyn Monroes Minderwertigkeitskomplex wie weggeblasen. Sie war glücklich und pünktlich. Nur etwas nagte an ihr: Neid auf Simone Signoret. »Sie hat Yves, sie hat den Oscar – und was habe ich?« sagte sie zu ihrer Haushälterin. Ihren Arthur hatte sie

schon abgeschrieben. Der verreiste dann auch prompt. Simone Signoret kehrte zu Dreharbeiten nach Europa zurück.

»Ich habe sie jeden Tag zum Lachen gebracht. Darauf bin ich stolz«, sagte Montand, als er noch mit Reportern über Marilyn sprach. Stolz war er zu Recht. Elia Kazan war einer von Marilyn Monroes Liebhabern gewesen. In seinen Memoiren erwähnt er ihre frühe Verehrung für Miller. Das habe ihn, Kazan, nicht gestört, denn die Liebe Miller-Monroe sei lange Zeit platonisch gewesen. »Wir waren eigentlich ein Dreier und hatten jeder auf seine Weise Spaß daran.« Es gab aber auch frustrierende Momente, in denen Arthur Miller zu siegen schien, obwohl er nur als Foto vorhanden war und Elia Kazan leibhaftig in Monroes Bett. »Wenn ich aufstand, sah mich vom Bücherbord Arthur Miller an.« Kazan und Miller haben sich dann über McCarthy entzweit; Kazan galt als Denunziant. »Über Marilyns Sarg haben sie sich wieder versöhnt«, empört sich 1976 Simone Signoret, als Kazan Millers Stück »Nach dem Sündenfall« inszeniert, in dem er – Marilyn ist Maggie, und Arthur ist Quentin – seine Ehe mit Marilyn »aufarbeitet«, was er Kazan gegenüber allerdings vehement abstreitet.

Argloser Montand! Er ahnte so gar nichts von Zimmerkellnern, die von Journalisten bestochen werden, damit sie sich ans Telefon hängen, sobald sie einem nicht miteinander verheirateten, aber nackten Paar das Frühstück serviert haben. Wie war Yves in Marilyns Bett gekommen? Es hätte mit dem Teufel zugehen müssen, wenn dieser »ladies' man«, der nie ein Heiliger hatte sein wollen, mit Amerikas populärstem Sexsymbol nicht genau dort gelandet wäre. Amerikanische Biographen sind schnell mit Deutungen aus der Vulgärpsychologie bei der Hand, wenn sie sich mit der irgendwo doch störenden Promiskuität »ihrer« Marilyn arrangieren müssen. Die Frigidität bietet sich wunderbar an. Nach dem Motto: Hat's bei dem einen nicht geklappt, wird's beim nächsten schon werden – so stieg Marilyn Monroe unerschütterlich aus einer Lagerstatt in die nächste. Über Yves hatte sich noch nie eine beklagt. Nun gelangten die amerikanische Sexgöttin und der europäische Verführer par excellence auch noch zu einer tiefen mentalen Befriedigung: Daran zu denken, wer der andere in den Augen der Welt war, während man ihn hautnah spürte – das gab Marilyn Monroe und Yves Montand den endgültigen Kick.

Als es begann, hatte Marilyn für einen Drehtag, wegen Erschöpfung entschuldigt, pausiert. Yves Montand besucht sie, gibt ihr einen harmlosen Gute-Nacht-Kuß. »Und ihr Kopf fährt herum, meine Lippen rutschen ab. Es war ein wundervoller Kuß, zart. Ich bin halb verdattert, stottere herum, stehe auf, schon vom Schuldgefühl geschlagen, frage mich, was mir eingefallen ist. Ich frag' es mich nicht lange... Am nächsten Tag scheinen die Dinge zunächst wieder wie immer. Wir arbeiten. Aber es ist ein Großbrand, ein reißender Schmerz, ich versuche nicht einmal mehr, das Spiel zu besänftigen. Marilyn lacht offen, unbeschwert, und das ist was, Marilyns Lachen.«

Simone Signoret schreibt aus Rom, legt Zeitungsausschnitte bei. »Wenn sie die Tür zugeschlagen hätte, ich hätte wahrscheinlich mit Marilyn gelebt. Oder es versucht. Es hätte vielleicht nur zwei, drei Jahre gedauert. Trotzdem – was für Jahre!« Daraus wird nichts. Simone schlägt die Tür nicht zu, sie diktiert vielmehr ein Wiedersehensprotokoll, an das er sich penibel hält. Mari-

lyn Monroe hatte noch versucht, am Flughafen in New York den Kampf für sich zu entscheiden: Wegen einer Bombendrohung war Yves' Abflug verzögert, sie saßen zusammen im Fond eines Cadillac und tranken Champagner. Doch Montand dachte nur noch an Simone und befand sich in größter Verlegenheit. Dann flog er ab. Marilyn sandte ihm Telegramme. Eins davon zeigte er seinem Neffen in Paris: »Come!« Warum ging er nicht? Heute ist man ungerecht. Marilyn Monroes Zauber wirkt noch immer, »ihr inneres Licht«, wie Montand es nannte. Sieht man dagegen »Therese Raquin« mit Simone Signoret, die voll ehebrecherischer Absichten ihre Bluse aufzuknöpfen beginnt, so möchte man rufen: Bitte nicht! Schönheit ist zeitgebunden. Yves war an Simone gebunden, die sich in ihren Erinnerungen zwar darüber mokiert, von der Presse als verständnisvolle Ehefrau gehandelt worden zu sein. Sie verschweigt vorsichtshalber, daß sie selbst wütend bei Marilyn anrief: Sie solle die Finger von Yves lassen. Und nachdem die Eheleute wieder zu Hause waren, wurde in Autheuil gebrüllt und sich in Zimmern eingeschlossen, wie es in jeder guten Ehe üblich ist. »Kill him!« hatten die amerikanischen Frauenligen Simone Signoret ermuntert. In der Wüste von Nevada ging Marilyn Monroe zugrunde. Nicht wegen Yves Montand. Aber er stand ihr auch nicht bei und ließ sich am Telefon verleugnen, als sie tablettenvergifteter denn je aus der La-Cienega-Klinik anrief. »Misfits – Nicht gesellschaftsfähig« war ihr letzter Film.

Simone Signoret konnte all das nie vergessen. Jeder wußte das. Catherine Deneuve sagt: »Simone Signoret hat sich nicht begnügt, die Krallenhiebe der kleinen Geschichten des Lebens durchscheinen zu lassen. Marilyn ist in ihrem Gesicht eingeschrieben geblieben wie eine große Zerstörung. Das ist zugleich zu groß und zu klein.« Am 25. März 1961 wurde Simone Signoret vierzig Jahre alt. Von diesem Tag an wird sie in jedem Interview gefragt, ob ihr das Alter wirklich nicht zu schaffen mache. Sie antwortet mit zunehmendem Ingrimm. Sie sagt nein, sagt, sie unterhalte sich eben lieber mit Freunden oder lese, statt zum Friseur oder zur Maniküre zu gehen und über Diäten nachzudenken. Also wird sie dick, ißt, was sie mag, und trinkt bald nicht mehr nur Champagner, sondern Härteres, und sie rülpst wie ein Kutscher. Sie nimmt Rollen an, die ihren körperlichen Verfall noch betonen, verkommene Puffmütter und kriminelle Bäuerinnen.

Montand, der sich fit hält, leidet. »Was ich nicht ertrug, war dieser Hang zur Selbstzerstörung. Ich habe sie gefragt, wohin die berühmte große Liebe gekommen sei, da sie sich in die Luft sprengte. Und sie antwortete mit einem Lächeln: ›Ja, ich jage mich in die Luft, ja, ich finde, ich werde häßlich, na und? Besser noch eins draufgeben als bremsen, nicht?« 1978 schiebt sie ihm einen Brief unter der Tür durch: »Du verabscheust Dich dafür, an diese zu alte, zu dicke ›Zeitgenossin‹ gekettet zu sein. Wirf die Kette ab! Ich werde Dich darum nicht weniger lieben.«

In Wahrheit fürchtet sie nichts mehr als das. In »Police Python 357« muß sie von Yves Montand verlangen, er solle ihr beim Selbstmord helfen. Der Regisseur Alain Corneau bettelt, fleht, beschwört sie, doch sie kann die Worte nicht sagen. Schließlich rettet sie sich in ein fast unverständliches Improvisieren, »wie eine Ertrinkende, die um sich schlägt«. In jenem Brief hatte sie ihn auch beschuldigt, er selbst könne nicht

glücklich sein. »Ich habe dich begeistert, komisch, unruhig, leidenschaftlich, eifersüchtig, zornig erlebt. ›Glücklich‹ kannte ich dich nie. Du bist der liebenswürdigste Mensch gegenüber Leuten, mit denen du nichts am Hut hast, der verletzendste gegenüber denen, die dich lieben.« Montand gab ihr recht.

Doch sie verletzte auch ihn. Nachts fährt er weinend nach Paris. Er hat das Pokerspiel entdeckt und spielt mit Industriemagnaten um seine Tantiemen. Simone Signoret sitzt in Autheuil, schreibt Bücher und spinnt sich ein in einem unendlichen Monolog, dem nicht viele Gäste treu geblieben sind. Ihre fast vollständige Blindheit trägt sie mit bewundernswerter Haltung. Für Yves Montand die bewegendste Erinnerung an seine Frau: wie sie darauf bestand, daß er beim Fernsehen ihre Hand hielt – wenn sie einmal gemeinsam in Autheuil sind.

»Ich lasse die Unabhängigkeit zu, die ich kontrollieren kann«, hatte der junge Mann nach erst wenigen Jahren Ehe vollmundig gesagt. Er hätte gar nichts kontrollieren können. Sie war freiwillig treu. »Ich hatte Raf Vallone sehr gern. Vallone hatte mich auch sehr gern, aber ich liebte Montand, und Vallone respektiert die Frauen von Italienern, die ihren Ehemann lieben …«

Im Jahr 1985 starb Simone Signoret. Die Beerdigung war nach zehn Minuten vorbei. Ein zu ausgedehnter Aufenthalt an einem Ort habe Yves Montand stets rasend gemacht, sagte Jorge Semprún. Im Jahre 1987 präsentierte Yves Montand der Öffentlichkeit zum ersten Mal seine neue Frau. Er kannte Carole Amiel seit 1982. 1988 hat er sie geheiratet, 1988 wurde auch der Sohn Valentin geboren. Zeigte er sich mit Carole an Orten, an denen er mit Simone auch gewesen war, war ganz Frankreich beleidigt.

Während einer Reise nach Israel besuchte er die Klagemauer. »Ich habe ein Foto von Simone in eine Mauerhöhlung geschoben. Aber sie hat geschrien, hat protestiert, sie wolle da nicht bleiben. Ich habe das Foto wieder in die Brieftasche gesteckt.« Im November 1991 starb Montand. Seine Beerdigung hätte ihm nicht gefallen. Sie dauerte schrecklich lange.